大夏书系 | 幼儿教育

学前儿童综合艺术课程
研究与实践

陈晓芳 徐慧芳 谢志东 等 —— 编著

华东师范大学出版社
· 上海 ·

图书在版编目（CIP）数据

学前儿童综合艺术课程：研究与实践 / 陈晓芳等编著．—上海：
华东师范大学出版社，2025．— ISBN 978-7-5760-6203-8

I. G613.5

中国国家版本馆 CIP 数据核字第 2025RK7007 号

大夏书系 | 幼儿教育

学前儿童综合艺术课程：研究与实践

编　　著　陈晓芳　徐慧芳　谢志东　等
责任编辑　任红瑚
责任校对　杨　坤
封面设计　百丰艺术

出版发行　华东师范大学出版社
社　　址　上海市中山北路 3663 号　邮编　200062
网　　址　www.ecnupress.com.cn
电　　话　021-60821666　行政传真　021-62572105
客服电话　021-62865537
邮购电话　021-62869887
地　　址　上海市中山北路 3663 号华东师范大学校内先锋路口
网　　店　http://hdsdcbs.tmall.com/

印 刷 者　三河市龙林印务有限公司
开　　本　700×1000　16 开
印　　张　15.5
字　　数　210 千字
版　　次　2025 年 7 月第一版
印　　次　2025 年 7 月第一次
印　　数　3 100
书　　号　ISBN 978-7-5760-6203-8
定　　价　69.80 元

出 版 人　王　焰
（如发现本版图书有印订质量问题，请寄回本社市场部调换或电话 021-62865537 联系）

编　委

主　　编：陈晓芳　徐慧芳　谢志东

编委成员（按姓氏拼音排序）：

陈　彧　郝香才　王　岚　王元艳　卫　星

解　婷　杨　宣　张瀚川　赵灵萍

目　录
CONTENTS

前　言　/ 001

理论篇

第一章　学前儿童综合艺术课程概述　/ 003
第一节　学前儿童综合艺术课程的内涵与特征　/ 003
一、学前儿童综合艺术课程的内涵　/ 003
二、学前儿童综合艺术课程的特征　/ 004
第二节　学前儿童综合艺术课程的价值　/ 013
一、促进儿童知情意行的统一协调发展　/ 013
二、促进儿童创造力的提升　/ 017
三、促进儿童生命质量的提升　/ 020
第二章　学前儿童综合艺术课程研究的现状　/ 025
第一节　我国学前儿童综合艺术课程研究的现状　/ 025
一、我国古代思想家关于艺术教育的见解　/ 026
二、我国近现代关于学前儿童综合艺术课程的理论及实践　/ 034
三、我国当代学前儿童综合艺术课程发展的新趋势　/ 039
第二节　国外学前儿童综合艺术课程研究的现状　/ 046
一、国外学前儿童综合艺术课程的理论研究　/ 046

二、国外学前儿童综合艺术课程的现状与发展趋势 / 048
三、国外学前儿童综合艺术课程的启示与借鉴 / 052
第三章 学前儿童审美与艺术学习心理发展 / 055
第一节 学前儿童艺术学习心理过程 / 055
一、感知、体验和表达 / 055
二、异质同构理论与类比联想策略 / 058
三、联觉加工机制与艺术通感 / 061
四、移情与共情 / 066
第二节 学前儿童审美 / 068
一、学前儿童的审美表现 / 069
二、学前儿童的审美发展特征 / 073
第四章 学前儿童综合艺术课程的目标设计 / 077
第一节 学前儿童综合艺术课程目标的设定 / 077
一、学前儿童综合艺术课程目标的导向 / 078
二、学前儿童综合艺术课程目标的定位 / 079
第二节 学前儿童综合艺术课程目标的构成 / 081
一、学前儿童综合艺术课程的总体目标 / 081
二、学前儿童综合艺术课程的具体目标 / 082
三、3—6 岁儿童综合艺术课程的主要目标 / 084
第五章 学前儿童综合艺术课程的内容确定 / 089
第一节 学前儿童综合艺术课程内容“综合”的原理 / 090
一、学前儿童综合艺术课程内容“综合”的理论基础 / 090

二、学前儿童综合艺术课程内容“综合”的价值导向 / 091
三、学前儿童综合艺术课程内容“综合”的内部机理 / 092
第二节 学前儿童综合艺术课程内容的选择与组织 / 097
一、学前儿童综合艺术课程内容的选择 / 097
二、学前儿童综合艺术课程内容的组织 / 101
三、学前儿童综合艺术课程内容组织的原则 / 106
第六章 学前儿童综合艺术课程的实施与评价 / 109
第一节 学前儿童综合艺术课程的实施 / 109
一、学前儿童综合艺术课程实施的理论根据 / 109
二、学前儿童综合艺术课程实施的路径 / 113
三、学前儿童综合艺术课程实施的过程 / 116
第二节 学前儿童综合艺术课程的评价 / 125
一、学前儿童综合艺术课程评价的价值取向 / 126
二、学前儿童综合艺术课程评价的特点 / 127
三、学前儿童综合艺术课程评价的功能 / 128
四、学前儿童综合艺术课程评价的内容与标准设计 / 129

实践篇

第七章 学前儿童综合艺术课程案例及评析 / 149
第一节 以奥尔夫音乐教育体系为主体的综合艺术课程 / 149
一、奥尔夫音乐教育体系的含义及特征 / 150

二、学前儿童奥尔夫音乐教育的目标、内容与方法 / 152
三、学前儿童奥尔夫音乐教育活动的设计原则、步骤与策略 / 154
四、奥尔夫音乐教育活动案例及评析 / 158
第二节 以教育戏剧为主体的综合艺术课程 / 169
一、儿童教育戏剧的含义 / 169
二、儿童教育戏剧的特征和类型 / 170
三、儿童教育戏剧的设计步骤 / 172
四、儿童教育戏剧课程案例及评析 / 174
第三节 以优秀民间传统艺术为主体的综合艺术课程 / 193
一、优秀民间传统艺术的含义 / 193
二、民间传统艺术融入儿童生活的重要意义 / 195
三、适合学前儿童的民间传统艺术的类型 / 196
四、学前儿童民间传统艺术课程的设计步骤 / 199
五、民间传统艺术课程案例及评析 / 201
第四节 聚焦幼小衔接的综合艺术课程 / 218
一、幼小衔接的含义 / 218
二、聚焦幼小衔接的综合艺术课程框架与课程地图 / 219
三、聚焦幼小衔接的综合艺术课程的设计与实施 / 222
四、聚焦幼小衔接的综合艺术课程案例及评析 / 226
参考文献 / 231

前言
PREFACE

自《幼儿园教育指导纲要（试行）》颁布以来，学前艺术教育改革的重点就一直围绕艺术课程的“综合性”展开。从本质上理解艺术课程的综合性是指在实现“艺术能力与人文素养整合发展”的总目标上体现“艺术与生活、艺术与情感、艺术与文化、艺术与科学”的紧密联系，体现在实现目标的文学、音乐、美术、舞蹈等多学科学习领域之间和非艺术领域之间的有机联系，尤其是教育戏剧出现以后，综合艺术课程的组织形式就以一个不可逆转的态势出现在教育者的视野中。它不仅表现在儿童艺术学习目标的制定上，还体现在教学中综合的课程内容组织和教学形式的运用上。

本书基于“系统思维”的目标的整体考量、“生态思维”的内容的横向联合、“创新思维”的活动设计的新颖独特性来建构儿童综合艺术课程。

“系统思维”是一种综合性思维，一种整体性思维，是建立在整体与部分之辩证关系基础上的。它有两方面的含义：一是任何系统整体都是这些或那些要素为特定目的而构成的综合体；二是任何系统整体的研究，都必须对它的成分、层次、结构、功能、内外联系方式的立体网络作全面的综合考察，才能从多侧面、多因果、多功能、多效益上把握系统整体。

学前儿童综合艺术课程目标的整体考量，正是抓住了系统思维的这个关键之处，把“促进儿童综合艺术素养的提升及发展儿童的感知美、发现美、表现美、创造美的能力，以及培养各美其美、美美与共的富有个性而又自由全面发展的儿童”的总目标，分解为“儿童与自己”“儿童与自然”“儿童与社会的和谐关系”这三个方面的具体目标，让综合艺术课程内容来源于游戏，来源于儿童的生活，来源于儿童的文化，并在儿童的游戏、生活、文化活动中实施，以此来促进目标与内容、目标与过程方法、目标与评价的统一。因而大自然、大社会，凡是涉及审美的事物和对象，均是儿童综合艺术课程的教材资源。

“生态思维”以唯物辩证思维的方法与生态哲学思维的方法来自觉审视和积极思考人所自然生存与发展于其中的自然界，特别是生态环境之间的复杂关系，是以人和生态自然的协同进化、和谐发展为价值取向的现代思维方式。“生态思维”承认世界多元化、普遍联系性和动态发展性。

综合艺术课程内容的构建，即遵循这种自然的“自组织形式”，正是这种“自组织形式”的存在而达成了世间一切事物的相互制约和平衡。相信世间万物均是普遍联系、相互依存、互补共生的，对于儿童来说，不仅是学习一种真理性的知识，更是一种完整世界观的建构。而“整体性认知”周围世界亦是儿童与生俱来的学习特点，在儿童那里没有音乐、美术等截然的学科分界线，在自然中嬉戏玩耍时感到快乐和兴奋，他会哼哼唧唧唱出来，他会手舞足蹈跳起来，他会把看到的东西画下来，他把内心的喜悦和朋友们分享，这本就是儿童的天性，是儿童宣泄内心情感力量的自然表达（他无法做到把这股力量憋在内心而不表达出来），也是儿童“认知世界”的“自组织形式”。当他要准确地画出自然景象的时候，他需要去考察事物的远近距离、大小排布、空间摆放，甚至他会去触摸事物的表面感受事物的温度、湿度等，这些看似和人文艺术无关的理科内容，却是他为了更好地表达自己审美感受的必然路径和方法，这亦是自然科学和人文艺术之所以能够在儿童的学习过程中合而为一的“自组织形态”。综合艺术课程的内容正是以这样一种“自组织形态”呈现于儿童面前，而不是教师事先设计好的学科教学方案或其他固定不变的东西，它更是儿童在自然中、在游戏中、在畅游于他们的精神文化生活中随时关联生成与动态变化的。

“创新思维”体现的是自由、新颖、独特的思维特征，综合艺术活动课程的设计与实施，遵循所有人文艺术领域学习的一些共同特征和基本过程，以“认知—感受—体验—想象—表达—创作（创造）”为基本过程路径，整合儿童的视觉、听觉及各种感官，在儿童充分认识事物和现象的基础上，使儿童获得多种不同的审美感受，这种感受与儿童的心跳、脉搏等生理特征相协调一致，从而获得美的愉悦的情感体验。这种情感体验和儿童天生的想象能力结合在一起，扩展了美的外延，加深了儿童对美的意蕴的理解，他们急需把这种情意表现和表达出来，于是产生了见诸于行动的审美创造。在这一过程中，儿童认知的方式是自由、自主的，可看、可听、可画、可演、可做，经过不同感觉通道形成的感受是各不相同的，体验有深有浅，想象的场景和事物由于儿童的经历和环境各不相同，表现和表达的方式取决于儿童各自所擅长和喜爱的，因而作为最终审美结果的审美创造也是新颖的，独特的。

学前儿童综合艺术课程，最终寻求的便是这种“整体的学习，关联的经验，完整的儿童”的育人理念，这也是本书的创新之处。它具有如下特点：

1. 以“统整”或“去边界”的方式将具有同一主题质性的不同领域的知识组织在一起。

2. 将学科内容组织在一起的依据是课程内容之间的内在联系，如课程内容价值或功能的关联性等。

3. 课程的价值、功能表现为关注儿童完满人格的塑造，提高儿童的艺术综合感知、理解、表达和创造能力，使儿童形成关于世界的整体性认识和全息观念，深刻理解和灵活运用各类知识和经验，解决现实问题。

本书是北京教育学院重点关注课题（ZDGZ2022-02）“北京市幼小衔接模式研究”的成果之一，是北京教育学院学科创新平台“学前儿童综合艺术课程研究”的成果。全书共七章内容，分为“理论篇”和“实践篇”。“理论篇”从学前综合艺术课程的概念、内涵、特征、意义、价值，以及对综合艺术课程的中外发展历史轨迹、对学前儿童审美与艺术学习心理发展进行解释剖析的基础上，阐释了学前儿童综合艺术课程目标的导向与定位、课程内容的选择与组织、课程实施过程与评价的路径与方法，构建了学前儿童综合艺术课程体系的理论框架。“实践篇”于实验基地幼儿园中遴选出从不同视角切入开展的综合艺术课程优秀教学案例设计与评析，完整呈现了综合艺术课程在实践教学中的各方图景和多元样态。

本书的第一章由赵灵萍、徐慧芳、陈晓芳编撰；第二章、第三章由徐慧芳编撰；第四章由赵灵萍、陈晓芳编撰；第五章由陈晓芳撰写；第六章由陈晓芳、陈彧编撰；第七章的第一节由王元艳等撰写，第二节由陈晓芳编撰，第三节由解婷、卫星、张瀚川编撰，第四节由谢志东撰写。全书由陈晓芳策划、审阅、修改、完善。

本书通过对儿童综合艺术课程内在的知识关联逻辑以及课程的外在实践路径和方法的探讨，引导教师和儿童用普遍联系的、动态发展的、生态的、辩证的眼光看待世界并了解世界；同时也关注了综合艺术教育在儿童从幼儿园向小学过渡的这一关键期的连续性和发展性，为幼儿园和小学教师设计与实施“幼小衔接”课程提供了一定的借鉴和参考，可用作幼儿园以及小学教师培训的教材，还适用于教育专业的本科生和研究生，供其开展学术研究所用。

最后，衷心感谢北京教育学院桑锦龙、李雯教授，南京师范大学孔起英教授，以及五所实验基地幼儿园的领导、专家，对本课题的指导与支持，感谢华东师范大学出版社的编辑为本书的出版所做的努力。

陈晓芳

理论篇

第一章　学前儿童综合艺术课程概述

传统分科艺术课程注重单一艺术技能的教育，这种模式已不能适应儿童的全面发展以及社会对未来人才的需求，综合艺术课程按照新课程理念，打破传统艺术分科课程的壁垒，将不同艺术门类融合并注重艺术领域与其他非艺术领域之间的整合，最终达到培养儿童审美能力与人文素养综合发展的目的。本章将从学前儿童综合艺术课程的内涵、特征以及对儿童发展的价值等方面作重点阐述。

第一节　学前儿童综合艺术课程的内涵与特征

综合艺术课程基于生态哲学观，通过将音乐、美术、舞蹈、戏剧等不同艺术学科有机融合，使艺术与健康、科学、语言、社会学科有机贯通，并且与儿童的生活和已有经验紧密相联，在注重事物内在联系的基础上，通过综合的课程设计，启发儿童用整体的、生态的观点去观察、探究、思考其与自身、与自然、与社会的关系，促进儿童全人发展及其与周围世界的和谐。

一、学前儿童综合艺术课程的内涵

基于基础教育课程改革的要求，艺术教育也面临着如何打破学科本位、突破学科界限、探索学科融合发展的问题。我国教育部颁布的《基础教育课程改革纲要（试行）》强调基础教育的课程改革要改变原来过于强调学科本位，缺乏整合性的现状。《幼儿园教育指导纲要（试行）》明确指出：“教育活动内容的组织应充分考虑儿童的学习特点和认知规律，将各领域的内容有机联系，相互渗透，注重综合性、趣味性、活动性，寓教育于生活、游戏之中。”

艺术教育是学前儿童素质教育的重要组成部分，是从他们的兴趣、需要、愿望及长远发展出发，通过美的形象和令人愉悦的艺术审美教育形式，培养其感受、理解、表现、鉴赏、创造美的能力，陶冶情操，发展智力，促进其自身各种因素平衡发展的重要教育形式。

艺术课程是对儿童进行艺术教育的重要媒介，历经多年改革，综合艺术课程已经代表了现代艺术教育课程发展的主流方向，不仅仅是课程目标、内容、策略的改革，更是艺术教育价值观的深层变革。

对于学前儿童来说，课程即活动，是有助于儿童获得有益经验并促进儿童可持续发展的活动。学前儿童综合艺术课程是在对3—6岁儿童实施艺术教育时，打破传统的艺术分科界限，将音乐、美术、舞蹈、戏剧等不同艺术门类以生态的方式交叉融合，使之相互渗透，按照儿童的认知水平和认知习惯，由浅入深，由表及里，使知识形成活的体系的活动。同时它也注重艺术领域与其他非艺术领域的联系，以及艺术知识、经验、技能与人文主题的结合，强调艺术与生活、情感、文化、科学的关联，体现了教育过程全面、综合、创新、审美的和谐发展，以此达到儿童审美能力与人文素养综合发展的目的，最终实现全人发展的教育理念。因而，学前儿童综合艺术课程遵循整体和谐、平衡共生、绿色多元发展的新教育观念。

二、学前儿童综合艺术课程的特征

人的艺术体验本身具备的综合性特点决定了艺术学习是综合性极强的过程，比如乐器的演奏，既有手指、胳膊的协调运动的触觉体验，同时又有听力对声音的审美辨别，也有视觉对乐谱的专注力。学前儿童综合艺术课程正是一种将各艺术门类内在关联的通感、情感、价值、功能等课程内容及其相关的非艺术学科课程内容整合在一起的课程模式，它具有以下基本特征。

（一）人文性

艺术课程属于人文课程。在多艺术门类、多学科综合的艺术教育中，通过艺术与生活、艺术与情感、艺术与文化、艺术与科学的连接，使儿童的艺术能力、审美意识和审美情趣逐步形成和提高，同时培养儿童的尊重、关怀、交流、合作、分享等人文素养，促进儿童个性的完善与发展。在这种理念的指导下，艺术课程运用各类艺术丰富的内容和感人的形式，注重培养儿童的情感和精神追求。

因为知识、技能、经验只有在情感的激发下才能转化为智慧，而综合艺术课程主要就是打破以往艺术学习的机械模仿和枯燥训练的方法，不以单纯强调技能、技巧为目标，而是围绕人文素养和人本主义精神，让儿童轻松快乐地学习艺术知识及技能，感知体验艺术元素，启蒙儿童的艺术兴趣，形成和发展儿童的综合艺术能力，在过程中体验人与人的彼此尊重、合作交流，以及情感的表现和表达等。

以美术切入的综合艺术活动“我的爸爸”（大班）

父亲角色在家庭教育中的缺失是现代儿童教育中经常出现的问题之一。尤其对于大部分以父亲为主要经济来源的家庭来说，过于繁重的工作和较大的经济压力，导致父亲少有时间参与到儿童的生活与教育当中。而父亲作为儿童成长中的关键角色，对儿童成长有十分重要的作用，这些主要体现在儿童性别认知、性格塑造、品质培养、社会认知及行为发展等领域。父亲的缺席将会导致儿童的成长面临重重阻碍与难题。因此，在与儿童共同度过的有限时光里，如何让父亲对儿童做到真正意义上的关心与陪伴，这对长期在家庭教育中缺席的父亲来说是很大的挑战，也是每个家庭都必须要解决的问题。因此，在孩子的教育中，幼儿园与教师需要发挥出积极的作用，提倡家园共育，尽力为这些家庭提供有效的帮助和支持。

为了增强儿童与父亲的彼此了解，增进彼此的感情，我们设计了艺术活动“我的爸爸”。首先，让儿童和父亲共同经历和体验“亲子游戏”活动过程，积极鼓励儿童与父亲之间的互动。其次，通过美术活动增进父子关系。儿童通过绘画过程深入观察父亲的形象特征。因为人的外貌很大程度上是其内在品性的外部表现，通过描绘父亲的外貌可以加深儿童对父亲内在的了解。绘画作为一种语言，能让儿童在画中表现出对于父亲的看法及期望，使父亲知道自己对孩子产生的各种影响，意识到自己在孩子家庭生活和教育上的重要性，以及孩子对于自己的切实需求。然后，引导幼儿创编歌曲“我的爸爸”，把父亲的形象特征、对父亲的爱和期待创编成朗朗上口的歌词，在孩子间传唱。

这一活动，不仅发展了幼儿的歌唱、绘画经验，而且通过对父亲形象的观察、记忆、比较，提高了儿童的认识能力；通过对与父亲共同经历事件的分析、概括、取舍，发展了他们的思维能力。儿童不仅可以再现出记忆中与父亲相关的某些时刻，还可以表达出对自己和父亲未来美好生活的畅想，这能够促使儿童发挥想象力和创造力，将自己的美好期望大胆地呈现在艺术作品中，并充分体会到想象与创作的乐趣。

（二）综合性

英国现代课程论著名专家克尔（John F.Kerr）认为，课程设计要充分认识到各学科的特性及各学科之间的关系，将不同学科及其思维模式联系起来，形成综合课程。实施综合课程有利于各个学科之间的连接，同时获得更多的思维模式，这也是当今课程发展的趋势。

《北京市贯彻〈幼儿园教育指导纲要（试行）〉实施细则》明确指出：“重视艺术教育与其他领域的横向联系，要通过艺术与其他领域的整合，促进儿童全面、健康成长。”这一整合的教育思想明确了在进行艺术教育时，教师要善于运用多感官通道，形成通识感，有效提高儿童审美素养及能力。在综合艺术活动中，不能将音乐、律动、美术、戏剧等不同的艺术门类割裂开来，而应以生态方式进行融合贯通，依据儿童年龄认知特点，以儿童已有经验和兴趣为切入点，从儿童的情感体验入手，挖掘探索艺术教育价值。

艺术本身就具有综合性的特点，它从来不是孤立存在的，当表达一种情感时，自然就会将说、唱、跳、画等融合在一起，而戏剧、情景剧、影视、话剧等更是多种艺术形式的互相融合，所以综合艺术课程秉承了综合性的特征，在课程设计、教学活动中提供了全面多方位的教学情境，有效促进儿童整体性感觉和全面发展，培养儿童用不同的艺术思维和视角去体验和认知世界。

我国传统文化中综合性艺术形式丰富，并且形成特有的中华民族性审美特征，比如剪纸贴纸、陶艺泥塑、皮影戏、民间舞蹈等。学前综合艺术课程可以以民族的传统艺术文化为素材，培养儿童继承、热爱民族文化；同时也可以安排世界其他民族的典型艺术文化特色素材，开阔儿童审美认知和体验，培养儿童尊重多元文化的意识。

如中国的京剧包括了音乐节奏、舞蹈表演等所有基本元素。《报灯名》是京剧丑角的一段念白（京白），可以引导儿童发现灯名是从一到十的数字开头的成语接龙。活动中教师可以组织儿童用京腔合作双簧表演，互相欣赏，互相点评。每个孩子了解事物的方法、对事物的理解和感受，以及表现音乐的方式都有所不同，教师可以通过角色扮演、声势律动、即兴创编、节奏模仿、乐器伴奏等多种手段来激发儿童的兴趣，引导儿童参与并体验京剧艺术活动的魅力。这样的活动不仅调动了儿童的音乐智能、肢体运作智能、语言智能（改编歌词）、视觉空间智能（绘画）等，也使儿童身心皆获得全面、和谐的发展。

（三）创造性

《3—6岁儿童学习与发展指南》指出，“幼儿艺术领域学习的关键在于充分创造条件和机会，在大自然和社会文化生活中萌发幼儿对美的感受和体验，丰富其想象力和创造力”。相关研究表明，4—6岁是儿童创造性思维发展的关键时期，是培养创造力的“关键阶段”。学前综合性艺术课程注重儿童创造力的培养，在活动中提倡以儿童为主体，关注每个儿童不同的个性特点、生活背景，通过创设适当的教育情境，组织丰富的艺术活动形式，充分调动儿童的主体意识，给儿童提供表达、提问、探索的机会，激发儿童的好奇心。综合艺术课程通过适当地设置一些具有挑战性的教育情境，鼓励儿童寻求多种方法解决问题，潜移默化地构建儿童创造性人格心理特征。另外，教师通过儿童的反应，给予赞扬和鼓励，在互动中创造轻松、和谐、有爱的师生关系，激发儿童创造美、表达美的信心，鼓励儿童进行个性化的艺术活动，帮助他们认识自己的独特性和价值。

综合艺术课程不是仅有一种正确答案的课程，而是可以让儿童即兴创造和发挥的富有个性而开放的课程。如在音乐律动“小蜜蜂采花蜜”活动中，教师问幼儿：“小蜜蜂会到哪儿去采花蜜呢？”幼儿想到公园、花园、花丛、菜园等。教师鼓励孩子们用自己的肢体，采用各自扮演或集体合作扮演的方式，或动态或静态地呈现公园里的小桥、流水，花丛中高矮不一、形状不一的花草树木，并想象出用顺向、逆向摆动臂膀或横支起双臂，配以鼓点节奏或变换节奏，表现小蜜蜂在花丛中边采蜜边戏耍的情节。这些都是小朋友创造出来的，这就把幼儿的知识经验、创造性与合作能力全都有效地结合在了一起。

（四）游戏性

主张开展具有游戏化的艺术活动是《义务教育艺术课程标准》的基本理念之一。因为艺术与游戏有着必然的内在联系，艺术的起源之一就是人们在闲暇娱乐时以游戏化的方式自然流露，充满趣味性。学前儿童综合艺术活动将游戏情境与教学内容有效融合，挖掘游戏和内容之间的内在联系，使之相辅相成，寓教于乐，促进儿童主动学习，关注儿童发展，真正体现“玩中学，学中玩”。

在综合艺术课程中，多采用主题情境游戏教学法，根据儿童审美心理特点，通过设计有趣的主题、生动的角色、丰富多变的故事情节，将教学目标、内容巧妙融合。小班的游戏化综合艺术课程提倡游戏性、启蒙性，游戏难度适中。中班的游戏化综合艺术课程立足于发展性，培养儿童运用多种材料和艺术元素进行艺术创作的能力。大班的游戏化综合艺术课程立足于创新性，给予儿童充分探究和创造的机会，培养儿童的团队合作交流能力。

大班综合艺术活动“三打白骨精”

中国四大名著之一的《西游记》塑造了唐僧师徒四人鲜明的艺术形象,《三打白骨精》一段中白骨精的三个变身——小姑娘、老太婆和老公公都具有典型生动的人物特征，故事情节跌宕起伏、生动有趣，儿童对此十分感兴趣。选择这一题材设计综合艺术课程，可以在帮助儿童提高艺术鉴赏和表演能力的同时，增强辨别是非善恶的能力，也有助于儿童培养对中国古典文学的兴趣和爱好。

布袋木偶戏是中国古老的民间艺术，动作节奏明快活泼，演起武打戏来引人入胜，因此最为儿童所喜爱。利用此种形式进行表演既可吸引儿童投入到音乐活动中，又能激发儿童对中国传统民间艺术的兴趣和探索欲望。因此我们设计实施了大班综合艺术活动“三打白骨精”。

（1）游戏情景的设置。唐僧师徒第一次出场使用具有感染力的动画片主题曲《白龙马》等儿歌，可以使儿童很快地进入故事情境；白骨精等妖怪出场时播放阴森恐怖的音乐，让儿童在活动中充分感受乐曲带来的情感体验。利用不同类型的音乐来营造氛围，让儿童在活动中自然而然地听辨乐曲并感受其情感色彩。使用布袋木偶的戏剧演绎方式比一般的表演形式更为新颖，更适合快节奏的武打场面，可充分吸引儿童的注意力。

（2）儿童在游戏中的学习。儿童在自己操作布袋木偶的过程中锻炼手指灵活度、促进小肌肉发展，在模仿演出的过程中学会揣摩人物的性格特点、语言、表情、动作、形态，在聆听音乐的过程中提高艺术欣赏能力，获取情感的共鸣。

（3）多感官协同运作。一是视觉。儿童需要仔细观察动画片和电视剧中唐僧师徒四人、白骨精及其三个变身的人物特征而后模仿。二是听觉。儿童需要学会演唱主题曲《白龙马》，仔细听人物的台词对话，揣摩其语气、语调、语言。三是触觉。儿童练习使用布袋木偶时可锻炼手指灵活度和抓握控制能力。

本课程采用音乐戏剧游戏的形式，儿童各有角色分工，因此在活动过程中需要紧密合作（例如使用布袋木偶），在商量设计台词对白时儿童可获得表达的机会。整个过程儿童的自主空间较大，可帮助他们大胆地表现自我，提升自信心和艺术创作水平。由于儿童对于《三打白骨精》的故事情节已经比较熟悉，因此选择戏剧表演的活动形式，可以帮助儿童回忆并梳理故事的脉络，发展其逻辑性，并且在原有水平上进一步提出仔细观察并模仿人物动作、表情、语言等要求，帮助儿童在角色扮演的过程中发展观察和模仿表现能力。

（五）融合性

如果说综合只是把不同的艺术学科内容组合在一起，那么融合便是使课程内部的各个要素有序互动、衔接，形成一个有机整体。美国课程专家施瓦布（1909—1988）把融合课程当作一个相互作用、有机的生态系统，关注手段、过程的相互作用。学科之间具有日益增加的内在联系和互相依赖性，这意味着各个学科的课程应该是开放的，知识手段、理念、方法等都是相互渗透和相互启发的。

夏皮罗（S.B.Shapiro）等一批美国学者也提倡融合课程旨在思维、价值观、情感、行动、能力的交互影响和渗透融合，是培养人类的“全人公民”的课程。多尔在他的《后现代课程观》中强调的4R课程理念是丰富性、回归性、关联性、严密性。在谈论丰富性时，多尔认为学校中的主要学术科目有其自身的历史背景、基本概念和最终词汇，因此每一门学科应以自己的方式解释丰富性，但是“要不断地在儿童、教师和在漫长历史中形成自己基本假设的文本之间予以协调，因为这些学科及其语言与历史不是互相排斥的，要尽可能多地进行各学科的组合”。英国数学家、哲学家和教育家怀特海在《教育的目的》一书中说：“在古代学校中，哲学家们渴望传授的是智慧，而现代学校，我们降低了目标，教授的是学科……教育只有一个主题，那就是五彩缤纷的生活，但当下的教育没有向儿童展现生活这个独特的统一体……”教育的全部目的就是使人具有活跃的思维……科学教育、技术教育和人文教育三者相辅相成，科学教育是训练观察自然的艺术，侧重于逻辑思维；技术教育是训练生产物质产品的艺术，侧重于知识的运用；人文教育是通过语言、文学、历史和哲学的学习，学会观察社会，进而学会生活的艺术。现代教育科学技术与人文二元对立，导致狭隘的专业化，是现代教育的畸形产物，现代教育应该有效进行学科融合，培养以素质教育为主体的复合型人才。通过上述学者对融合课程生态效应的阐释，可以充分确定学前综合课程开发的必要性，同时也明晰了“学科融合”是国际课程改革的趋势。

（六）生态性

生态课程强调的是人与自然及社会环境的各种生态因素之间的关系，所以在学前儿童综合艺术课程的内容设计上，我们可以从生态哲学的层面挖掘人与人、人与自然、人与社会之间的整体性、联系性、互动性的观点，强调人与人之间、人与自然之间的环境伦理关系，人与社会之间的共同存在和发展的关系。而这种“关系”课程其实质属于生态课程范式。生态课程范式主要参照生态学原理，研究教育中的各个因子之间的关系，用生态学的哲学思想解释教育中的问题、关系、互相作用，由此可以推理教育中的任何因素都不是孤立存在的，而是一个有机的生态统一体，在这个生态体系中没有谁更重要，而是彼此依存、相互联系的和谐统一体。因而，生态课程的特征是社会多元性（不同阶层、理念、目标、方法等）、个体参与性（影响、位置、共享与尊重）、整体和谐性、转换演替性（认知、角色）、融合共生性（心理融合、课程融合）、系统循环性（反思、反馈、调节、控制）。

在学前儿童综合艺术课程开发建构过程中，我们要充分利用“领域间渗透”，将科学、语言、艺术、健康、社会五大领域融汇于人与人、人与社会、人与自然的教育内容中，做到不同知识间的“跨学科融合”。跨学科融合常用的方式是张网式（webbed），各学科以一个主题为核心，将这个主题组织到各科目，从主题的角度架构和关照各科的内容，当儿童学习各科内容时，可以意识到这个共同主题。张网式设计是一种主题取向的课程融合模式，它以一个涵盖面较广、跨学科的、具有普遍意义的概念或论题等作为主题，围绕同一个主题将不同学科联结成一个网状结构，如图 1–1。

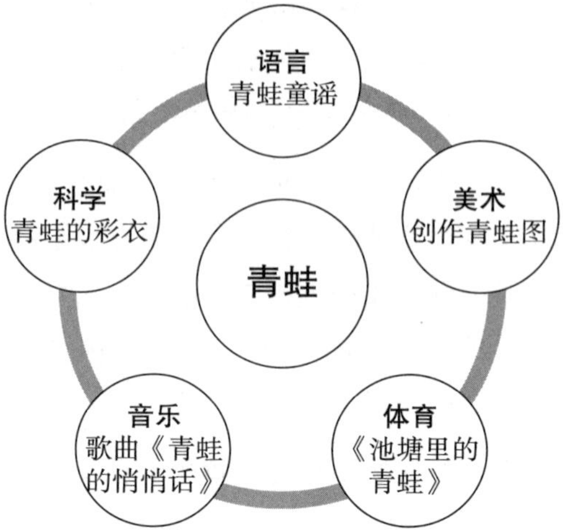

图 1–1　学前儿童综合艺术课程的“张网式”设计示例

如图 1–1 所示，以“青蛙”为主题的综合课程设计涵盖了五个学科。

语言（学科）:《青蛙》——学习童谣《青蛙》，根据童谣内容引出青蛙主题；

美术（学科）:《青蛙》——幼儿根据童谣内容创作青蛙图；

音乐（学科）:《青蛙的悄悄话》——欣赏歌曲《青蛙的悄悄话》，感受歌曲速度、力度，并做出青蛙的典型性动作；

科学（学科）:《青蛙的彩衣》——认识青蛙的保护色（动物外表颜色与周围环境相似，以隐蔽自己的行踪），延伸（蜥蜴、水母等动物也有这样的属性）；

体育（学科）:《池塘里的青蛙》——模仿青蛙在池塘里游水、跳跃、嬉戏。

教学延伸环节还可以渗透青蛙与周围环境的关系，青蛙由于皮肤外露，不能有效防止体内水分蒸发，所以它们一生离不开水和潮湿的环境，青蛙平时多栖息在稻田、池塘、水沟或河流沿岸的草丛中。也可以让儿童观看教学视频，了解青蛙卵如何产于水中，孵化为蝌蚪。同时可以放一些由于水污染产生畸形蛙的图片，渗透保护水资源意识。总之，通过综合课程的设计，有效将人与自然、人与人、人与社会的生态哲学和生态观点迁移到课程内容之中，让儿童学习用生态学的观点去观察、探究、思考、解释问题。

第二节　学前儿童综合艺术课程的价值

一、促进儿童知情意行的统一协调发展

时代的发展和教育改革让我们不得不深思教育的真谛。我们究竟要培养怎样的下一代？应当为他们提供怎样的教育？如何使教育既适应儿童的成长需求，又紧跟时代的步伐？我们期待孩子们能拥有自信、自主的人生态度，能以探究、创新为思考方式，并具备审美、愉悦的性格特质。简而言之，我们的目标是培养知情意行和谐统一的儿童，这正是综合艺术教育的宗旨所在。

人对艺术的感知是综合的。例如，音乐虽然主要是听觉的艺术，但其演奏却涉及手指的精细操作，演唱需要对声音的掌控，指挥家则需通过体态语言来表达，而个体在音乐活动中的想象、联想等高级心理活动更是不可或缺。鉴于艺术的这种综合性，我们在实施艺术教育时，不应仅局限于某一种艺术技能的训练，而应致力于培养幼儿的综合艺术素养。

多年来，艺术教育界一直在探讨如何激发幼儿对艺术活动的兴趣，如何使艺术教育成为他们愉快的学习体验，如何利用艺术教育塑造他们健全的人格、丰富的情感和创造力，以及如何将艺术领域与其他领域（如健康、社会、科学、语言）有效融合，将幼儿园艺术教育的整体效果最大化。这些问题始终是艺术教育工作者关注的焦点。

艺术，作为人类感知、展现和创造美的独特方式，同样是我们理解世界和表达情感的桥梁。每个儿童心中都埋藏着对美的向往，这种向往如同种子一般，需要借助艺术学习的养分在生命中生根发芽、绽放花朵、结出硕果。为此，成人（特别是教师与家长）应为儿童的艺术学习搭建平台，鼓励他们去发现和感受美，进而用自己的方式去表达和创造美。

学前儿童综合艺术教育的核心目标，并非为了培养艺术家，而是全面促进儿童的成长。儿童天生拥有丰富的想象力和复杂的情感体验，艺术教育应当尊重这一特性。综合艺术教育强调儿童个性与艺术潜能之间的和谐统一。正如明代书法家祝允明所言，“身与事接而境生，境与身接而情生，情俟于才而成艺”，艺术是情感与天赋的结晶，艺术是人类情感交流的最直接、最有效的途径，其中激情、个性与创新构成了艺术才华的核心。艺术才华的展现，实际上是与儿童的创造性天性紧密相连的。在进行艺术教育时，我们需要根据儿童的发展阶段和特性进行区分和鉴别，尊重他们的情感体验，培养他们的艺术潜能，让儿童的艺术才华得到充分的发挥和展现。

综合艺术教育的实施，不仅能够激发儿童的艺术兴趣，培养他们的艺术才能，还能帮助他们通过各种艺术形式创造性地表达自我，丰富他们的童年生活。此外，儿童的心理特点，如知觉过程的整体性、直觉性，记忆的具体形象性，以及情感的易感染性和弥散性等，都使得他们特别热衷于参与综合艺术活动。

综合艺术教育在幼儿成长中扮演着关键角色，尤其在促进情绪情感的发展方面。从艺术与情感相互交织的维度来看，这种教育为儿童塑造全面、和谐的人格奠定了坚实的基石。中国的艺术深受“情感本体论”的影响，强调艺术源于情感，并与作者的情感有着深刻的对应关系。中国古典美学思想在文艺理论中得以体现，普遍认同“艺术是情感的表现”这一观点。这些理论不仅探讨了艺术与情感之间的紧密关系，还进一步将艺术风格与情感类型相互对应。中国传统艺术和美学以“情感本体论”和“情感体验论”为基石，致力于探索和表达主观世界的真实与真诚，形成了注情感、轻理性的独特风貌。李贽的“童心说”为情感的本真状态提供了深刻的哲学论证：“夫通信者，绝假纯真，最初一念之本心也。若失却童心，便失却了真心，便失却了真人。人而非真，全不复有初矣。”[①]强调了真实、纯粹的情感是创造力与创新精神的源泉。

---

① 张建业．焚书［M］．北京：中华书局，2018．

综合艺术教育正是基于艺术与情感的紧密联系，为塑造儿童的人格奠定了基础。审美艺术与情感紧密相连，是心灵的活动，具有无限的自由和可能性。它能够将眼前与未来、有限与无限、理智与情感、物质与精神相融合，无限自由地展开天马行空的想象和广泛的联系与连接。因此，在教育实践中，将艺术与体育、智育、德育相结合，实现“社会性”“科学性”与“审美性”的和谐统一，不仅使儿童的艺术创作具有实用性，更能引导他们欣赏与感悟，为儿童全面发展奠定坚实的基础。儿童艺术心理的发展是在持续的教学过程中逐步实现的。

国外对儿童综合艺术课程也有许多研究。国外学者认为综合艺术教育在推动儿童全面发展方面展现出显著成效，其不仅关注儿童知识、情感、意志和行为的综合提升，还顺应了儿童身心发展的自然规律。研究聚焦于综合艺术教育理念、课程设计与实施策略，均证实了综合艺术教育对于儿童全面发展的积极作用。以加拿大 LTTA 项目为例，该项目将艺术作为跨学科的教学方式，打破了传统课程的界限，使表演艺术和视觉艺术得以与科学、历史、语言等学科深度融合。通过这一创新的教学模式，学校能够更有效地利用社会艺术资源，丰富教学内容和形式，促进儿童在各个领域的学习与发展。研究结果显示，通过艺术与数学、语言等科目相结合的综合教学，儿童在数学等科目的学习上并未出现成绩下滑，反而在某些方面如计算能力上有所提升。这充分证明了适量、有效的艺术活动对于儿童学习的积极促进作用。更为重要的是，综合艺术教育对教师和儿童的生活产生了深远而不可估量的影响。它不仅丰富了教学内容，提升了教学质量，还为教师和儿童提供了更多元化、更富有创意的学习和发展空间，有助于培养具有创新精神和实践能力的未来人才。

澳大利亚的《国家艺术课程大纲》与《幼儿学习框架》着重突显了学前儿童艺术教育的重要性，其核心理念在于通过综合艺术体验促进儿童在多个领域的发展。在这一过程中，儿童不仅能提升读写、数学能力和科学认知，还能学习社交技巧。此外，艺术教育对培养儿童非言语能力具有显著作用，尤其深受有特殊需求儿童的喜爱。艺术教育可以帮助学前儿童达成五个学习结果，实现培养幼儿创造性人格的教育目标。

（1）艺术教育帮助儿童建立强烈的本体感，即一种基于个人经验和擅长领域的身份感。在艺术自由的环境中，儿童能够展现自我，自由表现，教师能在此过程中发现儿童在艺术体验过程中的强项与弱项，并强化儿童的强项，基于强项，帮助儿童产生更多的自我认同，并建立强烈的本体感。

（2）艺术体验让儿童与周围世界中的人与物产生广泛的联系，使儿童意识到自己在环境中的重要作用。

（3）艺术体验还能让儿童产生强烈的幸福感。

（4）艺术体验有助于儿童扩大理解力。众所周知，有些知识很难被儿童接受和理解，但通过艺术体验却可以易化这一理解过程，艺术学习途径的多样性使我们能够更深入地了解儿童的学习风格，并提供更精准的指导。

（5）艺术教育培养儿童成为成功的交流者。在艺术体验中，儿童的语言和口头交流能力得到发展，他们通过多样化的感官体验学习，不仅学会了交流与互动，还学会了如何释放情感、学习社交技巧。

综上所述，尊重儿童的创造性艺术学习过程，给予他们充分的时间和资源，是艺术教育的关键。我们关注的不仅是艺术创作的成果，更重要的是儿童在艺术体验过程中获得的成长与学习。

综合艺术学习，对于儿童而言是一种形象与抽象整合、主体与客体交融的认知方式，它广泛地存在于儿童的生活和学习活动中。当儿童将物体与自我作为客观对象审视时，儿童就产生了好奇和疑问。好奇心和疑问使他们行动起来，具象性的思维方式使他们善于用形象、画面、动作来表现他们对事物的自然属性和规律的理解，所以儿童对周围世界的把握往往是用一种天然整合的方式进行的。这种移情和抽象同时并进的学习过程达成了儿童与周围环境的“物我交融”，形成了积极情感，并从中获取力量，形成自信。[①]因而，综合艺术学习活动，促进了儿童知、情、意、行的协调统一。

---

① 陈晓芳. 儿童科学与艺术整合学习活动设计与指导［M］. 北京：北京师范大学出版社，2021：63.

二、促进儿童创造力的提升

从美学和艺术心理学的视角来看，艺术的本质在于其作为一个充满创造和想象的世界而存在。艺术活动，其核心在于审美，是感知、情感、想象、体验等多种心理要素共同交织、相互作用的成果。由此，艺术与创造力之间展现出了不可分割的紧密联系。

（一）创造力的涵义

心理学家罗森伯格认为创造力源自两面观思维，即能够同时构思和运用两种或更多相互矛盾的思想、概念或形象的能力。创造性个体最显著的特点是他们能在常人视为差异之处察觉到某种相似性。创造性思维的关键在于在看似对立的事物间发现联系并融合它们。①

柯斯特勒从心理学角度进一步指出，创造过程的基础是“双重联想”，即将原本不相容的元素在心理上联结起来。那么，在创造活动中，如何统一这些原本不相容的元素呢？阿瑞提在弗洛伊德“原发过程”和“继发过程”理论的基础上，提出了“第三级过程”的新概念。他认为创造力是这三个过程——原发过程、继发过程和第三级过程——的结果。这允许个体在看似无关联的事物间发现相似、联系和同一性，并据此建立新的分类，使众多事物归入这个新的体系。这三个过程类似于无意识、意识和审美的升华。其中，无意识的欲望是原发过程的核心，表现为意象和内觉；概念活动是继发过程的核心，表现为有意识的思维。两者的结合则是第三级过程，体现为审美的升华。创造力的奥秘就蕴含在这三个过程的相互作用中。②这种对创造力的解释具有广泛的适用性，它涵盖了人类所有的创造活动，并融合了其他多种关于创造力的心理学观点，如思维的灵活性、远距离联想、新颖的想法和思维的有序结构等。

马斯洛以不同的视角阐述了类似的观点，他将创造力划分为三个层次：

---

① 阿瑞提．创造的秘密［M］．钱岗南，译．沈阳：辽宁人民出版社，1987．

② 同上．

"原发创造力""继发创造力"和"整合的创造力"。其中,"原发创造力"强调"原发过程"的运用,如幼儿和某些精神病人的非理性"创造"。而"继发创造力"则侧重于"继发过程",涵盖了桥梁、房屋、机动车等大部分技术生产成果,还有许多科学实验和文学作品,也体现了技术的创造力。至于"整合的创造力",它指的是能巧妙融合或交替运用两种过程的创造力,伟大的艺术、哲学和科学成就正源于此。马斯洛进一步阐述,伟大的艺术家、理论家、国务活动家、治疗学家、哲学家和发明家都是这种"整合的创造力"的体现者,他们能够将看似不协调、不一致的元素统一于一个整体中。①

综合而言,创造力不仅指人们运用心理诸要素如感知、想象和理解等,通过"原发过程""继发过程"以及"第三级过程",在看似无关的事物间找到共通性的能力,它也是一种超越自我私欲,超越实用目的追求的自由精神活动。这两者的完美融合,构成了创造力的完整且准确的定义。

(二)审美活动和创造性活动的相关性和一致性

审美活动与创造性活动之间存在着紧密的相关性和一致性。艺术活动以审美为核心,②而审美与创造都涉及感知、情感、想象和体验等复杂的心理过程。艺术审美要求敏锐的感知、深刻的情感和自由的想象,而创造性活动则是在不同事物间发现内在联系,形成新的认知模式。两者都强调丰富的感知、自由的想象与理性的推理的恰当结合。没有这种独特的、复杂的感知活动,仅凭逻辑推理,难以产生独特且意想不到的结果。

实际上,所有具有革命性意义的重大发现和创造,并非遵循固定的思维模式或既定步骤所能达成的。相反,它们往往在人们意想不到的地方,以出乎意料的方式取得突破。这意味着尽管我们依靠逻辑思维和技术知识能够解决许多一般性和局部性的问题,但真正伟大而智慧的创造并非仅仅依赖逻辑和推理。那么,引领人们实现创造的灵感源泉是什么呢?答案是人们对美的追求和体验。正如戴维·玻姆的理论所述,"科学探索充满美感",对美的追

① 马斯洛. 存在心理学探索[M]. 李文湉,译. 昆明:云南人民出版社,1987:126.
② 苏珊·朗格. 艺术问题[M]. 滕守尧,等译. 北京:中国社会科学出版社,1983.

求促使人们敏锐地察觉差异和相似性，倾向于选择那些能促成和谐与美的特性来连接不同事物，从而产生有价值的创造力成果。①

审美活动和创造性活动的最高境界是高度一致的，它们都超越了功利性的追求，是一种自由、超然的精神活动。在这种境界中，人们感受到“美”的愉悦，这种愉悦源自对自然的和谐之美的体验，远非对物质占有的快乐所能比拟。虽然人们身处现实社会，难以完全摆脱功利性的诱惑，但在灵感迸发的瞬间，却可以达到与自然融为一体的“天人合一”境界，或体验到庄子所说的“至乐无乐”的审美快乐。换句话说，创造过程中的精神体验、心理状态与审美活动极为相似，都是超越必然的自由活动。

经常沉浸在艺术审美中的人，更能体验到“自由”的意义，从而更容易进入创造过程。一个富有创造力的人，在创造的瞬间所体验到的与自然的和谐，也会促使他形成积极的审美态度去品味艺术和人生，是谓“与天和者，谓之天乐”。②因此，创造和艺术审美虽形式各异，但本质上是相辅相成的两种思维活动，对美的追求和创造活动的完成相互激发，共同提升人的精神。

作为教育工作者，我们需深刻认识到综合性艺术活动在促进幼儿创造力发展方面的独特价值。艺术教育不仅是审美活动的体现，更是激发儿童创造力的关键途径。因此，在教育实践中，我们应恢复艺术教育的审美本质，着重培养儿童的艺术审美能力，从感知、情感、想象和体验等多个维度出发，全面激发儿童的创造潜能。我们需尊重并珍视儿童的“原发过程”思维，保护他们的天真本性，避免过早地被概念化教育所束缚。在传授艺术知识和技能时，我们应避免将其僵化、孤立，而应当通过艺术本身的魅力与意义，让儿童在体验中感受超越世俗功利的快乐，进而激发他们内在的创造活力。

---

① 戴维·玻姆. 论创造力［M］. 洪定国，译. 上海：上海科学技术出版社，2001.

② 滕守尧. 审美心理描述［M］. 成都：四川人民出版社，1998：349.

三、促进儿童生命质量的提升

（一）综合艺术教育促进趋向美的生命运动

艺术与生活之间存在着一种相互滋养、生生不息的关系。艺术源于生活，使生活变得亲切而灵动；同时，生活也是艺术创作的灵感源泉，让艺术变得丰富而精彩。这两者之间的关系是和谐统一的，它们不断地进行着对话。然而，从更深层次看，艺术的发展最终是为了促进人的成长和幸福。

生命的本质在于追求美，生命运动的重要内涵之一是趋向美。植物在生命旅程中追求花朵和果实的美丽，因此动物有了与美丽互动的机会，而正因为这样美丽的互动，使得植物的生命得以繁衍延续，植物的美丽得以进一步的提升与进化。动物的生命运动也表现出趋向美的过程，它们不仅追求形态和色彩的美丽，还追求“舞姿翩迁”之美，“爱巢华丽”之美，“食物精致”之美。正是由于这些对于美的追求，趋向美的运动，促进了生命的繁衍和美丽的升华。

人类是地球生命体系中的一分子，人类个体也具有追求美的天性。人们用鲜花和树叶装饰自己，用植物的色彩绘制美丽的身体图案，用染色的织物纤维刺绣出美丽的图案，美化自己，装饰自己。随着人类生产力的发展，人类这种对美的追求逐渐扩展到了生活环境的装饰，从简单的身体装饰到复杂的环境美化，如家居装饰、园林艺术，甚至更大的环境美化，包括山体的雕塑、壁画等。人类还通过声音和动作创造美的形式来表达情感、进行社交，这些形式逐渐演变成了各种文化仪式和歌舞形式，扩散到恋爱、婚庆、出生、丧葬等社会生活的方方面面，成为各有特色的文化现象。此外，人类还通过食物来表达对美的追求，通过绘画、印染、雕刻、塑造等艺术手法将花朵和枝叶的美的形象融入食物中，创造出美食。

这种对美的追求不仅体现在物质层面，更体现在精神层面。无论是母亲对婴儿唱的摇篮曲，还是村姑、小伙传情达意唱的山歌，抑或是退休职工在公园里的舞蹈和歌唱，这些活动都体现了人们对美的追求和对生命的热爱。这些简单而真实的艺术生活形式，让人们在平凡的生活中找到快乐，感受到生命的美好。

然而，我们现今面临的一个令人担忧的现象是，在学校和社会艺术教育领域，艺术往往不再是享受生活的美好方式，而是沦为了被动、重复的学习活动，这种枯燥、重复的练习通常被冠以“训练”之名，实质上是对学生的教导、管束和监督。这种被动接受的训练，其外在目标往往指向考级、获奖、升学加分，或是为了迎合家长和教师的期望，避免他们的不满。这不禁让我们深刻反思：原本应当在欣赏和品味中绽放生命之美的艺术活动，在现代艺术教育实践中却变成了成人对儿童的“单方面塑造”，有时甚至演变为成人与儿童之间的强迫与抵抗的冲突。这种艺术实践实际上背离了艺术生活的初衷，严重抑制甚至摧残了生命运动中本真的审美价值追求。

当然，也有人会因为自我挑战和追求而主动进行反复练习，这种主动的练习可以视为一种锻炼，其目的在于自我欣赏和品味。这种主动的自我锻炼，从根本上讲，是提升生活愉悦性的途径，是具有本真意义的艺术审美活动。

总的来说，当人类能够运用艺术实践来深化对生命和生活价值的认识时，艺术的审美愉悦便与人的生命质量紧密相连。因此，为了实现艺术与生活的和谐统一，避免二者之间的冲突，教育工作者应当认识到，艺术首先是关于朴素参与、自我表达和共享的过程，即娱乐自己，然后才是展示和娱乐他人。

（二）综合艺术教育增长儿童的审美体验

审美性原则作为艺术教育的基石，强调的是艺术教育实践活动应当蕴含能够触动参与者内心、引发审美愉悦的特性。审美愉悦分为两个层面：外在层面体现于欣赏过程中，当参与者达到一种自由和谐的状态时所产生的愉悦感；而内在层面则更深入，它是指这种自由和谐状态下，欣赏主体内心所体验到的深层审美愉悦。因此，幼儿艺术教育也应紧紧围绕这一审美实践的特性，将艺术实践活动融入审美享受之中，确保幼儿在享受美的同时，其人格得到全面发展，审美敏感性和审美情趣得到逐步提升。幼儿在艺术活动中的表现，正是他们对美的自然追求，这反映了他们成长的内在需求。他们追求的不是外在的功利，而是活动本身所带来的满足，这种满足促进了他们本性的自我实现，内心世界的整合与和谐。

例如，在山西的一所寄宿制幼儿园，一位家长发现孩子回家后模仿晋剧表演，便好奇地询问班主任老师。班主任老师对此也感到困惑，因为她并不会唱晋剧。经过了解，原来是夜班保育员老师是一位晋剧爱好者。

此外，2006年在深圳举办的全国第五届音乐教育观摩研讨会上，两位老师用简单而真挚的方式，向小班幼儿介绍了两首传统的广东童谣。在《洗白白》的欢快旋律中，孩子们和老师一起模仿洗澡的情景；而在《月光光》的摇篮曲中，孩子们互相哄着，营造出一种温馨、安详的氛围。整个活动没有华丽的修饰，只有纯粹的爱、温馨和感动，这正是艺术教育的魅力所在。

从这些具体的例子中，我们不难发现儿童的艺术审美活动实际上是他们生命成长过程中最原始、最纯粹的一种表现。这些原本在我们日常生活中司空见惯的场景，为何如今却变得如此“珍稀”呢？究其原因，是在人类追求美的漫长历程中，现代艺术教育有时模糊了艺术活动与生命活动之间的“目的与手段”的关系，导致了艺术被过度抬高，甚至达到了可以轻易忽视生命的地步。这种盲目或过度执着，实际上对生命和艺术本身都是一种威胁。当生命失去，对生命的审美追求也随之消失，艺术还如何能够存在并发展呢？

因此，我们在这里必须重申：艺术教育的审美吸引力和审美感动应当始终贯穿于整个教育过程之中。为了实现这一教育理念，在幼儿园的艺术教学中，教师需要特别关注以下几点。

1. 让儿童在艺术活动中得到审美愉悦

我们在日常教育活动中，要创设更多的条件，让幼儿能表现出原始和纯粹的审美活动。首先可以为幼儿提供丰富多样的艺术形式，包括音乐、绘画、舞蹈、戏剧等，并综合这些艺术的形式，渗透在日常教育活动中，给幼儿带来多种艺术审美体验。另外，可以组织多样化的艺术活动，例如到户外写生，开展艺术游戏，组织节日庆典等，在这些艺术活动中，幼儿可以亲身感受，实际操作，直接参与，在美与欢乐的氛围中，感受艺术的美，体验审美愉悦感。

2. 为幼儿创设充满情感色彩的审美环境

审美愉悦，作为一种情感力量，不仅在审美活动中担当着桥梁的角色，促进审美心理要素间的和谐统一，从而赋予审美活动其独特的性质，使其与其他活动相区别；同时，它也是艺术审美教学追求的最终方向，能够激发和滋养积极的生命运动态势。因此，在幼儿园集体艺术教学的设计中，我们应将目标设定为让幼儿在艺术实践过程中体验到这种深刻的审美愉悦。为实现这一目标，我们可以采取以下策略：

首先，我们应当精心选择艺术活动的内容，确保它们与幼儿的需求和兴趣相契合，并源于幼儿的生活经验。这样的内容将更易于引起幼儿的共鸣，激发他们的参与热情。

其次，我们可以利用游戏这一充满活力和趣味性的形式来开展艺术活动。通过角色扮演、猜谜语、讲故事等多样化的游戏环节，使艺术教育活动变得更加生动有趣，让幼儿在轻松愉快的氛围中体验到艺术的魅力，从而感受到审美愉悦。实践表明，这种教学方式能够极大地提升幼儿对艺术活动的兴趣和参与度，让他们在活动中收获快乐与成长。

此外，教师还可以创设良好的艺术环境，提供丰富的艺术材料，为幼儿在区域活动和自由活动中进行艺术的自由创作和表达提供空间和工具，让幼儿在动手操作中体验艺术美感，表达自己的艺术感受和理解，并激发孩子们的艺术潜能和创造力，促进他们全面和谐的发展。

第二章　学前儿童综合艺术课程研究的现状

本章概述了世界各国从古到今的综合艺术教育的历史轨迹和发展趋势。从国内来看，本章概要性地陈述了中国古代至近现代的艺术教育、儿童艺术教育、综合艺术教育以及幼儿综合艺术教育的思想和实践。从国外来看，本章阐述了近现代西方儿童综合艺术教育的思想即课程实践的发展历程。西方的教育思想强调“以儿童为中心”，因此而催生了“以儿童为中心”的儿童综合艺术教育思想，并发展出丰富的综合艺术教育理论和课程，其综合艺术教育课程的核心理念对我国幼儿综合艺术教育课程的发展具有重要的启示和借鉴作用。

第一节　我国学前儿童综合艺术课程研究的现状

从氏族社会开始，人们的原始生活中就有许多歌舞的祭祀活动，以及生活中的陶器装饰等，显现出综合艺术的萌芽。至先秦时代，百家争鸣，诸子百家从不同角度阐述了各自的艺术教育思想。儒家重视礼乐教化的功能，道家则提倡以师法自然的方法追求美。自秦汉时期起，出现了针对儿童的艺术教育思想。秦汉时期以儒家的艺术教育思想为主；魏晋南北朝时代比较尊崇佛家和道家的艺术教育思想；隋唐时期出现了针对儿童的蒙学教材；宋代的艺术教育呈现出感性化和理性化的两极特征；元明清时代，蒙学广泛盛行，提出了儿童的艺术教育要适合儿童的身心发育规律。

近代，儿童综合艺术教育的理论和实践更加丰富。20世纪初，现代美学、美育观念的引进，与中国传统的艺术教育思想相融合，确立了中国现代艺术教育思想。近代教育家们把握现代艺术教育和美育的内在共同性，认为艺术教育即美育。对于综合艺术教育的研究有两种趋向，一种是美育意义上的研究，另一种是将综合艺术作为专门的教育教学科目进行研究。

我国当代艺术教育经历了新中国儿童艺术教育的新建时期到21世纪儿童综合艺术教育的大发展等五个阶段。从中央政策的出台，到各地教改的施行，综合艺术教育的思想、概念体系和具体课程日益完善和健全。在幼儿艺术教育领域，研究者们通过研究和实践解决了幼儿园歌唱活动、韵律活动、艺术欣赏活动的诸多问题，并提出了幼儿综合艺术教育的具体概念以及组织方法和选材等问题，使得综合艺术教育在学前阶段的理论和实践日益明确。

一、我国古代思想家关于艺术教育的见解

中国的历史文化悠久而深邃，随着民族艺术文化的不断演进，其中关于艺术教育的论述以及对于儿童艺术教育的理论与实践探索，都为我们提供了宝贵的启示和借鉴。这些宝贵资源不仅丰富了我们的艺术教育体系，更为我们指明了儿童艺术教育的发展方向。

（一）原始社会的艺术起源及其对儿童艺术教育的启示

早在原始社会的氏族公社时期，人们已经开始通过歌舞、绘饰和雕刻等多种形式来调节情绪、表达情感，并反映社会生活的方方面面。这些活动不仅体现了他们对美的追求，也显示了多种形式的艺术教育在那个时代已经开始。从出土的氏族遗址器物来看，艺术活动均源于生活，有的是为了满足生活需求，有的是为了表达生活本身。例如，河姆渡文化遗址中发现大量稻壳，与之相应的有黑陶陶罐上稻穗纹理的装饰，都证明了这一点。

艺术与生活紧密相连，艺术不仅源于生活，更是生命的表现。这种联系在人类早期的艺术行为和幼儿的艺术学习中都有体现。汉语中的“生活”和英语中的“life”都包含了“生存”和“生命”的含义，说明生命和生活是密不可分的。生活作为生命的存在形式，作为生命体的人在生活中存在和发展，即人在生活中舒展着自己的生命，体验着自己的生存状态，享受着生

命的快活和生活的乐趣[1]。梁漱溟曾指出："生命与生活，在我说实际上是纯然一回事；一为表体，一为表用而已，'生'与'活'二字，意义相同，生即活，活亦即生。"[2]这意味着作为生命体的人只有在生活中才能汲取充足的营养，凸显生命的灵动与创造。离开了生活，生命就成了无源之水，无本之木。

同样，儿童的生活也是其生命成长的土壤。因此，儿童艺术教育应当以儿童的生活为基础，从他们真实、独特的生活时空中汲取灵感，而非简单地模仿成人的理性或标准化的生活世界。这样，儿童艺术教育才能真正地滋养儿童的生命，促进其全面发展。

（二）先秦时期诸子百家的艺术教育思想

1. 儒家：礼乐教化

儒家，这一起源于先秦、由孔子创立的思想流派，在中国数千年的文明史上留下了深刻的印记。自从汉武帝确立"罢黜百家，独尊儒术"的政策后，儒家学说便成为社会的主流思想，深刻影响着百姓的日常生活、帝王的治国策略以及国家的文化艺术走向。孔子因此也被尊为中国历史上最具影响力的思想家和教育家。

在教育领域，孔子继承并发展了西周的"六艺"——礼、乐、射、御、书、数。他尤其重视"礼"和"乐"的教育。礼，作为社会规范的教育，旨在塑造人的道德品行；而乐，则通过艺术的形式，潜移默化地影响人的心灵。

在古代社会，礼乐占据了极其重要的地位。在春秋战国之前，礼乐主要服务于巫术或原始宗教活动。那时，由于科技水平的限制，人们往往将天气变化、战争胜负等自然现象和社会现象归结为神灵的意志，因此宗教活动异常重要。祭祀活动通常需要音乐和舞蹈的陪伴，这些都在出土的文物中得到了生动的展现。

随着时间的推移，"礼"的内涵逐渐丰富。西周时期，分封建制的实施

---

① 冯建军．生命与教育［M］．北京：教育科学出版社，2004：179．
② 马秋帆．梁漱溟教育论著选［M］．北京：人民教育出版社，1994：263．

使得社会进入封建时代，“礼”成为维护贵族道德、文明和法律制度的基石。它几乎涵盖了贵族生活的方方面面，包括祭祀、丧葬、宾客、军旅和冠婚等五大类。通过学习“礼”，贵族子弟能够培养出符合社会等级制度的道德品行，从而在政治活动中表现出贵族的尊严，为将来的从政和治理民众打下坚实基础。因此，“礼”起源于祀神，随后逐渐扩展到人际交往的各个方面，成为维护社会秩序的重要工具。

“乐”的根源同样可追溯至祭祀活动，其中诸多仪式均借由乐舞这一形式得以展现。西周时期，礼乐不仅仅是宗教仪式的一部分，它进一步世俗化和政治化，成为维护封建统治的重要支柱。正如《礼记·曲礼》所述：“礼者，定亲疏，决嫌疑，别异同，明是非。”而《礼记·祭统》亦强调：“治人之道，莫急于礼。”礼作为行为准则，带有鲜明的阶级色彩，它反映了封建贵族对权力与特权的坚守，即“礼不下庶人”。乐则与礼相辅相成，通过艺术教育的方式，潜移默化地影响人心，降低社会对礼教的抵触，进而减少统治成本，实现以德治国。

然而，随着春秋战国时期的到来，分封的小国间战争频繁，礼乐制度逐渐崩溃，社会进入动荡不安的时期。面对这样的局面，儒家学派以孔子为代表，为了维护统治和恢复社会秩序，提出了复兴周礼的主张，并将“六艺”引入教育之中，对礼乐文化进行了新的阐释。孔子在《论语·阳货》中表达了他的愿景：“如有用我者，吾其为东周乎？”这体现了他对实施礼乐教化理想社会的向往，并期望通过礼乐教育来恢复西周时期的社会秩序。孔子及其后学，如孟子和荀子在《乐记》中，围绕礼乐提出了诸多关于美学和艺术教育的观点，旨在通过礼乐教育达到社会教化的目的。

孔子及其儒家学派所推崇的儒家思想，其核心在于“仁”。“仁”的含义深远且宽泛，几乎涵盖了所有美德的精髓。要实现“仁”，人们需要接受行为规范的训练，并将这些外在的社会规范内化为内心的自觉需求。儒家教育的终极目标就是培养“仁”人，无论是民众的行为，还是帝皇的施政，都应体现出“仁”的精髓。在科举制尚未兴起之前，通过察举制选拔官员，主要依据的就是候选人是否具备“仁”的品质。

那么，如何确保被选拔出来的人真正具备“仁”的特质呢？儒家提出了通过礼乐教化，特别是艺术教育这一途径。孔子在其著作中多次强调“礼乐”的重要性，如“闻之于礼乐，节之于礼乐”等，旨在通过艺术教育来感染人心，将“仁”的理念深植于个体内心，成为他们情感的自觉需要。孔子提倡“志于道，据于德，依于仁，游于艺”，意味着在追求道义、坚守德行、依托仁爱的基础上，人们还应通过艺术来丰富自己的精神世界。

进一步地，孔子还提出了“兴于《诗》，立于礼，成于乐”的观点，认为诵读诗歌可以激发人的意志，遵守礼教可以实现人的自立，而音乐教育的熏陶则能培养人的“仁”性，最终成就人的最高人格。儒家教育的理想状态是使每个人都能自觉向善求仁，共同构建一个和谐的社会。

此外，孔子还强调“美”与“善”的高度统一。在孔子看来，“善”是“美”的基础，只有合礼之善，才能使人成为真正的美之人。否则，如果一个人缺乏仁爱之心，即便他遵守了礼教，也难以称之为美。

孔子的艺术教育思想，其精髓在于“助教化，成人伦”，即强调艺术教育在塑造人格、增进社会认知方面的功能。他曾言：“《诗》可以兴，可以观，可以群，可以怨；迩之事父，远之事君；多识于鸟兽草木之名。”这表明，孔子认为艺术教育应为德育服务，旨在通过艺术的学习来提升个体的人伦道德，增进对社会的理解。因此，他重视音乐与诗歌的教育，因为艺术的学习和熏陶对于个人修养和社会政治有着积极的推动作用，而非单纯追求艺术本身。

孟子和荀子进一步发展了孔子的艺术教育思想，融入了心理学的视角，使其更具科学性。孟子创立了儒家的心性论和人性善的理论，突出了“智”和“乐”（包括艺术之乐和情感之乐）在审美教育中的重要性，为儒家的艺术教育建立了坚实的理论基础。荀子则从人性的原始欲望出发，提出了“性恶论”，但强调“礼”能带来快乐，将“礼乐”与“乐”紧密相连，认为“礼乐”能带来高尚的精神享受。通过孟子和荀子的贡献，儒家艺术教育思想进一步完善了“乐”的桥梁作用，在“礼乐教化”与“为政以德”之间建立了逻辑联系，为艺术教育的哲学思考提供了深刻的形而上层面的思考。

在当时的社会背景下，以及后来推崇儒家的封建帝王眼中，儒家艺术教育的最终目的是服务于社会，维护社会秩序和稳定。它借助礼的外在规范和乐的内在熏陶，培养人们对等级规范秩序的认同，从而实现社会教化的目标。尽管儒家的艺术教育思想带有时代的局限性，但其中蕴含的某些价值观念仍对我们现代人有着重要的启示和借鉴意义。

2. 道家：道法自然

道家，这一哲学流派其源头可追溯至老子和庄子，其核心理念聚焦在宇宙与人生的奥秘上，特别注重个人精神层面的探索。所言之“道”，即宇宙间万物演化的法则，其中包含了万物的本质，而艺术与哲学之理亦蕴含其中。道家主张“道法自然”，即万物皆遵循自然规律，无需人为干预，正如老子所言：“无欲以静，天下将自定。”艺术之美，亦是“道”之体现，是艺术家们追求的至高境界。

《道德经》中提及的“有无相生”，与国画中的“留白”、书法中的“计白当黑”技法相呼应，体现了道家思想在艺术中的实践。国画中的留白，可以是天空、湖水、云雾、江河，或是远方，无中生出了丰富的有。留白为观者提供了无尽的想象空间，展现了画家的深远意境。道家强调“以虚带实，以实带虚”，这种虚实相生的理念深刻影响了中国古代的艺术教育和艺术形式。

庄子认为，内心的修养需通过“心斋”和“坐忘”达到，即以虚静空明之心去感受外界，以自然为师去认知世界。这些观点对后世知识分子的内心境界和艺术创作的审美意识产生了深远影响。唐代画家张璪提出的“外师造化，中得心源”便是道家思想的体现，强调在艺术创作中重视意境的表达，而非仅仅追求物象的描绘。

庄子还倡导“天地有大美而不言”，主张艺术创作中的主观融入，推崇“解衣般礴”的创作方式，即顺应自然，超越功利，追求个性的自由表达。同时，道家艺术思想也反映了老子“无为”的哲学，体现在艺术创作中排斥过度的装饰，强调实用性和自然之美。老子所言“五色令人目盲，五音令人耳聋，五味令人口爽”，便是对过度装饰之弊的批判，强调艺术应追求简洁与真实。

道家追求的是一种自然与淳朴的美学理念。道家思想家们，特别是庄子，将社会的动荡和人类的罪恶部分地归咎于对精美和精致的过度追求。他们坚信，真正的艺术之美源于自然，也应回归自然，达到一种“大巧若拙”的至高境界。这种不刻意雕琢、不过度藻饰的态度，不仅体现了艺术的真实和纯粹，也展示了道家追求自然之美的积极意义和深远境界。

（三）秦至清时期的艺术教育思想

秦朝虽短暂，却继承了西周的部分礼制，并实行法家思想，既有焚书坑儒的极端行为，同时也推行了“车同轨、书同文、行同伦”的革新，特别是“书同文”对后世教育、文字学和书法艺术的发展有着深远的影响。

汉代开始“罢黜百家，独尊儒术”，确立了儒学的国学地位，并设立了“乐府”这一艺术教育机构，使艺术教育更为专业化。书法绘画教育逐渐分离发展，同时出现了贾谊等早期教育思想家，他提倡早教，强调“正本”“早谕教”和“选左右”的原则。汉代的少儿艺术教育分布于国学、乡学、家学等多个层面。西汉初期的《乐记》是儒家艺术教育的经典之作，它融合了孟子的“性善说”和荀子的“性恶论”，核心思想涵盖了艺术发生学、审美形式和艺术批评标准，强化了“乐教”的功能。

魏晋南北朝时期，尽管社会动荡，却成为艺术和个人主体性觉醒的时期。儒家思想受到冲击，道家思想和佛教艺术兴起，以竹林七贤为代表的名士观念盛行。艺术教育方面，嵇康和颜之推分别提出了以道家为主和儒佛兼备的艺术教育思想。颜之推认为“艺”的教育应涵盖琴棋书画等实用技能，并与德育紧密相连。此时还出现了《千字文》等蒙学读物，以及“美育”思想的萌芽，其中“建安七子”之一徐幹在其著述《中论·艺纪》有言：“美育群材，其犹人之于艺乎？”①其中“美育”是由“美”和“育”两个概念组成的，意指艺术教育。

隋唐时期，科举制的创立和童子科的设立推动了幼儿和早期教育的发

① 祁海文，徐幹.“美育”概念的最早提出者［J］.长白学刊，2002（06）：81-83.

展，设立了国家级的艺术官学，专注于文字和书法教育。唐代教坊对宫廷和民间戏剧的发展产生了重要影响。韩愈等学者提倡复兴儒教，重提孔子的“礼乐刑政”理念。同时，唐代儿童艺术教育蓬勃发展，出现了众多儿童诗人，如李白、杜甫等，展现了唐代儿童艺术教育的丰硕成果。

宋代蒙学教育蓬勃发展，《百家姓》和《三字经》便诞生于此时期，同时民间教育机构“书院”也如雨后春笋般涌现。宋代理学盛行，其特点表现为理性和感性的分明对立，这在艺术上体现为宋诗的理性与宋词的感性。宋代儒生对艺术修养的重视更是达到了新的高度，琴、棋、书、画被誉为“文人四友”。

宋代艺术教育展现出官方与世俗的双重特色。官方设立了诸如国子监画学等艺术教育机构，而太常寺教坊则专注于表演艺术的创作与教育。与此同时，民间的艺术教育也蓬勃发展，歌舞、杂耍、说唱、戏剧等艺术形式日益成熟，师徒相授、学徒教育等民间艺术教育形式广泛流行。

在儿童艺术教育领域，张载和朱熹分别提出了独特的见解。张载基于儒家性善论，强调少儿艺术教育的重要性，认为教育能塑造人的气质。朱熹则围绕“理”展开，以五教（仁义礼智信）为目标，对儿童教育的各方面进行了深入论述，但强调理性的引领作用，否定艺术教育在儿童人格培养中的熏陶作用，其观念更偏向于功利主义。

元代杂剧繁盛，民间表演艺术得到进一步发展。明清两代在意识形态上强化程朱理学，通过科举制度统一社会思想，学术上复古，这在一定程度上限制了人性的自由发展。然而，在蒙学教育领域，明清时期却出现了诸多蒙学教育的新理念和实践，如游戏教育、教具开发等，并开始注重儿童教育的科学性和自然性。儿童的艺术教育亦是如此。王阳明、吕坤、张履祥等思想家开始关注儿童身心发展的特点，提出了更加符合儿童自然本性的教育方法，如王阳明的心学就对宋明理学不顺应儿童本性，不重视艺术启蒙的作用进行了批判，指出“日惟督以句读课仿”这样的教学方法十分不尊重儿童的天性，[1]提出“诱之歌诗”以培养意志、调理性情，并从儿童天性出发，尊重儿童身心发展规律，强调艺术教育在养正、启蒙，以及道德培养中的潜移默化、润物无声的作用。

（四）中国古代儿童艺术教育思想的特点及其局限性

中国古代儿童艺术教育思想深深植根于农耕文明的历史背景中，具有其独特的历史合理性和重要性。它不仅对我国古代艺术人才的培养、文化的传承和艺术的发展产生了深远的影响，同时也存在一定的历史局限性。

1. 成人角度的儿童艺术教育观

在中国古代，不同的哲学流派，如儒家、道家和法家，尽管在阐述幼儿艺术教育时各有侧重，但他们都倾向于从成人的视角来审视这一问题。这些流派的理论核心，无一不是基于或面向成人的需求。古代的教育思想家们往往基于他们对理想化成人人格的理解，来设计儿童教育，包括幼儿艺术教育，其最终的目的多是为了培养符合社会期待的统治者或提升文化精英的自我修养。这种教育方式的核心关注点在于成人，而非儿童本身。

2. 社会本位的儿童艺术教育观

中国古代的艺术教育思想，其出发点往往与某种特定的思想体系或政治、道德理想紧密相连。这种教育方式并不基于儿童的心理学基础，而是更多地与抽象的人性相联系，这种理解方式具有一定的唯心性和道德先验性。特别是儒家的幼儿艺术教育，其出发点更多的是为了培养社会所需的人才，具有强烈的社会功用性。这种艺术教育思想的构建，更多的是从艺术在社会治理中的功能出发，而非从儿童本身的需求和发展出发。

3. 具有鲜明阶级性的儿童艺术教育观

当我们审视古代中国儿童艺术教育思想时，不难发现它们主要源于统治阶级的视角，旨在为社会的治理和国家的统治服务。这些艺术教育思想往往反映了统治阶级的意志和理念，而源自民间、由普通百姓创造的儿童艺术教育观点和思想，在统治阶级的文化体系中难以得以传承。在古代社会，对于

---

① 成容．王守仁童蒙教育思想对小学音乐教育的启示［J］．艺术评论，2018（12）：157-161．

贵族子弟的教育重点在于“艺”，即培养他们在艺术方面的修养和才能；而对于平民和奴隶的孩子，则侧重于“技”，即教授他们实用的手工技艺以维持生计。如《礼记·学记》所述：“良冶之子，必学为裘；良弓之子，必学为箕。”这表明了技艺传承的家族性。同时,《礼记·王制》中明确指出：“凡执技以事上者，祝、史、射、御、医、卜及百工。凡执技以事上者，不贰事，不移官，出乡不与士齿。”这些从事技艺的人，被严格限制在各自的领域内，不得转行，也不得进入官场，更不能与士人阶层交往。他们的社会地位普遍较低，技艺的传承也往往通过家族内部进行，子承父业，世代相传。更为严格的是，这些技工阶层的后代被强制要求学习父兄的技艺，以确保技艺的延续。同时，他们被禁止接受教育以追求更高的社会地位，这是为了防止他们“滥入清流”，即混入士人阶层。如有违反者，将会受到严厉的惩罚。这充分显示了古代社会阶级对立的严苛性。

二、我国近现代关于学前儿童综合艺术课程的理论及实践

在教育领域，中国近现代教育史的一个标志性起点是1905年科举制度的废除。进入20世纪后，随着西方现代教育观念、艺术观、美学观和美育观逐渐进入中国，中国的艺术教育思想也经历了从传统到现代的转变，展现出了明显的现代性特征。

传统上，中国的艺术教育以“礼乐教化”为核心，注重艺术在政治道德教化和个体人格修养方面的作用。这种艺术教育致力于通过艺术活动将道德伦理原则内化，并在“美善相乐”的境界中实现政治道德教化。本质上，它更多地被看作是一种伦理道德教育。然而，在引进现代美育观念之后，美育在现代教育学中确立了独立地位，艺术教育也随之从传统德性教育和工艺技能教育的附属地位中独立出来，成为独立的美育和情感教育。这一转变使得艺术教育成为现代教育不可或缺的一部分。

（一）20世纪美育观念的引入

在20世纪初，随着现代美学和美育观念的引进，中国现代艺术教育思想逐渐形成并确立，与传统艺术教育思想形成鲜明对比。

首先，现代美学的无利害性和艺术自律观念为现代艺术教育思想提供了理论支撑，强调艺术审美的独立性。艺术教育不再仅仅是德育和工艺技能教育的附属品，而是逐渐展现出其独特的情感教育和审美教育的价值。蔡元培在1901年首次提出“美育”概念，将其与德育、智育并列，并基于康德的哲学观和美学观，将美育定义为情感教育，艺术教育作为情感教育的最佳实践途径，随之得到了迅速发展。

其次，中国现代艺术教育思想的研究需要深入理解美育与艺术教育之间的内在联系。美育通过审美活动和经验来培养人，而艺术作为审美最集中、最典型的形态，自然成为实现美育目标的主要途径。因此，现代艺术教育的思想者和实践者经常将艺术教育等同于美育。例如，1921年《教育杂志》上的文章《艺术教育学的思潮与批判》直接提出“艺术教育亦名美育”，[①]而《美育》月刊的创办也旨在推动艺术教育的发展，改造社会，使每个人都能享受美的愉悦。蔡元培在《文化运动不要忘了美育》一文中也强调了艺术教育在美育中的重要性，指出它有助于提升人们的兴趣和心境，避免盲目冲动。[②]

关于中国现代综合艺术教育的研究，存在两种主要趋向：一是从美育的角度探讨其意义，注重美学和美育的理论支撑；二是将综合艺术作为专门的教育科目进行研究，强调其专业性和学科整合。

民国元年被视为中国现代美育的起点，中国现代艺术教育在思想、体制和教学实践上的普遍发展都与美育的确立密切相关。

（二）近代美育与综合艺术教育思想

1912年1月3日蔡元培就任南京临时政府教育总长，2月在《民立报》上发表了《对于新教育之意见》，提出了涵盖美育在内的“五育”并重的教育方针，并通过论述图画、诗歌等艺术审美活动，深入阐述了美育的超功利性质，以及它作为教育不可或缺部分的重要价值。为了进一步明确美育在学

① 转引自俞玉滋，张援．中国近现代美育论文选［M］．上海：上海教育出版社，1999：242.
② 蔡元培．蔡元培全集（第三卷）［M］．杭州：浙江教育出版社，1997：739.

校教育中的地位，民国政府在1912年9月、11月、12月颁布的《小学校令》《中学校令》《师范教育令》和《大学令》中，对美育思想进行了政策性阐述，将艺术课程正式纳入学校教育体系，确立了艺术课程在学校教育中的地位。作为美育的课程内容主要包括“国语国文之形式”“记美术家及美术沿革，写各地风景及所出美术品，美育也”“图画，美育也”“唱歌，美育也”“游戏，美育也”。1912年颁布的《小学校规则及课程表》《中学校令施行规则》都明确指出乐歌课“涵养美感，陶冶德性”的意义，并提出图画教学在艺术、技能之外，要“养其美感”。①

1912至1913年间，中华民国临时教育会议颁布了国内首部教育法案《壬子癸丑学制》，其中“训育”部分明确提出，通过乐歌、图画等课程陶冶儿童情操，培养审美情趣，并使多与自然界接触，以养成审美情趣”②。蔡元培的“五育”教育思想——军国民教育、实利主义教育、公民道德教育、世界观教育和美感教育，在当时得到了大力推行。

进入20世纪20年代，现代艺术教育思想进一步深化。1922年，吴俊升在《中华教育界》上发表的《艺术课程概论》明确指出，艺术教育的实质是情感教育，旨在陶冶学生的性情，发展美的鉴赏和创作能力。他强调，艺术课程并非为职业准备，而是情感的满足和美的享受。③

随着艺术教育的发展，如何更好地实施人格教育和美感教育成为关注点。朱允宗、朱酥典、潘淡明等学者纷纷发表文章，探讨美育教学的具体方法和艺术课程的设计。这些讨论不仅强调了艺术教育在情感陶冶方面的重要性，还提出了艺术教育作为人生根本问题的普遍价值。④

在这一时期，普通学校的艺术课程得到普及，专门的艺术系科和艺术学校也相继设立，艺术展览会等社会普及美育活动也蓬勃开展。随着艺术教育

---

① 课程教材研究所. 20世纪中国中小学课程标准·教学大纲汇编（音乐. 美术·劳技卷）[M]. 北京：人民教育出版社，2001.

② 张援，章咸. 中国近现代艺术教育法规汇编 [M]. 上海：上海教育出版社，2011：79.

③ 俞玉滋，张援. 中国近现代美育论文选 [M]. 上海：上海教育出版社，1999：121–129.

④ 同上：270–274.

原理的阐释和实践方法的探索，中国现代艺术教育在20世纪20年代前后正式确立，并进入发展阶段。教育者和研究者们致力于将现代艺术教育理念具体落实，进一步发挥艺术教育在美育中的独特作用。

综合艺术教育的观念是在认识到艺术教育对儿童情感陶冶的重要性的基础上逐渐形成的。这一观念的初步实践可追溯至洋务运动时期，当时为了引进西方现代工艺，工艺学堂应运而生，其中包含了图画、制图和手工等课程，主要目标是为兵工生产培养工业技术人员。

1904年，随着《奏定学堂章程》(即“癸卯学制”)的颁布，中国近代教育体制正式确立。该学制规定各级学校需开设图画、读古诗歌、手工等课程，其中“音乐”课以“读古诗歌”形式呈现，这既是对儒家艺术教育道德教化功能的延续，也体现了音乐与文学的综合艺术形式。这一举措使得艺术教育在基础教育中得到普及，并初步展现了图画、音乐的审美教育价值。

陶行知的生活教育思想同样体现了综合艺术教育的精神。他主张“生活即教育”，认为生活与教育是紧密相连的。在具体实践中，他提出“过什么生活便是受什么教育”，并将艺术教育视为“生活教育”的重要组成部分。他强调艺术教育应与生活内容相结合，实施综合的艺术教育，从而全面培养学生的情感、认知和创造力。①

蔡元培的教育思想也深刻体现了综合艺术教育的理念。他在《创办国立艺术大学之提案》中明确指出美育的重要性，并主张通过艺术教育来实施美育。他认为，艺术不仅仅限于美术领域，还包括音乐、文学、戏剧等多种形式。他强调，在学校教育中，所有课程都与美育相关，数学、化学、地理学等科目中同样富含美感因素，应作为美育的资源加以利用。蔡元培倡导广泛、普遍的美育实践，鼓励通过各种艺术样式和艺术活动来实施美育，从而促进学生全面发展。

总之，综合艺术教育的观念是在认识到艺术教育对儿童情感陶冶的重要

---

① 华中师范学院教育科学研究所. 陶行知全集（第二卷）[M]. 长沙：湖南教育出版社，1985：289.

性，以及对艺术教育多样性和综合性的深入理解基础上形成的。这一观念在近代中国得到了广泛实践和发展，对推动中国教育事业的发展产生了深远影响。

在吴梦非的《美育是什么？》一文中，他着力于纠正将美育简单等同于美术或艺术的误解，并具体阐述了美育在学校和社会中的实施方式。他明确指出，在学校教育中，美育应主要围绕图画、音乐和手工三门核心课程展开，同时辅以文学和体操等科目；而在社会教育中，戏剧则应成为主导，辅以音乐、美术、小说以及其他娱乐形式。吴梦非强调，实施美育的艺术教育并非局限于某一单一学科，而是需要多门艺术课程的综合，包括戏剧、小说等综合性艺术形式。①

蔡元培的美育观念也与之相呼应，他提倡将音乐、图画、旅行、游戏、戏剧等课程融入日常教学中，将美学视为基础教学的核心。他强调正当的生活情趣和学习的艺术情趣的重要性，并详细阐述了发现美、认知美、创造美的学习意义。蔡元培还鼓励人们通过阅读文学作品、吟唱诗歌等方式来愉悦情感，使生活更加生动活泼。② 这些美育论述无疑也体现了综合艺术教育的思想，强调了美育的广泛性和综合性。

（三）丰子恺的“大艺术科”的教育原则

丰子恺是近代杰出的艺术理论与艺术教育实践家，他提出了“大艺术科”的教育原则，这一原则深刻体现了现代综合艺术教育理论的核心思想。这一原则主张艺术教育应当超越传统图画、音乐的范畴，渗透至人的日常生活的方方面面。丰子恺将艺术教育细分为直接与间接两类，直接的艺术教育如学校中的图画、音乐课程，它们直接熏陶学生的艺术感知，对审美能力和艺术心灵的培育起着关键作用。然而，丰子恺也强调，若将艺术教育仅局限于这些直接手段，则显得过于狭隘，难以达到全面的教育效果。艺术教育实际上是一种广泛的人生教育，除了直接的艺术课程外，还存在更为广泛的间

① 吴梦非．美育是什么［J］．美育，1920（2）：4．

② 聂振斌．蔡元培文选（注释本）［M］．天津：百花文艺出版社，2006．

接艺术教育。只有将两者结合，艺术教育才能真正发挥其作用。因此，丰子恺提倡，教师在教授直接艺术课程的同时，也应注重间接艺术教育的实施，即不仅要教授图画、音乐等“小艺术科”，还要推行更加综合的“大艺术科”教育。他明确指出，艺术教育并非仅仅是艺术科目的简单教学，而是应该贯穿在所有学科中，通过各种手段来实施。①

艺术教育之所以能成为教育的基本原理，并与其他科目相结合，其根本在于艺术的形象思维方式是人类最基础的思维方式。正如意大利历史哲学家维柯所认为，原始人类和儿童的思维方式都以形象思维为主，这种思维方式是人类所有抽象认知活动和道德概念的基石。对于理性能力还很薄弱的儿童而言，他们最初只能接受形象性和想象性的事物，称之为“想象性的类概念”。例如，孩子最初管自己的爸妈叫做“爸”“妈”，儿童就用这种具体的形象来代表所有与之相似的人，见到所有与父母年龄相似的人都叫“爸”“妈”。②因此，教育必须从形象、想象的角度入手，艺术教育因此和其他学科的教育有了融合的可能。

从这一角度看，丰子恺的“大艺术科”原则极大地拓宽了艺术教育的范围，将生活中与审美相关的一切都纳入其中，作为培养学生审美能力和审美眼光的手段。他反对将艺术教育局限于图画、音乐等传统科目，而是主张通过综合各种艺术形式，为儿童提供丰富的体验，从而实现全面的美育教育。这与儿童综合艺术教育的理论不谋而合，都强调基于儿童的经验式、具体形象性思维，通过综合艺术形式，实现对儿童的美育教育。

三、我国当代学前儿童综合艺术课程发展的新趋势

自 1949 年 10 月中华人民共和国成立以来，中国的艺术教育经历了划时代的转变，它在社会主义的框架下历经曲折但持续向上发展。从新中国成立至今，我国的儿童综合艺术教育可以划分为六个不同的阶段。

---

① 聂振斌. 蔡元培文选（注释本）[M]. 天津：百花文艺出版社，2006.

② 朱光潜. 西方美学史 [M]. 北京：人民文学出版社，1963.

（一）新中国建国后幼儿艺术教育新建时期（1949—1957）

1951 年新中国颁布了《幼儿园暂行规程》，其中第十七条特别规定了幼儿园的教养活动项目，涵盖了唱歌、舞蹈、音乐欣赏以及乐器欣赏与演奏等多个方面，这一规程成为了中国首部针对幼儿艺术教育发展的指导文件。① 随后，为了进一步完善幼儿园的教育体系，新中国集合了学前教师以及来自中央音乐学院、中国音乐家协会、民族音乐研究所和北京师范大学的专家，共同编纂了《幼儿园教育工作指南》。

《幼儿园教育工作指南》既参考了苏联的教育经验，又紧密结合了我国的实际幼儿教学经验。其中，幼儿艺术教育部分包含了绘画、手工、音乐游戏、舞蹈、听音乐和唱歌等多个方面，每部分都配有相应的教学方法和作业设计。

在编写过程中，还特别邀请了东华门幼儿园、北海幼儿园等优秀幼儿园的教师参与，以确保教材内容的实践性和适用性。这套教材充分考虑了我国幼儿的年龄特点，选材严谨、科学，具有鲜明的时代特征。

（二）幼儿艺术教育在“大跃进”和“文化大革命”中的挫折和动荡（1958—1976）

在这一时期，中国的幼儿艺术教育遭受了前所未有的挑战和动荡。1958 年随着“大跃进”的展开，教育领域陷入了一种浮夸和竞赛的氛围中，导致教材编写出现混乱，甚至为了创造纪录而随意编写。同年 11 月，全国文教工作会议后，“美育”在社会主义教育方针中消失，1956 年至 1960 年间，相关教材内容中“美育”章节被完全剔除。此外，“左倾”错误导致学前艺术教育事业盲目发展，并对学科教学进行了不当的批判，如《学前教育》杂志停刊，以及《幼儿教育工作指南》（初稿）被扣上各种莫须有的罪名，扰乱了幼儿教育实践工作和理论研究，教学质量显著下降。

1966 年，“文化大革命”的爆发进一步加剧了幼儿教育的混乱。学前教育方针被批判，教学内容被改变，与幼儿生活紧密相关的内容被取消，代之

① 教育部．中国教育年鉴（1949—1981）[M].北京：人民教育出版社，2014：109.

以与年龄不符的政治课，鼓励幼儿参与成人阶级斗争。这种艺术教育的工具主义价值取向，背离了儿童艺术教育的初衷。

然而，即使在这样艰难的环境下，仍有一些幼儿教育工作者坚持进行教学和研究工作。例如，1973 年至 1975 年间，南宁教育局教材编写组编写了美工和音乐等幼儿园教材。在当时的社会政治环境下，这些努力显得尤为可贵。

（三）“文革”结束后幼儿综合艺术教育的萌芽阶段（1977—1990）

在“文革”的阴霾散去后，我国幼儿艺术教育迎来了复苏的曙光。1981 年 10 月 31 日，教育部正式发布了《幼儿园教育纲要（试行草案）》，重申了学前教育应根据儿童身心发展特点，全面培养幼儿的体、智、德、美，确保他们健康快乐地成长，并为进入小学奠定坚实基础。[①]这标志着美育正式重返幼儿教育的核心领域。

为了进一步推动幼儿教育的革新，1983 年国家启动了课程改革，并在南京、北京、上海等地进行了实验探索。结合国内外先进的幼儿教育理论，对幼儿园的课程结构进行了调整，构建了多元化的课程体系。随着对外开放的步伐加快，幼儿艺术教育的国际交流也日渐频繁。1986 年，引入了国外的奥尔夫教学法，众多幼儿园教师开始学习和研究，并在此过程中不断创新。

在这一时期，幼儿艺术教育的理论研究也取得了显著成果。研究者们开始深入探讨美育的多元性和全面性。滕纯等人提出，美育不应局限于特定课程，而应贯穿于幼儿教育的各个方面，包括家庭和社会环境。[②]李田等则进一步指出，美育是一个综合的教育领域，包括美的教育、艺术教育、审美教育等多个方面。[③]

基于上述理念，教育部于 1981 年组织编写了《全国统编幼儿园教材教法（试行本）》，该教材涵盖了体育、语言、常识、计算、音乐、美术、游戏等七门课程。这套教材旨在培养幼儿的生活卫生习惯、思想品德，并促进他

① 瞿葆奎．中国教育改革［M］．北京：人民教育出版社，1991：699.

② 滕纯．美育实施之我见［J］．美育，1987（3）.

③ 李田．美育，是“美学”方面的教育［J］．教育研究，1990（11）.

们的智力发展。尽管教材采用分科课程模式，但在艺术教育内容中却蕴含了综合艺术的元素。例如，通过舞蹈、音乐游戏等教学活动，引导幼儿感受音乐的节奏和律动，并结合身体动作进行创造性表达。

此外，南京师范大学与南京市实验幼儿园共同研发的“幼儿园综合教育课程”以及浙江省幼儿师范学校编写的“单元式”幼儿美术教材也颇具影响力。这些教材强调儿童的主体性和创造性，注重培养幼儿的想象力和艺术表现力。这些教学实践和理论研究共同推动了我国幼儿艺术教育的蓬勃发展。

（四）改革开放后幼儿综合艺术教育的发展阶段（1991—2000）

改革开放的浪潮推动我国幼儿园综合艺术教育研究步入崭新阶段。滕守尧在探讨儿童艺术教育目的时，提出了深刻见解。他强调，传统艺术教育过于侧重技法的训练，而忽视了儿童情感的培养。他明确指出：“没有艺术的文化是不完整的文化，没有艺术教育的教育是不完整的教育，仅有知识和技能的艺术教育是不完整的艺术教育，没有艺术素养的儿童是不完整的儿童。”[①]这一观点为新中国儿童艺术教育指明了新方向，拓宽了研究视野，强调了艺术在儿童生命中的核心地位及独特价值，为儿童综合艺术教育提供了坚实的理论基础。

在艺术教育方法上，楼必生、屠美如在《学前儿童艺术综合教育研究》中，创造性地采用了同质异构和同质同构的方法，将三种不同的艺术教育方法融入幼儿园课程中，并通过分析比较和艺术融合，实现了不同艺术表现方式的和谐统一，从而培养了孩子们的整体美感和综合表现能力。他们的这一尝试在幼儿艺术教育实践中取得了显著成效，验证了理论假设的合理性和有效性，为幼儿艺术教育改革提供了宝贵的理论依据和新的实践路径。[②]

更值得一提的是，研究者不仅在理论上有所创新，更在幼儿艺术教育实践中进行了积极的探索。他们通过音乐、美术和文学三个不同的切入点，为

---

① 滕守尧. 艺术与创生［M］. 西安：陕西师范大学出版社，2003：208.

② 楼必生，屠美如. 学前儿童艺术综合教育研究［M］. 北京：北京师范大学出版社，1997：167.

教学提供了多样化的操作模式。例如，在欣赏《幻上天鹅》这首音乐作品时，他们与散文的悠远、宁静情感同构，让幼儿能够更直观地感受到作品的柔美与安静。这种“审美艺术要素同构”和“文学、音乐及美术三种切入方式的同构活动”①不仅为我国儿童艺术教育改革提供了新的理论依据，也为实践者提供了可选择的操作模式。如今，广东汕头特区的丹霞幼儿园等教育机构已经开始实施儿童综合艺术教育，积极探索音乐、文学、舞蹈、美术等多种艺术形式的审美融合，为儿童艺术教育的全面发展注入了新的活力。

在儿童音乐教育的实践研究中，几部具有影响力的著作值得一提：许卓娅的《学前儿童音乐教育》（1996）、李晋媛的《幼儿音乐教育》（1998），以及黄瑾的《学前儿童音乐教育》（2001）。三部作品都深入探讨了歌唱、欣赏、打击乐和韵律四大板块在音乐教学中的应用策略，并详细阐述了如何以这四大板块为核心构建音乐教育内容。在理论与实践的交融探索上，王懿颖的《学前儿童音乐教育的理论与实践》（2004）则汇聚了多年的研究精髓，提出了理论研究与实践应用、实践案例与评析，以及艺术领域与其他科学领域相结合的三重结合理念。这一思想不仅展现了研究者对学前音乐教学培养模式的创新尝试，特别是在跨学科整合方面的探索，更是通过多角度、多维度的分析，进一步丰富和深化了对这种结合形式的理解。

进入20世纪90年代后，综合艺术教育的研究深度与广度均有所拓展。这一时期的综合艺术领域研究不再仅仅局限于艺术内部各学科的交融，而是更多地聚焦于艺术与其他领域的整合。这一转变彰显了当今社会对儿童整体智慧发展的重视，而非仅局限于艺术智慧的发展。研究还发现，科学、艺术、社会等不同领域的知识和经验能够相互关联、相互渗透，这种跨领域的联系与渗透对于促进儿童整体智慧的发展具有积极的推动作用。

（五）21世纪幼儿综合艺术教育的发展阶段（2001—至今）

2001年，国务院正式发布了《中国儿童发展纲要（2001—2010）》，该纲要旨在响应“十五”计划的全面要求，结合中国儿童当前的发展状况，集中

① 屠美如、许卓娅．学前儿童艺术综合课程［M］．南京：南京大学出版社，1998：178．

力量推动儿童在身心健康、教育、法律保护及环境适应等方面的全面发展，实现培养新世纪社会主义现代化建设所需人才的目标。

同年7月，教育部推出了《幼儿园教育指导纲要（试行）》以下简称《纲要》，作为学前教育的重要指导文件。在2012年10月，教育部又发布了《3—6岁儿童学习与发展指南》（以下简称《指南》），为学前教育课程改革提供了更为明确的指导方向。在艺术领域，强调了儿童对美的感知与欣赏，以及通过艺术活动进行表现与创造的能力培养。

在新时期，学前艺术教育和艺术教育实践在《纲要》和《指南》的指引下，展现出更加多元化和综合性的特点。这一变化首先体现在国际先进艺术教育理念的引入上，如德国的奥尔夫音乐教学法、匈牙利的柯达伊音乐教学法、瑞士的达尔克罗兹体态律动音乐教学法以及日本的铃木音乐教学法等，这些先进的理念和方法在中国得到了广泛的吸收和应用。

与此同时，我国的幼儿综合艺术教育也在不断发展和完善中，理论研究逐渐深入，课程开发也进入了一个全新的阶段。儿童综合艺术课程和教学体系日益完善，涵盖了艺术教育目标、组织实施以及教育内容等多个方面。值得一提的是，随着研究的深入，研究者们不再过分强调艺术创造，而是更加注重儿童艺术欣赏教育的探索和研究。

在这个时期，学前艺术教育理论的改革取得了显著成效。它在原有的实践经验基础上，深入研究了课程的多个维度，将“活动”理念融入课程设计，打破了传统教学模式的束缚，更加关注幼儿的自然成长，并体现了对儿童全面发展的深切关怀。同时，这一改革也强调了对儿童基本素养的培养，不再局限于单纯的知识传授，而是致力于儿童的可持续发展。这些新颖的理念为学前教育理论的研究注入了新的活力，并为学前教育的实践提供了坚实的理论基础。

在综合艺术的理论研究方面，许卓娅的《学前儿童音乐教育》是一项重要成果。她针对幼儿园中的歌唱、韵律、欣赏等艺术活动，以及综合艺术活动的组织和选材等问题进行了深入探讨，提出了学前教育应以游戏为主导，分科教学与综合活动并行发展的观点，并总结了幼儿园音乐教育课程的实施原则。

南京师范大学出版社推出的《幼儿园渗透式领域课程》教材，可以被视为对幼儿综合教育指导思想的具体实践。这套教材分为教育活动和教学参考书两部分，涵盖了自然、语言、社会、健康和艺术五个领域，其中艺术领域进一步细分为音乐和美术两个模块，注重培养幼儿对美的欣赏和表现能力。该教材编写的目的是打破学科界限，以领域为呈现形式，实现高水平的教育整合。

幼儿园课程领域的渗透教学成为教育工作者关注的焦点。唐淑、孔起英等研究者在此方面进行了深入研究，旨在培养幼儿园教育工作者对课程间相互渗透的意识和习惯，并探索有效的渗透方法和内容。他们编写了《幼儿园艺术、健康和社会教育》一书，该书收录了关于幼儿园艺术、健康和社会教育的论文和案例，如《三种音乐学习方法的和谐统一》《对幼儿园音乐欣赏活动中几个问题的反思》等。[①] 此外，屠美如也在审美与艺术教育的各个领域间进行了研究，并主编了《儿童美术欣赏教育研究：现代儿童审美艺术教育研究》，探讨了儿童的艺术观、游戏与艺术的关系、儿童美术欣赏教育等问题，并结合实践进行了验证。这些研究不仅吸收了国外的艺术教育成果，还结合中国实际提出了建设性的意见，为学前艺术教育的改革和发展提供了新的理论和实践支持。

在《纲要》和《指南》的指引下，本时期的幼儿园综合艺术教育也取得了显著的进步，从儿童感受美、欣赏美的角度出发，坚持“全人”教育理念，依据人心理发展的完整性以及艺术经验在不同领域的迁移规律，打破了艺术门类的界限。这种艺术教育不仅与不同领域相融合，还深入儿童的生活和游戏之中。教育重点从单纯注重幼儿对艺术知识与相关技能的学习，转变为关注儿童在艺术活动中的快乐与健康情感体验，实现了从重视社会价值到重视个体价值的转变，标志着综合艺术教育核心思想的重大飞跃。

---

① 唐淑，孔起英. 幼儿园艺术、健康和社会教育［M］. 南京：南京师范大学出版社，2010：16.

第二节　国外学前儿童综合艺术课程研究的现状

与中国类似，西方的综合艺术教育也经历了从社会教化功能转向以人为本的教育宗旨，经历了从分科教学走向融合多元的发展历程。在综合艺术教育思想方面，卢梭、杜威都主张以儿童为中心的教育观点，因而催生了“以儿童为中心”的艺术教育思想。许多艺术教育家指出，艺术教育是通过艺术活动培养儿童创造力，塑造完整人格，促进儿童身体、智力、创造力、社交能力的综合发展。美国的“零点计划”中出现了儿童艺术教育综合多元的萌芽，在此之后，众多美国学者扩大了艺术教育研究的范畴，形成了“多元发展”的儿童艺术教育理论。

在国外的学前儿童综合艺术教育实践中，出现了两大融合性的综合艺术教育课程体系，即达尔克罗兹综合艺术教学体系、奥尔夫综合艺术音乐教学体系，在幼儿综合艺术教育领域产生了广泛而深刻的影响。国外的学前儿童综合艺术课程强调“艺术”与“人文”的综合、“综合”与“均衡”的并重、“审美”与“情感”的熏陶，这些西方学前儿童综合艺术教育的课程理念为我国幼儿综合艺术教育课程的发展带来了重要的启示和借鉴。

一、国外学前儿童综合艺术课程的理论研究

近现代西方的儿童艺术教育演进轨迹鲜明，依次经历了社会导向、儿童本位、学科本位以及多元化发展的四个阶段。这与中国的发展脉络颇为相似，儿童艺术教育逐渐从侧重社会教化功能转向强调人文关怀，从分科教学逐步趋向多元融合。

早在 18 世纪，法国启蒙思想家、教育家让·雅克·卢梭在其著作《爱弥儿》中便提出了以儿童为中心的教育思想，强调教育内容和教学环境应围绕儿童展开。随后，美国教育家约翰·杜威在《作为经验的艺术》一书中进一步阐述了这一观点，他认为课程设计需符合儿童的需求、本能和兴趣，以顺应儿童的自然成长规律。自此之后，众多西方艺术教育专家纷纷响应，主

张以儿童为中心的艺术教育理念。

被誉为“儿童绘画之父”的奥地利美术教育家西切克，其教育理念侧重于发掘儿童的创造力。美国学者 W·维奥拉在《儿童艺术与弗朗兹·西切克》一书中，强调了西切克关于儿童创造力培养的重要观点。这种教育思想激发了艺术教育者的深入思考，促使以儿童为中心的艺术教育理念得以形成。

奥地利艺术教育家维克托·罗恩菲尔德于 1947 年出版了《创造力和智力的发展》一书，他主张艺术教育不仅有助于儿童的成长，更能培养他们的创造力和促进心智健康发展。这一理论强调通过艺术活动，结合儿童的创造力培养与人格塑造，全面促进儿童的身体健康、创造力、智力及社交能力的发展。此外，美国学者维克多·达米科和曼纽尔·巴坎的著作《艺术的创造力》与《从艺术到创造力》也在一定程度上支持和发展了罗恩菲尔德的理论，他们共同致力于通过艺术教育来激发儿童的创造力。

1945 年，美国发表《自由社会中的通识教育》报告，为艺术教育的发展奠定了坚实的基础。这一时期，以儿童为中心的艺术教育思想备受瞩目，它强调儿童创造力的发挥，顺应了教育理念发展的潮流，在全球范围内产生了深远的影响。如今，仍有众多学者专家在深入研究这一理论，以期从中汲取对本国儿童艺术教育发展有益的经验，为儿童教育贡献智慧。

美国的儿童艺术教育，其多元化和综合化的发展脉络可追溯到“零点计划”的创立，其创始人纳尔逊·古德曼是一位深耕艺术和教育交叉领域的学者。他在《艺术语言》一书中，将音乐、绘画、舞蹈等多种艺术形式相融合，旨在通过艺术教育增强人们的认知与创造能力。美国著名的发展心理学家和教育家霍华德·加德纳，在古德曼的研究基础上，进一步拓宽了艺术教育的研究领域，形成了“多元发展”的儿童艺术教育理论。他通过《艺术和人的发展》、《艺术·心理·创造力》等多部著作，从心理学和教育学的角度强调了艺术教育在儿童智能发展中的重要性，认为它能提升儿童的空间感知、辨别、记忆等能力，并促进他们思想与情感的表达。

在加德纳的理论支撑下，儿童艺术教育获得了前所未有的发展动力。

1988 年，罗伯特·马尔扎诺在《思维的维度：课程和教学的框架》中，以及劳伦·B·雷斯尼克和利奥波德·E·克洛普弗在次年合编的《面向思维课程：当代认知研究》中，均指出艺术教育能够通过思考、判断艺术与视觉文化，激发儿童对美学、社会、政治等多个方面的探究潜能。这些研究进一步支持了加德纳的多元智能理论在儿童艺术教育中的应用。

进入 21 世纪，随着信息技术的蓬勃发展，艺术教育在美国教育中的地位愈发凸显。从《感觉的觉醒：艺术在美国教育中的意义》到《美国艺术教育国家标准》等，一系列文献和报告都强调了艺术教育在整个教育体系中的不可替代性。多元发展理论从多个维度对儿童艺术教育进行了新的解读，旨在实现艺术教育的跨文化和跨学科发展。艺术教育不仅是社会和个人发展的需要，更是培养儿童全球视野、历史感知、鉴赏力、判断力、沟通能力与创造力的关键途径。

回顾美国近现代儿童艺术教育的发展历程，可以看出它经历了从社会导向、个体关注、学科中心到综合发展的演变。这一过程中，社会需求推动了艺术教育的起步，开放的教育理念促进了儿童个性的发挥和直觉创作，而学科交叉与多元发展则进一步丰富了艺术教育的内涵和外延。美国现代儿童综合艺术教育的形成，正是这些元素综合交叉、相辅相成的结果。

二、国外学前儿童综合艺术课程的现状与发展趋势

在儿童综合艺术教育方面，有两种开展综合艺术教育课程的艺术教育体系。

（一）达尔克罗兹综合艺术教学体系

达尔克罗兹，这位来自瑞士的音乐巨匠和教育家，对传统的音乐教育方式提出了挑战。他认为，音乐教育不应当仅仅停留在音乐性的层面，而应更贴近音乐的本真——与律动和人体运动紧密相连的音乐。他坚信，脱离身体运动的音乐教育是不完整、不全面的。基于这一理念，达尔克罗兹潜心研究了数十年，创立了独特的体态律动教学法。这一教学法不仅风靡全球，更在舞蹈、戏剧、绘画、运动等多个领域得到广泛应用，甚至在音乐治疗、特殊

儿童教育等领域也发挥了巨大作用。如今，五大洲都有专门的学校致力于培养掌握这一教学法的教师。

达尔克罗兹的体态律动教学法，是音乐、身体与情感三者完美融合的产物，它既符合音乐的美学原理，又符合人体运动的规律。这一革命性的教育理念，不仅为柯达伊、奥尔夫等教育体系提供了灵感，更推动了全球近现代音乐教育的革新。

在达尔克罗兹的教学体系中，“一个方法、三大板块”是其核心结构。“一个方法”即体态律动，它是整个体系的基础；“三大板块”则包括节奏律动、视唱练耳和即兴创作，这三者共同构成了教学的主体内容。在体态律动的指导下，这三个板块各有侧重，共同致力于达成教学目标。

达尔克罗兹坚信，节奏是音乐的灵魂。因此，在他的教学内容中，节奏律动被置于首要位置。他巧妙地利用人体天生的节奏属性，如心脏跳动、呼吸和行走等，通过体态律动的方式，加强听觉与动觉之间的联系，从而更有效地培养学生的节奏感。

此外，达尔克罗兹还强调音乐教育的核心在于听觉的培养，而非简单的模仿和练习。他坚信，卓越的听觉是音乐教育的基石。因此，在他的教育体系中，视唱练耳占据了举足轻重的地位，主要侧重于发展和强化学生的“内心听觉”。他独特地将视唱练耳与体态律动相结合，通过身体细微的动作变化和空间移动，直观地表现音阶中的音级关系和旋律中音符的流动，为音乐教学注入了活力。

同时，达尔克罗兹也高度重视即兴活动，认为这是一种即时性的音乐判断和创造性表达。他视即兴活动为音乐思维发展的催化剂，也是检验音乐思维水平的试金石。因此，即兴创作成为他教学的主要内容之一。他鼓励学生运用动作、语言、诗歌、故事、歌曲、乐器等多种形式，通过游戏、演唱、演奏等方式进行即兴问答、演唱、演奏和指挥表演，以激发学生的想象力和创造力。

节奏、听力和即兴是音乐教育的三大支柱。达尔克罗兹的成功之处在于他创造了一种独特的教学方法——体态律动，极大地提升了教学效果。他观察到，许多学生在音乐学习上只停留在理论和技巧层面，缺乏真实的音乐体验和感受。因此，他通过体态律动教学法，将音乐教学与身体训练相结合，解决学生在音乐创作、表演与感受之间存在的脱节问题。使学生能够更深入地理解和感受音乐，实现音乐教育与音乐本性的融合。

（二）奥尔夫综合艺术音乐教学体系

奥尔夫音乐教育体系的演进历经了60余载。20世纪20年代，面对儿童艺术教育工具主义倾向的盛行，奥尔夫决心对传统进行革新，重塑儿童艺术教育的价值导向。1924年，在慕尼黑，奥尔夫与舞蹈家军特携手，创办了一所以军特风格为特色的学校，专注于融合音乐、体操与舞蹈的综合性教学。他们不仅教授与音乐紧密配合的舞蹈和律动操，还尝试开发新型乐器以配合这种富有节奏感的教学方法。奥尔夫深受东南亚节奏乐器和拉丁美洲音乐节奏的影响，并将打击乐器与直笛组合的配乐方式编写进了《学校音乐教材》中。

奥尔夫认为，该教材的真正价值不在于文字本身，而在于它所传达的理念。要深刻理解奥尔夫音乐教育体系的价值，就必须领悟其体系的精髓。奥尔夫的音乐教学思想深深植根于哲学思维和对音乐艺术的独特理解。他通过艺术教育促进人的全面发展，使感性和理性能力得以同步增强。奥尔夫相信，艺术教育的真正价值不在于儿童学到了多少知识，而在于是否激发了儿童与生俱来的艺术天性。

因此，他主张在幼儿园艺术教育中，通过游戏、自由涂鸦和即兴舞蹈等方式，让儿童自然表达情感和生活感悟。他倡导将动作、表演、语言、舞蹈、绘画和戏剧等艺术形式有机结合，使儿童能够感性地体验和表现艺术。在工具主义盛行的艺术教育背景下，奥尔夫的这一理念对于恢复艺术的本质和纠正偏离的轨迹具有重要意义。正如他所说，这是艺术教育的一个里程碑。军特学校的实验在国内外均获得广泛关注，其教学方式在国际会议上被示范，并得到了许多音乐家和教育家的认可。当时，这部教材还得到了柏林文化部负责人的肯定，并计划在柏林的学校中进行广泛实验和推广。

奥尔夫对于传统儿童艺术教育的革新，在于他深刻认识到“原本性”与

“元素性”在艺术教育中的紧密联系。他坚信“元素性”应当成为教育的基础，以最原始的声音和动作来表现“元素性”。元素性（Elemeintarius）即“原始”的拉丁文词源，强调了物体所呈现的基本、原始的特质，它是所有事物的起点，物体的原始内容就表现了基本的“元素性”。奥尔夫的音乐教育不仅限于单一的艺术形式，而是将行为、语言、舞蹈和音乐融为一体，构建了一个综合性的艺术平台。他特别注重儿童的参与，鼓励他们运用各种感官，全身心地投入到艺术表现中。儿童在这里不仅仅是观察者，更是艺术的参与者、创造者。

这种教育方式是自然的、基于人体的，它先于理性思维，每个人都能在其中找到属于自己的位置，感受和体验艺术的魅力。它强调的是艺术形式的融合与统一，由元素性的节奏、言语、舞蹈动作共同构成，形成了一种综合性的艺术形式。

在音乐实践中，奥尔夫所设计的乐器被赋予了“元素乐器”的称谓。这些乐器简单易学，特别适合幼儿园和小学的学生，保证了儿童在演奏过程中不会因技术难度而束缚创造力。即使是刚学会走路的孩子，也能通过演奏这些乐器，配合律动和舞蹈，即兴创作自己的音乐，享受音乐带来的乐趣。

奥尔夫的音乐教育思想因其独特的理念和实践方式，引起了我国学者的广泛关注。

在艺术能力的展现上，人类具有多种多样的方式。对于幼儿而言，其独特之处在于他们在认知艺术能力方面存在显著的差异。根据加德纳的研究，这种差异主要源于两个层面。首先，技能在人类社会中以不同的形式存在，并且这种多样性也体现在个体与个体之间。这种技能的多样性是由神经系统的多种神经机制所支持的，这些机制对于艺术操作的执行至关重要。其次，个体在最初接触艺术形式时，所经历的方式和媒介各不相同，这种初始体验的差异会在后续的艺术学习过程中持续存在，从而形成了个体在艺术理解和表达上的独特性和惯性。

在艺术学习的过程中，人类可以通过多样化的途径来获取艺术知识，如舞蹈、歌唱、录音等。当面对不同类型的艺术时，大脑皮质的加工方式也会有所不同，这种加工过程中的创造力极为丰富，能够反映出儿童在欣赏和创作艺术时的独特视角和表达方式。因此，理解这些差异有助于我们更好地促进儿童在艺术领域的发展。

三、国外学前儿童综合艺术课程的启示与借鉴

自杜威在《作为经验的艺术》一书中提出艺术课程设计应契合儿童的需求、本能与兴趣，以顺应其自然的成长轨迹，并倡导以儿童为中心的教育理念以来，西方对幼儿综合艺术教育的探索已历经百年。在这漫长的岁月里，形成了丰富而深刻的幼儿综合艺术教育思想和体系，这些成果对于我国幼儿综合艺术教育的发展具有重要的启示和借鉴意义。

（一）“艺术”与“人文”的综合

人文素养体现了一个人的内在品质与修养，艺术教育的核心在于培养道德高尚、智慧出众、修养深厚的人。艺术能力则是人们对艺术元素的感知、创造与反思的才能，这种能力的发展不仅推动了个体思维的发展，也促进了良好个性的形成。一个艺术修养深厚的人，往往能深刻领悟生活中的美好，并展现出乐观、开朗的品性。因此，在设计综合艺术课程时，我们应将“艺术”与“人文”相结合，从过去以知识技能的传授为主，转向注重人文素养与艺术能力的全面整合发展。以下是实施这一理念的四个关键方面：

一是教育目标的人文关怀。综合艺术活动旨在促进幼儿整体人格的发展，包括艺术学习兴趣、感知与体验、表现与创作、交流与合作等能力的整合提升，以及人文素养的培养，如尊重、关怀、友善、分享、合作等。我们强调以幼儿为中心，淡化传统学科知识体系，注重幼儿的情感体验、想象创造与交流合作，确保与幼儿园教育的总目标相契合，促进幼儿的持续成长。

二是教育内容的综合拓展。在综合艺术活动中，我们强调内容的多样性，提供与幼儿生活、情感、文化、科学紧密相关的人文主题和多样化的艺术表现形式。这些内容与艺术、生活、文化紧密相连，能够充分调动幼儿的感官，丰富他们的艺术体验，并与其他领域相互融合，形成生态化教育，达到整体优化的效果。

三是教育过程的愉悦享受。综合艺术活动通过丰富多彩、符合幼儿年龄特点的艺术游戏，增强幼儿的艺术情感体验，激发他们参与艺术活动的兴趣，让他们在快乐中体验艺术的魅力，从而自主、快乐地学习。

四是教育方法的游戏导向。综合艺术活动鼓励多样化的组织形式和教学方法，如体验式、探究式、情景式、生成式、互动式等，同时结合传统教学方法的优点，通过集体、小组、家园合作等多种形式进行学习，确保教育过程生动有趣、富有成效。

（二）“综合”与“均衡”的并重

人的成长是多维且综合的，其中对艺术的感知和体验同样具有综合性。这一综合性正是《纲要》和《指南》在教育活动组织与实施中强调的核心要求。因此，课程设计应聚焦于不同领域间的有机交融，构建一个内容、形式和范围更为宽泛的课程体系。

综合艺术课程应以艺术活动为桥梁，强化五大领域间的目标关联、艺术与情感共鸣、艺术与环境互动、艺术与科学交融。

综合艺术教育的关键在于整合思想，即如何将五大领域的教育内容有效融合，同时确保各领域之间的平衡发展。这是综合艺术教育研究的重要课题和挑战。

《北京市贯彻〈幼儿园教育指导纲要（试行）〉实施细则》明确指出，艺术教育应与其他领域建立横向联系，通过整合促进幼儿全面健康成长。幼儿的艺术体验来源于对听觉、视觉、肢体和言语的充分感知。在幼儿的生活中，教育应综合实施，将各领域的内容完整、综合地融入其日常活动和体验之中。

这一整合教育思想提醒我们，在艺术教育过程中，教师应激发幼儿多种感官的协同作用，培养通识通感，以有效提升幼儿的审美认知能力。综合艺术教育活动中的音乐、美术、戏剧、舞蹈等艺术门类并非孤立存在，而是以生态的方式相互交织、相互启发、相互补充、有机整合，构成了综合艺术教育内容的第一维度。第二维度则指在每项艺术活动中，不管是哪个艺术门类的哪一次活动，教师均可自然地融入其他艺术欣赏和创造的内容。综合艺术教育的途径多样，既可以采用“一领域切入，兼及数领域”，也可以采用“一日活动综合”的大综合方式。

根据幼儿的身心发展特点，结合《纲要》中五大领域的教育目标，综合艺术教育应从幼儿的兴趣、生活经验和情感体验出发，将多领域进行有机融合，包括多艺术门类的融合，也包括艺术领域的活动与其他领域活动的融合，深入挖掘艺术教育的价值，从而逐步提升幼儿的艺术能力、审美意识和情趣。

（三）“审美”与“情感”的熏陶

在综合艺术教育的实践中，教育者应深入探索并落实“审美性”与“愉悦性”的核心理念。“审美性”强调的是引导幼儿发现并欣赏美的特质，而“愉悦性”则聚焦于通过艺术活动使幼儿情感得到升华，体验快乐与满足。这二者共同构成了艺术教育的精髓，旨在使幼儿在艺术活动中感受到美的熏陶和情感的愉悦。

为了实现这一目标，我们需要从幼儿的兴趣、生活经验和情感体验出发，寻找能够触动幼儿心灵的艺术素材。在音乐、舞蹈、美术、戏剧等不同艺术门类的融合中，教育者应明确两条主线：一是培养幼儿的审美意识，二是积累艺术经验。同时，艺术活动需要满足三个条件：以生动的艺术作品为媒介，运用丰富的艺术手段感染幼儿，以及以幼儿的日常生活为背景设计教育内容。

为了使艺术教育更加贴近幼儿生活，教师应充分挖掘生活中的美，利用园内外的自然和社会环境，选择与幼儿生活紧密相连的艺术教育内容。设计具有趣味性和生活化的艺术教育主题活动，不仅能激发幼儿对艺术的兴趣，还能丰富他们的感知经验，提升他们对美的体验和感受能力。此外，在选择教育内容时，还应注重艺术与情感、文化、社会、科学等领域的关联，以培养幼儿细腻的情感体验能力和表达能力。

最后，尊重儿童在游戏中学习的天性至关重要。我们强调综合艺术教育的游戏性，让孩子们在轻松愉快的氛围中感受艺术的魅力，体验创作的快乐。通过这样的教育方式，我们期望幼儿能够在艺术活动中获得全面的发展，包括艺术能力、人格素养以及情感表达能力的提升。

第三章　学前儿童审美与艺术学习心理发展

儿童教育是人生教育的初阶段，在学前期进行儿童艺术教育，具有重要的教育铺垫作用，同时也是培养艺术情操、锤炼艺术能力的关键性阶段。在学前期进行儿童艺术教育需要根据儿童身心发展的特点和儿童教育的基本规律，通过游戏、上课、娱乐活动及儿童的日常生活等各种途径，对学前儿童进行有目的、有计划、有组织的音乐、美术、戏剧、文学等各种艺术活动的熏陶，帮助儿童在艺术活动中建立起以艺术创造力和审美能力为核心的审美心理结构，促进儿童的人格完善。

第一节　学前儿童艺术学习心理过程

幼儿综合艺术教育是一个充满活力的互动的过程。为了促进这一过程的良性发展，我们需要基于幼儿的心理发展特点，以他们的精神与情感需求为出发点。这一过程是基于教师与幼儿的平等对话、和谐互动，是一个双方共同创造、共同成长的过程。

一、感知、体验和表达

根据发展心理学的研究，儿童在成长初期，首先发展的是他们的感觉器官和对事物具体形象的感知能力。他们对于人、事和世界的认识，主要依赖于感觉器官，通过感性的而非理性的方式来获取。他们更倾向于关注事物的具体而感性的特征，而非其功用和效能。[①] 例如，当孩子看到一块积木时，他们首先会被积木的颜色、形状、质地和手感等具体而感性的特性所吸引，而非积木的体积等更抽象的特征。一块积木在孩子的眼中拥有无限的可能性。他们可以用红色的积木代表红太阳，或者用其模拟面包或蛋糕，甚至将其想象成一个小娃娃抱在怀中。这种想象力使得孩子能够用一块积木替代许多不同的物品，从而在积木与其他事物之间建立起独特的联系。

（一）儿童的艺术表达是基于感知经验的“原发过程”思维

相较于成人，儿童生活在一个无拘无束、超脱世俗功利的世界。他们的生存状态自然流露出审美的倾向，能够超越实用的价值观念，专注于事物的纯粹形式与内在韵味。这种差异凸显了儿童与成人的本质区别：儿童是情感的化身，感性的存在，更是超脱凡尘的精灵。因此，儿童与美有着与生俱来的亲近和默契。

儿童通过自身的感知觉经验进行艺术表达，这源于一种被称为“原发过程”的思维。这种思维让儿童能够捕捉到成人逻辑思维难以触及的新奇之处。这些奇妙的想象常常在儿童的画作中得以展现，例如上海思南路幼儿园的胡小舟小朋友的《我在月亮上荡秋千》。[②]将月亮幻化成秋千，这种创意只属于儿童。每个孩子都是独一无二的艺术家，这也难怪毕加索曾言：“我终其一生都在学习如何像儿童一样绘画。”[③] 他强调，成人需要不断追求，才能重新获得儿童般的观察力和表现力。

值得注意的是，儿童早期的“原发过程”思维并非低于其后发展的理性思维。相反，这种思维是人类创造性不可或缺的基础，蕴含了创造过程的核心要素。它是一种极其珍贵且需要细心呵护的心理能力。

（二）儿童的艺术表达是基于感知经验的感性表达

儿童的思维倾向于感性，他们倾向于通过直观感知来认识世界，这种能力在多数成年人身上已经消退。随着抽象思维的发展，成年人倾向于用外在

---

① 李丹．儿童发展心理学［M］．上海：华东师范大学出版社，1986：160．

② 王懿颖．创造力与幼儿艺术教育［D］．北京：北京师范大学，1997．

③ 罗恩菲德．创造与心智的成长［M］．王德育，译．长沙：湖南美术出版社，1993．

的理性逻辑来调整内心世界，以适应外部世界，但这常常导致创造性的、未经雕琢的原始思维受到抑制。

虽然符号功能的发展使得人们能够用理智来把握世界，但这通常是以牺牲对内心世界的直接体验和主观感受为代价的。例如，在学习数学时，儿童需要快速从具体的“一个苹果”中抽象出“一”的概念，或从各种形状、颜色或质地不同的圆形物体中提炼出圆形的普遍特征。这要求他们暂时摆脱对事物的直观感知，如颜色、质地、大小等，而进行理性的判断、分类、归纳和抽象。然而，艺术强调的是感性元素，通过知觉特征来传达审美信息，将概念性内容转化为感性和知觉的印象。艺术能丰富人的情感，并增强对事物多种属性的敏锐感知。

艺术虽基于知觉，但其内涵远超简单的体验。艺术中的情感是人类独有的高水平情感，不同于原始或简单的体验。在审美过程中，概念通过具体的意象或形象得以表达，形成了具体可感的艺术形态。如果艺术品试图表达概念，却未能以独特的艺术具象形式呈现，其审美价值将大打折扣。艺术的本质在于形式与内容的完美融合，审美体验不仅涉及感性层面和情感层面，还因丰富的感性中蕴含的抽象概念和范畴而深化了人的情感体验。

艺术审美的过程与逻辑推理截然不同，它根植于丰富、真实、生动的感知之上，充满了情感色彩的体验和理解。在这个过程中，儿童需要全方位地调动自己的感觉器官，以捕捉事物或艺术品中的细微感觉特征。这种丰富的感觉印象为儿童的想象和创造力提供了无尽的源泉。以美术活动为例，它要求儿童全身心投入，不仅需要观察外界事物、培育情感，还要生成独特的意象，并最终通过某种媒介创作出富有意味的艺术形象。整个过程是儿童心理能力的全面展现，也是他们倾注全部热情的体现。这一过程恰恰体现了创造力所需要的感知、情感、想象、理解等多种心理成分的共同参与，以及那种忘我投入的心理状态。

因此，儿童的审美活动实际上是一个创造力的孵化器。通过审美活动，儿童不仅能够培养出敏锐而丰富的感受能力，还能形成超然物外的审美态度，这些都有助于他们创造力的形成和发展。

（三）舞蹈、手工等艺术表达活动能提高儿童的动作能力

根据皮亚杰的理论，思想的形成始于动作，这些动作最初是在与实物互动中进行的，如推动、分离物体，或比较其大小和重量。儿童正是通过这些具体的动作来感知和形成最初的科学概念。随着儿童的成长，他们的思维发展是动作逐渐内化和抽象化的过程。既然科学概念源自动作的内化，那么早期的动作训练对于促进科学思维的发展无疑具有积极的影响。皮亚杰通过长期的研究发现，人的思维发展依赖于两类经验：一是社会经验，二是通过个体与物体互动所获得的练习和习得经验。后者又可分为物理经验和逻辑—数理经验。物理经验是指个体在与物体交互时，所抽象出的关于物体物理特性的经验；而逻辑—数理经验则源于动作间的协调配合，帮助个体理解动作间相互协调的特性，如因果性、不可逆性和数量守恒性等。①

皮亚杰认为，科学概念的形成基于逻辑—数理经验，是主体与外界物体互动后的内化结果。②在这个过程中，动作起着组织和协调的关键作用。当我们以这一视角审视艺术教育时，不难发现，无论是绘画、手工、舞蹈、器乐演奏还是歌唱等艺术活动，都强调动作的熟练、协调和精准，以及动作的表现意义。这种对动作的强调对于个体动作能力的发展有着显著的促进作用。更重要的是，艺术教育中长期、严格和准确的技术训练，将动作的重要性提升到了一个前所未有的高度，为动作的内化、科学概念的形成和科学思维的发展，乃至创造力的培养提供了有效途径。

二、异质同构理论与类比联想策略

苏珊·朗格坚信，艺术的本质在于其作为人类情感的外化表现，通过不同形式的知觉来呈现。艺术的多样性使得不同门类能够以各自独特的手法表达相同的情感深度，而这一点在儿童的艺术偏好中尤为明显，他们往往偏爱那些情感丰富、表现性强的作品。格式塔心理学的“异质同构”理念进一步

---

① 皮亚杰，英海尔德．儿童心理学［M］．吴福元，译．北京：商务印书馆，1980：12–17．

② 同上：114–119．

揭示了艺术表现性结构与人类深层情感之间的紧密联系，它为各艺术门类之间找到了一个共通点，使它们能够和谐共存，为综合艺术教育的实施提供了心理学层面的策略指导，成为了艺术教育不可或缺的理论基础之一。

（一）“异质同构”理论

格式塔心理学派于1912年在德国诞生，他们倡导“异质同构”理论，该理论侧重于经验和行为的整体性观点。后来，美国心理学家阿恩海姆将这一理论引入了对人类审美心理现象的研究中。他坚信，无论是世界的物质运动还是人的生理与心理活动，本质上都是力的作用在主导。他进一步指出，当我们认识到推动我们情感活动的力与影响整个宇宙的普遍力是同一力量时，我们便能洞察自身在宇宙中的位置及其整体内部的统一。

举个例子，当舞蹈学院的学生们尝试用某种动作表达“悲哀”时，他们的动作往往呈现出以下特点：缓慢的节奏、小幅度的动作、曲线造型和较小的张力，以及不确定且多变的动作方向，仿佛身体受到了自身重力的控制而非内在主动力量。

如果我们能够从这些舞者的动作中“感知”到悲哀，那么我们也能理解为何在飘零的落叶轨迹或是一条柔软的曲线中也能“感知”到同样的情感。阿恩海姆还提到，儿童和原始人特别擅长以“力”为媒介来审美感知事物的“表现性”，例如，他们可能会将山岭视为温和或可怕，或是将搭在椅子上的毛毯视为充满情感的。然而，这种独特的感知方式在现代成年人中逐渐减弱了。

（二）类比联想策略

过去，幼儿园的音乐欣赏活动通常被局限为单纯的听音活动，目标仅在于理解音乐创作者和表演者的意图。然而，这种观念忽略了幼儿对音乐音响形式的独特感受和体验的可能性。随着时间的推移，音乐欣赏活动的定义得到了扩展，它不再仅仅是听，而是成为了一种引导幼儿学习欣赏音乐的教育过程。越来越多的教师开始意识到，音乐欣赏可以作为连接幼儿不同领域经验的桥梁。

在这一过程中，“多通道整体感知”理论，基于“异质同构”的概念，成为了许多教师进行教学设计的重要理论支撑。该理论鼓励在音乐欣赏教学中引入身体运动，让幼儿通过设计好的或即兴的身体表演来体验音乐带来的“同构反应”。

除了身体运动，跟随音乐的歌唱、演奏、朗诵、绘画，以及根据音乐创作文学作品或美术作品等综合性活动，都被视为“参与性音乐欣赏教学”的有效策略。这些活动使得欣赏与表演在音乐教育中相互融合，逐渐被幼儿园教师广泛接受。

在探讨跨学科贯通的教学设计时，我们可以从“联想”的角度出发，进一步细分为“类比联想”和“接近联想”两种类型，为音乐欣赏活动的设计提供更多元化的思路。

类比联想是一种独特的思考方式，它超越了事物表面的差异，深入探索事物内在的相似性或类同性。在学科融合的教学中，教师可以引导幼儿去发现和解释不同事物之间的类似性，这种策略对提升教师和幼儿的类比思维逻辑水平以及激发他们的“灵感”具有重要的教育意义。

以法国作曲家比才的《斗牛士进行曲》为例，当教师希望与幼儿探讨关于“形式结构”的课题时，可以从作品的曲式结构出发，鼓励幼儿思考如何创作出与音乐作品结构相呼应的图形乐谱、文学作品、美术作品、建筑作品、手工艺制品，甚至是数学公式和活动方案。如果幼儿对牛的人道待遇表示关心，教师可以引导他们研究如何改进斗牛的规则，甚至探索人类与地球上所有生物如何相互适应、和谐共存的议题。若幼儿对斗牛场建筑的结构与功能关系产生兴趣，教师可以支持他们收集资料，并在整理资料的过程中共同讨论建筑结构与功能以及其他事物间的结构与功能关系。这种类比联想的方式既富有挑战性，也极具自我锻炼的价值，能够有效地促进教师和幼儿的思维发展。

接近联想是一种基于个人经验中不同事物在时间、空间或因果关系上的相近性，由一个事物触发联想到另一个事物的思考方式。在学科融合的教学实践中，我们可以运用“接近联想”的策略，从音乐作品的任何一个方面，如形式或内容出发，只要能够激发对其他事物的联想，都可以作为设计新学习活动的一个出发点。

举例来说，以《斗牛士进行曲》为教学素材，孩子们可能会对牛（包括不同品种）、斗牛活动、保护牛、了解牛的生存环境以及与牛相关的生态保护问题产生兴趣；他们也可能对斗牛的形式、规则、斗牛士和牛的安全问题，甚至斗牛场的建筑设计产生好奇；此外，还可能对与这首曲子相关的服装、乐器、道具制作，或是相关的戏剧舞蹈表演、游戏、绘画和故事等产生兴趣。在这种思考方式的指导下，教师可以根据自己的专业知识和可利用的资源，帮助孩子们从一首音乐作品中衍生出他们感兴趣的各种学习活动，从而培养他们主动探索学习领域的意识和能力。尽管这种联想起始于审美活动，但并不局限于审美领域，而是能够自然地促进孩子们学习经验之间的内在联系，避免机械式、无关联的“拼盘式”学习。

三、联觉加工机制与艺术通感

（一）联觉加工机制

在日常生活中，我们经常会听到诸如“她的歌声好甜”或“这个颜色好暖”的描述，尽管我们实际上无法尝到歌声的甜或触摸到颜色的暖，但我们都能够心领神会其背后所传达的深意。这种超越单一感官的体验，我们称之为联觉。联觉（synesthesia），这一术语源自希腊语，字面意思是“联合的感觉”，它描述的是由一种感官刺激所触发的、与其他无直接关联的感官相关的心理过程。其中，引发联觉的刺激被称为诱发刺激，而其带来的感觉则被称为伴随体验。[①]

联觉的形式多样，通常可以用 $x \rightarrow y$ 的形式来表示，其中 x 是诱发刺激，y 是伴随体验。[②] 常见的诱发刺激来自我们的五大感官——视觉、听觉、嗅觉、味觉和触觉，而常见的伴随体验则有色觉、味觉等。例如，听音乐时可

---

① Hubbard E. M.（2007）. Neurophysiology of synesthesia. *Current Psychiatry Reports*, 9, 193–199.

② Grossenbacher P. G. & Lovelace C. T.（2001）. Mechanisms of synaesthesia: Cognitive and physiological constraints. *Trends in Cognitive Sciences*, 5, 36–41.

能会产生某种颜色的视觉感受，[①] 读词汇时可能会引发特定的味觉体验。[②]

联觉现象早在100多年前就被高尔顿所发现，[③]但直到认知神经科学的崛起，这一领域的研究才得到了更多的关注。神经生理学研究表明，人脑的前额叶部分，各种感官在很大程度上是相互关联并融合在一起的。神经生理学家塞托维克作为当代西方联觉研究的领军人物，他提出联觉实际上是一种对一种知觉系统的刺激所引发的其他一个或多个知觉系统的反应，这是大脑皮质的一种高级功能。他认为海马回与联觉有着密切的关系，但关于这种密切关系的具体机制仍需进一步的研究和论证。[④]

早在1993年，塞托维克便提出了联觉现象在心理学上的五大显著特征：无意识性（尽管可以被激发）、投射性、持久性（非连续但普遍）、难忘性以及情感性。[⑤]当某些艺术领域关于感官融合的案例未能完全符合这些标准时，塞托维克倾向于将它们排除在联觉研究的范畴之外，尽管他亦承认这些研究的趣味性。然而，荷兰学者克雷蒂安·范坎彭（Cretien van CamPen）在与塞托维克的讨论中提出了质疑，他认为诸如斯克里亚宾和康定斯基的艺术实验正是以联觉的自然体验为基础，他们在探索符合塞托维克共同感觉标准的自然联觉体验的知觉和情绪机制。他强调，这些艺术实验不仅具有趣味性，更对联觉研究有所助益。[⑥]

追溯塞托维克的学术轨迹，自20世纪80年代起，他便在联觉心理学领域进行了大量的联觉现象个案调查，并创建了联觉主题的在线平台。他还出版了两部专著，点燃了人们对联觉研究的兴趣。

1996年，PSYCHE交叉学科意识研究杂志（PSYCHE An interdisciplinary

---

① Ward J., Huckstep B. & Tsakanikos E.(2006). Sound–colour synaesthesia: To what extent does it use cross–modal mechanisms common to us all? *Cortex*, 42, 264–280.

② Simner J., Glover J. & Mowat A.(2006). A Linguistic determinants of word colouring in grapheme–colour synaesthesia. *Cortex*, 42, 281–289.

③ Galton F.(1880). Visualised numerals. *Nature*, 21, 252–256.

④ Richard E. Cytowic, synesthesia: phenomenology and neuronsychology: A review of current knowledge, *PSYCHE*, 2 (10), July 1995.

⑤ Cretien van Campen, Synesthesia and Experimentation. *PSYCHE*, 3 (6), November 1997.

⑥ Cretien van Campen, Synesthesia and Experimentation. *PSYCHE*, 3 (6), November 1997.

journal of research on consciousness）组织了一场关于联觉研究的专题讨论，其中对塞托维克的研究进行了深入的探讨和争论。塞托维克以《联觉：现象学与神经心理学》（Synesthesia：phenomenology and neuropsychology）为题，全面概述了这一领域的研究。他收集了美国近百名自称具有联觉功能者的案例，例如，密歇根州的一位妇女声称她能够“看见”声音，某些声音对她而言不仅具有颜色，还有味道。她描述丈夫的声音是金褐色的，味道像烤得松脆并涂上奶油的点心。纽约的一位女中学生则告诉校长，当男友亲吻她时，她“看见”了许多泡沫，学校曾怀疑她因吸毒产生幻觉，尽管她坚称自己从未吸烟，但学校仍将她视为不良少年。这些案例都生动地展示了联觉现象的多样性和复杂性。

在深入剖析所搜集的联觉案例后，塞托维克得出以下结论：多数拥有联觉能力的人为女性，她们普遍展现出了高智商和惊人的记忆力。有趣的是，这些女性中的绝大多数还是左撇子。进一步观察，这些联觉者通常表现出敏感和忧郁的气质。塞托维克推测，联觉现象可能是人类“认识能力”的一种遗留痕迹。绝大多数联觉者表示，他们享受不同感官交融的过程，这让他们能够窥见平凡世界的多彩面貌。①

现代心理科学对联觉现象进行了详尽的研究，并通过实验手段证实了其存在。苏联心理学家彼得罗夫斯基等人提出：“联觉是当某一分析器受到刺激时，另一分析器也会产生特有的感觉。联觉广泛存在于各种感觉之中，最常见的是视听联觉，即声音刺激能引发视觉形象。”②同样，美国心理学家克雷奇等人也指出：“联觉展现了一种令人惊异的感觉间相互作用，即某种感觉感受器的刺激能在其他感觉领域中产生经验。”他们还提到：“最常见的联觉形式是色听现象，即生动的色彩形象可由声音，如音符，所唤起。”③

---

① Richard E. Cytowic，synesthesia：phenomenology And Neuronsychology，A Review of Current Knowledge，*PSYCHE*，2（10），1995.

② 彼得罗夫斯基．普通心理学［M］．龚浩然，等译．北京：人民教育出版社，1981：266.

③ 克雷奇，等．心理学纲要（下册）［M］．周先庚，等译．北京：文化教育出版社，1980：44–45.

（二）艺术通感

幼儿综合艺术教育的心理基础在于联觉所激发的通感现象。通感，从心理层面而言，是主体在审美实践与经验基础上，经过联想、想象、情感活动与创造性活动所形成的结果。[①] 而从生理角度来看，通感则是大脑皮层不同区域之间通过错综复杂的神经通道建立的内在关联与复杂的对应关系，是不同分析器官之间特殊联系的自然产物。

我国学者杨波基于对大脑皮层整体活动的互联性、审美活动整体性的研究，结合心理学对大脑皮质区的分析以及知觉的整体性特征，提出了人类感官先天关联性是通感生理与心理基础的观点。[②] 学者岳东生也指出，心理学研究表明，客观事物通过我们的感觉器官引发感觉，这些感觉因事物属性的不同（如视觉、听觉、味觉、嗅觉等）而在不同的感觉分析器外周部分受到刺激，随后通过传入神经将信息传递给大脑皮层下的中枢神经，并在各中枢神经间相互影响，建立暂时的神经联系，从而使得不同的感觉能够相互沟通。[③] 这些也正是联觉的生理基础。不过，需要强调的是，联觉更多地被视为一种心理现象，而通感则是人们在艺术活动中所体验到的深层次感受。

刘晓波提出，通感的形成基于人的联觉能力，特别是在审美活动中，通感是以联觉作为其生理基石。通感并非仅是一种生理感觉，它更多地是在审美体验中，由丰富的情感激发而产生的想象力自由流动，实现从内心感觉向外部感觉的转变，以及由特定心境触发的对外界事物的通感体验。[④] 谭德晶则从感觉特性的角度探讨了通感，将其分为相似性通感和并举性通感两种类型。相似性通感指的是当通感涉及的两个事物或现象之间存在着某种相似之处，但这种相似并非基于事物客观属性的相似，而是基于人在艺术感觉中所体验到的情调或表现性的相似。而并举性通感则是基于格式塔原理，强调实际感觉是同时存在的、整体性的、不可分割的。然而，由于语言艺术的相继

---

① 邱明正．审美心理学［M］．上海：复旦大学出版社，1993：220–221.
② 杨波．艺术通感的生理——心理学发生探源［J］．喀什师范学院学报，2003（3）：129–130.
③ 岳东生．漫谈通感［J］．修辞学习，1994（5）：86–89.
④ 刘晓波．审美与人的自由［M］．北京：北京师范大学出版社，1988：99.

特性，作家不得不以序列性的方式描述这些感觉，因此这种通感被称为并举性通感。① 此外，邱明正还深入探讨了艺术通感所具备的一系列心理特征，包括关联性、传递性、转折性、多重性、幻觉性和增益性等。②

自 20 世纪 80 年代起，我国的学者们对艺术通感进行了多角度的深入探究，取得了显著的研究成果。一些学者发现，在欣赏画作或阅读诗歌时，人们能够感受到音乐般的韵律，而在聆听音乐时则能领略到如诗如画的意境，这即是所谓的“诗画交织旋律”和“音乐中流淌的诗情画意”。这种通感体验源于不同艺术形式间共同的审美规律和特征。③ 另有学者强调，诗歌与绘画之间的交融感应和渗透融合，不仅打破了听觉与视觉的界限，还超越了时间和空间的限制，极大地扩展了这两种艺术的审美视野，并丰富了它们的审美意象。④ 尽管普通人在艺术活动中的通感体验与“联觉者”或“通感症患者”的体验有所不同，但二者之间确实存在着某种程度的相似性或互通性。正如梅洛·庞蒂所指出的：“声音的视觉化和颜色的听觉化，这些都不是孤立的现象，而是普遍存在的现象。”⑤

在儿童的艺术欣赏过程中，通感现象往往更容易被理解和体验。这可能是因为儿童更接近这种认识能力的本真状态，或是儿童身上更容易发现这种每个人都具有的内在非凡潜力。

我国学者周海宏的实验揭示了 8 岁左右儿童通感现象的规律，发现其大部分特征与成人并无显著区别。孔起英教授在研究学前儿童对视觉艺术文本的解读时，认为儿童的审美知觉具有多通道性，而这种特性正是源于他们的通感能力。许卓娅教授的研究也揭示了幼儿的艺术感知潜能，如一个 4 岁幼儿能为欢快的乐曲配上小白兔的图画，而 6 岁儿童则能用“大鸟慢慢飞”来表达“沉重”，用“小鸟慢慢飞”来描绘“轻巧”。实验结果进一步显示，实

---

① 谭德晶．通感的两个基本类型［J］. 文艺研究，1995（4）：33.
② 邱明正．审美心理学［M］. 上海：复旦大学出版社，1993：216.
③ 同②.
④ 陈宪年．论中国诗与中国画的融通［J］. 文艺理论研究，1995（4）：18.
⑤ 莫里斯·梅洛－庞蒂．知觉现象学［M］. 姜志辉，译．北京：商务印书馆，2001：293.

验班的最高得分与幼儿师范毕业的年轻教师的最高分相当。

在《学前儿童综合艺术教育研究》一书中，楼必生、屠美如、许卓娅等学者合作探讨了通感现象，认为通感即超越了感官的特异性，实现了不同感官间的沟通与替代。例如，人们可以用眼睛“看到”声音，用耳朵“听到”色彩和气味。这种通感还涉及不同知觉所获得的表象之间的相互替代，如听到音乐时产生视觉表象，看到形状和色彩时产生触觉表象。艺术通感源于相关艺术间的共同规律和审美特征。①

综上所述，国内外研究者均发现儿童在艺术审美活动中广泛存在通感现象，并将其作为综合艺术课程的心理基础。已有研究者通过实验研究通感现象，或在具体教学中设计感官互通环节，充分发挥儿童与生俱来的高水平艺术通感，这对于提升儿童的审美体验、审美水平和审美素养具有重要意义。

四、移情与共情

对处于生命早期的儿童来说，情绪是优先获得发展的，认知的发展要晚于情绪的发展。刚出生的婴儿就具有高兴、愤怒、恐惧、悲伤这四种最基本的情绪，并且在生命早期通常运用情绪来与环境交流，获得生存资源和心理支持。情绪既是儿童优先获得发展的心理现象，同时还具有跨情境的特点，是开展儿童综合艺术教育的基础心理机制之一。其中，能够产生跨情境效应的情绪机制是移情和共情。

（一）移情

移情指个体在特定情境中，通过识别他人的情绪信号（如表情、语言、行为），主动将自身置于对方立场，尝试感受并理解对方的情感体验，甚至在生理或心理上产生与对方相似的情绪反应（如看到他人悲伤时自己也感到难过），侧重情感的“代入与共鸣”，核心是对他人情绪的“感同身受”。

在艺术学习中，移情是学习者通过主动调动感官体验与想象，将自身情感投射到艺术作品、创作者或表现对象中，使其与作品中的情感、意境或形

① 楼必生，屠美如．学前儿童艺术综合教育研究［M］．北京：北京师范大学出版社，1997：116．

象产生替代性融合的心理过程，如杜甫的“感时花溅泪，恨别鸟惊心”即是最经典的移情表现。移情通常经历以下三个阶段：

1. 感官模拟

通过模仿作品中的视觉色彩（如观察梵高的《星月夜》时，尝试用笔触复现旋转的星云）、听觉节奏（如分析贝多芬的《命运交响曲》时，用身体律动感受音符的强弱），激活自身情绪反应。如学习绘画时，通过调配高饱和度色彩，体验创作者表达热烈情感的意图。

2. 想象代入

假设自己是作品中的人物、自然景物或创作者本人，用第一人称视角重构情感逻辑。如分析《蒙娜丽莎》时，想象“自己是达芬奇，在文艺复兴时期如何通过微笑传达人文主义精神”。

3. 情感投射

将个人经历与作品元素关联，使作品成为自身情感的“容器”。如聆听《二泉映月》时，结合自身的挫折经历，赋予旋律孤独、坚韧的个人化解读。

（二）共情

共情指个体在识别他人的情感状态或处境后，在认知上理解对方的感受或需求，并基于这种理解产生关怀、体谅或怜悯的情感反应（如意识到他人困境时产生“他很不容易”的想法并心生关切），侧重认知层面的“理解与关怀”，核心是对他人状态的“理性认知与情感支持”。

在艺术学习中，共情指学习者通过分析作品背景、技法符号与文化语境，理性理解作品情感的客观逻辑与社会属性，并对创作者或作品中人物的处境产生理解性共鸣的心理过程。共情一般也经历三个阶段：

1. 背景解构

研究作品的时代背景、创作者经历、文化符号意义，建立情感产生的逻辑链条。如学习《格尔尼卡》时，通过了解西班牙内战历史，理解毕加索用破碎肢体表达反战立场的必然性。

2. 符号分析

拆解艺术媒介的语言规则（如绘画中的构图、文学中的隐喻），解码情感传递的技术路径。如分析戏剧《哈姆雷特》时，通过“生存还是毁灭”的独白台词结构，理解角色的心理。

3. 社会联结

将作品情感与普遍人性、社会议题关联，形成超越个人经验的集体性共鸣。如欣赏唐代诗人杜甫的《兵车行》时，通过“牵衣顿足拦道哭”的场景描写，共情战乱中百姓的苦难，反思战争的残酷性。

总之，移情是以“自我情感”为起点，向作品“输出”主观体验，更易发生于艺术创作实践过程中；共情是以“作品信息”为起点，对情感“输入”客观理解，更易发生于艺术作品鉴赏分析过程中。二者在艺术学习过程中起着协同作用。首先，学习者通过移情激活感性体验（如临摹画作时感受色彩情绪）；其次，借助共情深化理性认知（如研究色彩理论在不同文化中的象征意义）。二者结合可实现“体验式理解”，即既能以直觉感受艺术情感，又能从文化、技法层面阐释其合理性，最终提升审美判断与创作表达能力。

第二节　学前儿童审美

卢梭在《爱弥儿》中曾用浪漫的笔触描绘道：“如果一个人从未在干燥的原野上跑过，而他的脚也没有被灼热的沙砾烫过，如果他从未领受过太阳从岩石上所反射出的闷人的热气，他怎能领略那美丽的清晨的新鲜空气呢？花儿的香、叶儿的美、露珠的湿润，在草地上软绵绵地行走，所有这些，怎能使他的感官感到畅快呢？如果他还没有经历过美妙的爱情和享乐，鸟儿的歌唱又怎能使他陶醉呢？如果他的想象力还不能给他描绘那一天的快乐，他又怎能带着欢乐的心情去观看那极其美丽的一天的诞生呢？最后，如果他还不知道是谁的手给自然加上了这样的装饰，他又怎能欣赏自然的情景的美呢？”可见，审美教育乃至整体的儿童教育的过程首先应该是一个生命之精神成长的过程，而后才成为科学获知过程的一部分。

那么，学前儿童的审美表现和审美特征又是怎样的呢？

一、学前儿童的审美表现

儿童天生具备对形式美的敏感度和潜在感知力，①这种能力被称为审美能力，它不仅是审美活动中的关键心理特征，还直接影响到审美活动的效率和审美目标的实现。审美能力是一种特殊的情感性认知能力，涵盖了审美感受力、鉴赏力和创造力等多个方面。从人类整体角度看，它是经过长期审美实践积累的成果；而从个体角度看，它则是基于先天素质，通过后天的生活实践、审美教育和具体审美活动逐步形成的。②审美发展是每个人客观存在的心理现象，每个人都有审美发展的潜能和内在需求。许多科学家和艺术家之所以有卓越的创造力，正是源于他们对美的深刻感知和追求。

特别值得一提的是，幼儿期是审美能力形成和发展的关键阶段，也是塑造其终身审美态度、兴趣和能力的黄金时期。因此，对幼儿审美能力的培养和发展至关重要，它不仅影响着幼儿早期的审美偏好和态度，更是为其未来的审美发展奠定坚实基础。③

关于幼儿审美能力早期培养的研究，其历史可追溯至 19 世纪末的欧洲。最初的研究主要集中在幼儿绘画技能的培养和音乐感知能力的提升上。到了 20 世纪中叶，美国哈佛大学的加德纳教授（H.Gardener，1997）深入探讨了音乐智力与青少年艺术审美知觉的发展，而英国学者威特金（H.A.Witkin，1998）则提出，审美发展实际上是人们对世界欣赏力的提升，是一种将事物相互关联的意识。

在中国，屠美如和许卓娅等学者在研究开放性课程时，也着重探讨了如何培养幼儿的审美能力、审美创造力和审美评价能力。④他们的研究明确指出，培养幼儿的审美能力对于促进幼儿心理的整体发展具有举足轻重的作用。2001 年，我国教育部发布的《幼儿园教育指导纲要（试行）》也强调，

---

① 边霞．儿童的艺术与艺术教育［M］．南京：江苏教育出版社，2006.

② 林崇德，杨治良，黄希庭．心理学大辞典［M］．上海：上海教育出版社，2004.

③ 姚思源．中国当代学校音乐教育文选［M］．上海：上海教育出版社，2000.

④ 许卓亚，吴绍萍．开放型课程在行动［M］．南京：南京师范大学出版社，2005.

艺术活动应当激发幼儿的情感，让他们体验审美感，并在其中找到成就感。

审美教育在幼儿的成长中扮演着至关重要的角色，它不仅影响着幼儿对世界的认识深化，还对他们的道德情感、情感净化、智能开发以及心理平衡等方面有着积极影响。在审美活动中，主体之所以感到愉悦，是因为他们把握了一种节奏性、平衡性和有机统一性的完整形式，这种形式承载了人的情感和理想，并带有特定的社会内容，能够作用于人的感知、想象、情感、理解等心理能力，使它们达到一种自由而和谐的状态。①

值得注意的是，幼儿的审美心理与成人有着显著的差异，并且在不同的年龄阶段，幼儿之间的审美心理也存在差别。他们对审美对象的形状、材质、内容等有着各不相同的感知和兴趣。因此，深入了解和分析幼儿的审美心理，是实施有效审美教育的重要前提。②

（一）学前儿童的审美心理结构

学前儿童的审美心理结构是意识与无意识的交织，涵盖了审美感知、审美想象和审美情感三个方面。苏珊·朗格曾提出，审美感受始于直觉，随后通过深思熟虑逐渐领悟作品的深层含义。这种深思熟虑并非逻辑推理，而是更多地依赖于想象。在艺术直觉的引领下，结合想象的参与，个体方能真正领悟情感符号所蕴含的深意。③

1. 审美感知

学前儿童的审美知觉，本质上是对情感表现性的不自觉的、完整的直观体验，其核心内容聚焦于情感的表现性。审美知觉主要体现为完形感知，即儿童能够以一种整体性的方式去捕捉和理解审美对象。此外，学前儿童的审美知觉还展现出多通道性，意味着他们可以通过不同的感官去体验和感知美。当面对艺术文本时，学前儿童往往凭借审美直觉去捕捉其中的意义。④

---

① 滕守尧．审美心理描述［M］．成都：四川人民出版社，1998：333．

② 刘健，支娜，张颖，等．2—3 岁婴幼儿绘本选择偏好影响因素分析［J］．学前教育研究，2016（7）．

③ 转引自：孔起英．体验——儿童审美发展之必须［J］．学前教育研究，2010（10）．

④ 孔起英．儿童审美心理研究［M］．南京：江苏教育出版社，2004：78．

审美感知，它是以一种独特的视角感知形式美，整体把握所欣赏对象的各种元素，如光线、形状、色彩等，从而揭示出事物背后的情感表象。这种感知能力在学前儿童身上尤为显著，他们天生就具备了对审美的选择性和敏感性，尽管这种感知往往带有直觉和表面的特点。然而，随着学前儿童知觉与认知系统的不断成熟和发展，他们开始能够主动选择和感知那些对他们有意义的审美对象。①

审美感知的触发需要一定的媒介。绘本作为一种特殊的艺术作品，它不仅符合儿童的审美和心理经验，还融入了他们的实际生活经验。绘本拥有一般艺术作品的审美属性，如色彩、线条、构图和设计等，同时它还特别重视儿童的视角和兴趣，因此能够轻柔地触发儿童的审美感知。

2. 审美想象

审美想象，是一个将直觉捕捉到的信息融入个人经验，并在广阔的内心世界中“自由飞翔”的过程。在学前儿童中，这种想象体现在他们对所感受对象的内在重塑上。学前儿童的审美想象实际上是一个基于个人经验，通过直觉赋予形态，进而产生情感化审美意象的过程。绘本作为一种独特的艺术作品，既契合了儿童深层无意识的运动规律，又反映了儿童自己的生活经验与审美趣味。绘本中蕴含的情感基调虽看似简单，实则深邃，能够有效激发和提升学前儿童的审美想象能力。

3. 审美情感

审美情感，简而言之，是人们对审美对象是否满足自身需求所产生的感受与态度。对于学前儿童来说，他们的审美情感是通过移情的方式获取的，即把自身无意识的心理内容与情感投射到所面对的审美对象上。学前儿童的审美情感与他们的感性生命活动紧密相连，是一种外在展现的高峰体验。当学前儿童沉浸在艺术作品所带来的愉悦中时，他们不仅通过语言表达，还会通过身体语言如表情的变化和肢体的不同动作来展现这种审美情感，这些都

① 葛晓东. 学前儿童的审美心理结构与教育策略［J］. 学苑教育（教师教育），2012（3）.

是他们审美情感的真实体现。[①]

审美情趣是审美主体在美育的熏陶下逐步形成的。对于学前儿童而言，他们的审美情趣通常以他们对特定审美对象的特殊兴趣、偏好和喜爱等形式展现出来。这种审美情趣的发展与他们的知识和生活经验紧密相连，具体表现为，那些与他们的生活紧密相连、情感联系深厚，且外部特征鲜明的内容，往往成为他们独特的审美对象和情感体验。这种独特的情感体验和审美倾向性，是学前儿童审美态度和审美需求的具体化表达。学前儿童的审美情趣在很大程度上受到他们自身生活经验和对象外部特征的影响。[②]

绘本作为一种与儿童日常生活紧密相关的艺术形式，其题材和内容通常与儿童所熟悉的环境和事物相吻合。绘本美育可以激发和提升儿童的审美情趣，成为他们审美情趣发展的重要途径。值得注意的是，学前儿童的审美情趣发展结构具有不稳定性，它会随着儿童年龄的增长、生活经验的丰富以及审美需求水平的提高而不断发展变化。

（二）学前儿童的审美感知发展阶段

加德纳的儿童艺术知觉发展阶段论详细描述了儿童从 0 岁到 20 岁对艺术形式的感知过程，并总结了审美感知发展的典型阶段。这一理论将儿童至青年的审美发展划分为五个阶段：0—2 岁的早期感知阶段，2—7 岁的符号认知阶段，7—9 岁的写实主义高峰阶段，9—13 岁的审美感受性出现阶段，以及 13—20 岁的审美专注的危机期。学前儿童主要处于前两个阶段。

在 0—2 岁的早期感知阶段，儿童的一般感知能力和审美感知能力尚未分化。此时，艺术品对他们而言主要是作为一般的刺激物存在，有助于儿童一般感知能力的培养和发展。但即便在这个早期阶段，给儿童呈现各种艺术形式的作品也能促进他们感知能力的发展。绘本作为一种艺术形式，在这个阶段可以辅助婴幼儿的认知成长。具体来说，婴儿在大约一岁左右时，就能“阅读”图画，并将其与真实的世界联系起来。因此，从这个时期开始，儿

① 葛晓东．学前儿童的审美心理结构与教育策略［J］．学苑教育（教师教育），2012（3）．
② 边仕英．幼儿审美心理发展的特点与教育策略［J］．西昌学院学报（社会科学），2009，21（2）．

童便可通过阅读绘本进行美的初步体验，这些早期接触的美，将为他们未来的审美认知奠定坚实的基础。而在一岁之前，儿童虽然也可以接触绘本，但更多是将它们视为玩具或周围的物体来认知。

在 2—7 岁这一阶段，儿童不仅处于表征思维形成的关键时期，还迎来了语言能力发展的敏感期，同时，该阶段也是审美知觉发展的黄金时期，展现出了极其复杂、特色显著且极具学术探究价值的一面。从发展的连贯性角度审视，此阶段可视为儿童前一个阶段认知发展的继续深化与内化（即皮亚杰的感知运动阶段及加德纳所述的婴儿感知阶段）。加德纳曾观察指出，儿童在艺术鉴赏上显露出特定偏好，倾向于被以下三类艺术作品所吸引：一是色彩鲜明、活力四射的作品；二是描绘儿童熟悉并喜爱的主题的创作；三是逼真度高、形象栩栩如生的作品。

二、学前儿童的审美发展特征

康德、席乐与伽达默尔等人认为实现人的感性与理性二重性统一的根本途径在于审美。儿童是用整合的学习方式学习艺术的，其艺术学习的过程既有赖于感性的思维过程，同时也离不开比较、选择、判断、推理与预测等理性思维过程的支撑。[①] 个体心理的发展中，审美心理的成长占据着不可或缺的地位，它标志着个体心理发展的高级阶段。特别是在幼儿期，这个阶段是生理和心理成长变化最为显著的时期，审美心理也在这一时期开始萌发。

基于一般心理能力的不断发展，幼儿的审美心理已经初步展现出简单而主观的审美偏好，他们对美的情感体验和初步的审美表现愿望也在此阶段开始形成，并在日常活动中逐渐发展。因此，幼儿期被视为审美心理萌芽的关键阶段，对于审美教育具有极其重要的奠基作用。深入了解并把握幼儿审美心理发展的特点，并据此实施有针对性的教育，对于提升幼儿的审美素养具有深远的意义。

---

① 陈晓芳．儿童科学和艺术整合学习活动设计与指导［M］．北京：北京师范大学出版社，2021：28．

（一）婴儿期各种心理机能的发展为幼儿审美心理的发展奠定了基础

人们普遍拥有对美的追求和欣赏之心。这种审美心理在婴儿阶段就初露端倪，表现为对鲜艳色彩、和谐声音、规则形状等简单形式美的积极反应或初步感知。这种反应源自本能或潜在的能力，是一种自然而然的倾向。美感的发展经历了多个阶段，而最初的美感体验往往是一种本能的快感，它源于对象的颜色、节奏等特性所带来的生理愉悦。

研究显示，2—4 个月大的婴儿在颜色知觉方面已有显著发展，在 4 个月时，他们表现出对特定颜色的偏好，如红色，并能够对颜色进行区分。婴儿的听觉同样发展迅速，他们能够对声音的节奏和音乐产生愉悦的情绪反应。6 个月的婴儿已能区分音乐中的旋律、音色、音高、调性及其转换模式，并开始展现出协调听觉与身体运动的能力。婴儿注意力的进步也颇为可观，1—3 个月大的婴儿已具备选择性注意，并能根据自己的兴趣对外界进行扫描，他们更倾向于注意曲线、不规则图形、对称、集中或复杂的刺激物，以及轮廓密度大的图形。[①] 到 1 岁左右，婴儿已具备了对音乐、旋律、色彩、形状等多种元素的分辨能力。[②]

此外，婴儿的情绪反应和体验也在迅速发展，这为他们的审美情绪体验打下了基础。情绪研究专家伊扎德的研究表明，新生儿就已经表现出惊奇、伤心、厌恶、初步的微笑和兴趣等五种不同的情绪反应。而孟昭兰教授的研究也指出，初生婴儿已经具有兴趣、痛苦、厌恶和微笑四种表情，并在 1 岁半左右逐渐发展出羞愧、自豪、骄傲、内疚、同情等更为复杂的社会性情感。这些情感的发展为婴儿审美心理的进一步成长奠定了坚实的基础。

（二）幼儿已经具有初步的审美情趣

审美情趣，作为审美主体在美育历程中形成的独特情感体验和倾向性，具体展现了个人的审美态度和需求。在幼儿阶段，这种审美情趣往往通过他们对特定审美对象的特殊兴趣和爱好来体现。研究表明，幼儿的审美情趣

---

① 林崇德. 发展心理学［M］. 北京：人民教育出版社，1995：156–159.

② 黄海澄. 美学原理［M］. 长沙：湖南人民出版社，1988：240.

发展水平尚处于较低阶段，但与其知识和生活经验紧密相连。他们更倾向于将与自己生活紧密相关、情感联系深厚且外部特征鲜明的内容作为主要的审美对象。

针对3—6岁幼儿在自然美、社会美、艺术美方面的审美情趣发展调查表明，随着年龄的增长、生活经验的累积和审美需求水平的提升，幼儿的审美情趣也在不断发展。特别是在艺术美这一相对抽象和复杂的领域，幼儿的审美情趣结构显得尤为不稳定，容易受到教育和训练的影响而发生变化。这也进一步证明，美育在激发和提升幼儿审美情趣方面发挥着关键作用，是推动幼儿审美情趣发展的重要途径。

（三）幼儿的审美情绪体验层次较低，且不够稳定

婴儿时期所积累的丰富情绪体验，为幼儿最初的美感表现打下了坚实的基础。研究显示，当幼儿到2岁时，已经可以观察到同情、美感等情感的初步萌芽。进入学前期，随着生活经验的累积和活动范围的拓展，幼儿的情感世界迅速丰富起来，开始展现出认识性情感、社会性情感、道德感和美感等更为高级的情感形态。

对幼儿审美情感体验的深入研究进一步揭示，3—5岁的幼儿处于积极审美情绪体验快速发展的关键期。同时，研究还发现男性幼儿在审美情绪上的波动较为显著，而女性幼儿则表现出相对稳定的情绪体验。[①] 不过，需要指出的是，尽管幼儿已经能够体验到美感，但这种审美情绪体验仍处于“悦耳悦目”的初级阶段，比如当听到熟悉的音乐或歌曲时，他们会感到愉悦和兴奋。这表明幼儿的审美体验尚需进一步培养和深化。

（四）幼儿的审美想象活跃，但审美评价处于萌芽阶段，且水平较低

研究表明，幼儿的审美想象力随年龄的增长而提升，其中，男性幼儿的审美想象相比女性幼儿更为丰富。然而，在审美评价能力方面，幼儿普遍表现出较低的水平。他们倾向于根据自己的审美偏好，以“好看”“像不像”

---

① 刘兆吉．美育心理研究［M］．成都：四川教育出版社，1993：707-724.

以及“好人或坏人”的简单标准来评判审美对象。[①]例如，他们常用“好看”来形容色彩的鲜艳和绚丽，从而认为红花比蓝花更吸引人。这种审美评价实际上只是初级的美感体验，主要停留在视觉的悦目感，而未能体验到深入情感、心智和精神层面的愉悦。

对于美术作品，幼儿通常以“像不像”为标准来评价，这一标准更多地关注对象的外在形态和特征，而忽视了其整体和内在本质。在人物评价上，幼儿常常以“好或坏”为尺度，这更多地反映了他们的道德观念而非审美标准。不过，这种评价方式也体现了幼儿心理发展的阶段性特征，由于幼儿的心理发展并不成熟，更倾向于根据外部特征和现象来理解和判断事物，将美与善等同起来，界限简单明了。凡是善的就是美的，凡是坏的就是丑的，反之亦然。

为了提升幼儿的审美评价能力，促使儿童能将道德评价与审美评价进行区分，我们需要通过美育实践活动来引导他们从道德角度向审美角度延伸，将道德评价与审美评价相结合，从而优化和提高他们的审美评价水平。

① 谢秀丽. 学前儿童美术教育——原理与应用［M］. 重庆：西南师范大学出版社，1997：175-177.

第四章　学前儿童综合艺术课程的目标设计

传统的分科课程使儿童接受的是各自分离的知识，同时使儿童的思维方式也带有很强的定势，难以从分化的视野中建立对自然、对社会、对世界的全面和本质的认识，同时也阻碍了学校教育与社会生活的联系。然而人类面临的各种问题和困扰总是综合的，自然、社会和人毕竟都是作为一个整体存在和发展的。因此，我们的教育应以儿童的生活经验为线索，要求儿童接受综合课程的教育，以便他们能够认识自然界和人类社会的普遍联系，并且学会从综合的角度认识、思考和解决问题，树立整体的世界观和方法论。

《幼儿园教育指导纲要（试行）》明确指出教育活动内容的组织应充分考虑幼儿的学习特点和认知规律，幼儿艺术教育可以结合各个领域的学科特点，以整体和综合的形式开展教学，从幼儿发展状况入手，充分创造条件萌发幼儿对美的感受和体验，丰富其创造力和想象力，然后再鼓励幼儿去表现和创造美。学前儿童综合艺术课程的目标的设置须遵循《幼儿园教育指导纲要（试行）》要求，充分理解不同年龄段幼儿艺术的独特感受，尊重幼儿的天性和想象力，教师不能以成人的审美标准去评判幼儿，要认识到幼儿是用自己独特的情感态度去认知和表达周围世界的，在充分发挥各种艺术形式及各领域的教育价值基础上，科学设立活动目标。

第一节　学前儿童综合艺术课程目标的设定

学前儿童综合艺术课程的目标是根据儿童的认知特点及教学内容的深度、广度而设定的，目标设定的角度亦具有多样性，但必须依据“立德树人”的根本任务，把握好目标的导向和定位，并在教师的具体实施中强调可理解性、可把握性和易操作性原则。

一、学前儿童综合艺术课程目标的导向

学前儿童综合艺术课程目标的导向必须依据《幼儿园教育指导纲要（试行）》和《3—6岁儿童学习与发展指南》的总体要求。

《幼儿园教育指导纲要（试行）》中幼儿艺术学习的目标是：

1. 能初步感受并喜爱环境、生活和艺术中的美；
2. 喜欢参加艺术活动，并能大胆地表现自己的情感和体验；
3. 能用自己喜欢的方式进行艺术表现活动。

《3—6岁儿童学习与发展指南》中幼儿艺术学习的目标是：

1. 喜欢自然界与生活中美的事物，关注其色彩形态等特征。乐于模仿自然界和生活环境中有特点的声音（声音的高低长短强弱等变化），产生相应的联想感知。

2. 喜欢欣赏多种多样的艺术形式和作品，能够用表情，动作，语言等方式表达自己的理解，欣赏艺术作品时会产生相应的联想和情绪反应。愿意和别人分享交流自己喜爱的作品和美感体验。

3. 能用多种工具材料或不同的表现手法表达自己的感受和想象。有初步的艺术表现与创造能力。用简单的舞蹈动作表现自己的情绪或自然界的情景，用自己制作的美术作品布置环境美化生活。

由以上文件内容可以看出，“美”“自然与生活”“感知体验”“情绪情感”“表现表达”“联想想象”是幼儿艺术学习的关键要素。学前儿童综合艺术课程依据以上原则，目标的主要导向为培养幼儿的审美观念、审美能力和想象力、创造力以及艺术表达能力，激发幼儿对艺术的兴趣，热爱自然、热爱社会、热爱生活，并且通过艺术活动促进幼儿的身心发展。

《幼儿园教育指导纲要（试行）》明确指出儿童的学习是综合的、整体的。在教育过程中，教师应依据儿童已有经验和学习的兴趣与特点，灵活、

综合地组织与安排各方面的教育内容，使儿童获得相对完整的经验。在各大领域教育中，幼儿园艺术教育最需要以整体和综合的形式开展教学。

学前艺术教育的目的是学前儿童综合艺术课程的出发点和归宿，对艺术教育的整个过程的组织和实施都起到导向作用。艺术是人类感受美、表现美和创造美的重要形式，也是表达自己对周围世界的认识和情感态度的独特方式，因而，学前儿童综合艺术课程在目标上更关注儿童整体人格的发展，强调儿童艺术学习的兴趣、艺术的感知体验、表现创作、交流合作等基本能力和人文素养（包括并不限于尊重、关怀、友善、分享、合作等）的整体发展。

为此，幼儿园可以从主题要素出发，把握综合艺术活动的设计与实施过程，从儿童发展状况入手，使一切教育因素形成一种促进儿童和谐发展的统一关系，最终达到运用艺术教育启迪儿童心灵的目的，使儿童形成积极的情感态度和健全人格，有效发挥各种艺术形式的教育价值。

二、学前儿童综合艺术课程目标的定位

中共中央办公厅、国务院办公厅印发的《关于全面加强和改进新时代学校美育工作的意见》指出：“美是纯洁道德、丰富精神的重要源泉。美育是审美教育、情操教育、心灵教育，也是丰富想象力和培养创新意识的教育，能提升审美素养、陶冶情操、温润心灵、激发创新创造活力。”依据以上文件精神，学前儿童综合艺术课程的目标定位聚焦以下两点。

（一）“美”“善”统一

世间万物生态的平衡与人类的不断进化都是“美”的结果，都是按照“美”的标准生成的。艺术创造产生“美”。人类社会的实践经验与过程为艺术思维追求“美”提供了素材与基础。劳动创造了一切，劳动也创造了“美”，这种“美”是源于人类内心的情感需要，是促进社会发展与变革的“美”，是推动人类社会不断走向文明的“美”。

艺术中的“善”体现了人类思维中最原始、最自然、最普遍的需要，它以“求善”为本，要求从“善”的角度出发，满足人类道德上的价值与准

则。艺术活动是无所为而为之的思维活动，活动越是自由，生命就越有意义与价值。艺术创造的求“善”是人类共同的终极追求。

美，亦彰显了人性的自由、愉悦，与人际关系、生态关系的和谐。儿童天性爱美，美是儿童可感觉到的周围世界的存在形式，美也是儿童对世界的价值认同。如儿童会说“××× 老师是美的，因为她对我们很好，很爱我们！”在儿童那里，“美”和“善”“好”总是连接在一起的，因为感觉美好，儿童才对这个世界充满了热爱。儿童天性纯真、善良而美好，这与艺术所要追求的目标境界是一致的。学前儿童综合艺术课程所追求的正是这种“美善相统一”的价值定位，也是儿童身心和谐的一种重要表现。

（二）“虚”“实”相生

“虚”“实”相生，主要体现为儿童以直觉思维为主的思维方式。思维是个体精神发生的心理基础，原始人类的艺术从神话思维中萌芽，儿童的艺术也在儿童的思维发展水平上建构。原始人类的神话思维和现代儿童的思维在本质上是相似的，儿童思维的发展复演了人类思维发展初期的历程。

通过对二者之间相似性的回顾，我们发现，以上的共同点中都包含着审美——艺术思维的特征。在神话思维结构中，心物合一、天人交感，一切事物都可以成为主体投射的对象，一切事物都在它的可见可闻的形式因素中，在它的有整体感、层次感和节律感的形式中，而且都包含着蓬勃的生机和旺盛的生命力，都包含着丰富的喜怒哀乐的情感和各种道德情操。这种“心物合一、天人交感”的过程即思维的“虚”“实”相生的过程。如数不清的创世神话、起源神话、始祖神话、图腾神话等，便是对事物来由的原因及本原的追溯。这种因果关联的思维，有“实”的一面，即以直观感知到的事物和现象为基础，通过类比、联想等推想它们的原因以及可能出现的结果；也有“虚”的一面，即用幻想的因果关联，建构神话中那些直观与不可直观的事物、已知和未知、现象和本原等相互关系的对应思维程序。在儿童身上，也同样普遍地存在着这一过程。

根据皮亚杰的认知发展理论，2—7 岁的儿童正处于前运算阶段。这个时期儿童思维的主要特征是思维被所知觉到的事物的显著特征、整体特征所左右，而不能同时注意事物发展的多个维度。在儿童“虚实相生”的直觉思维中，最为明显的便是整体把握和幻想的因果关联。如儿童将下雪的原因解释为天上有个造雪的机器在造雪，下雨则是老天爷在哭。

由于直觉思维的整体性，儿童还不能把握事物真正的整体，只是一种精神的或思维的“感觉”，是对现实的感觉世界的“超感觉”把握，无法离开原始的感官感知活动，却又企图去探求神秘的灵知世界。

综合艺术教育中，诉诸于不同感官的各艺术门类的关联和综合更能够发挥单独一门艺术所不能发挥的作用，对培养儿童从多种角度认识艺术的价值、艺术与人类的发展具有重要意义，也有助于儿童认识整体、部分及其相互关系，同时培养儿童的整合创新、开拓贯通和跨域转换等多种能力，促进儿童的全面发展。

第二节　学前儿童综合艺术课程目标的构成

学前儿童综合艺术课程设计基于“多通道参与”的教学实践模式，引导幼儿通过视觉、听觉、触觉等多感官通道去感知理解声音、身体律动、自然界等。教师需要依据不同年龄段儿童的认知、心理、情感模式去创造合适的情境，尽可能多地让儿童去体验视觉形象、声音高低强弱变化、身体不同部位的肢体动作等，培养幼儿的觉察力和专注度，同时，注重幼儿的综合认知、观察、探究能力，以及社会合作交往能力。

一、学前儿童综合艺术课程的总体目标

《幼儿园教育指导纲要（试行）》明确指出教育活动内容的组织应充分考虑儿童的学习特点和认知规律，各领域的内容要有机联系，相互渗透，注重综合性、趣味性、活动性，寓教育于生活、游戏之中。儿童的学习是综合的、整体的，在教育过程中，教师应依据儿童已有经验和学习的兴趣与特点，灵活、综合地组织与安排各方面的教育内容，使儿童获得相对完整的经验。儿童艺术教育可以结合各个领域的学科特点，以整体和综合的形式开展

教学，从儿童发展状况入手，避免重视技能而忽视儿童的学习体验。

《3—6 岁儿童学习与发展指南》指出：每个儿童心里都有一颗美的种子。儿童艺术领域学习的关键在于充分创造条件和机会，在大自然和社会文化生活中萌发儿童对美的感受和体验，丰富其想象力和创造力，引导儿童学会用心灵去感受和发现美，用自己的方式去表现和创造美。

儿童对事物的感受和理解不同于成人，他们表达自己认识和情感的方式也有别于成人。儿童独特的笔触、动作和语言往往蕴含着丰富的想象和情感，成人应对儿童的艺术表现给予充分的理解和尊重，不能用自己的审美标准去评判儿童，更不能为追求结果的“完美”而对儿童进行千篇一律的训练，以免扼杀其想象与创造的萌芽。

二、学前儿童综合艺术课程的具体目标

（一）认知层面目标

（1）探索和认识多样的艺术形式和表达方式。让幼儿了解和认识多样的艺术形式，如绘画、手工艺、音乐、舞蹈、戏剧、影视等。通过多样的实践活动，幼儿可以发现和体验艺术的多样性，培养他们对艺术的兴趣和认识。

（2）发展审美能力和品位。通过观察和欣赏艺术作品，帮助幼儿发展审美能力。幼儿通过不同形式的艺术作品，理解美的概念，培养对美的感知和评价能力。

（3）引导观察和细节注意力。通过观察和绘画等实践活动，培养幼儿的观察能力和细节注意力。幼儿通过观察真实对象并加以描绘，提高对细节的敏感度和观察力。

（4）增强对声音、节奏、色彩和形状的识别能力。帮助幼儿认识不同的色彩和形状，通过歌唱、律动、绘画、拼贴、戏剧表演与创作等活动增强他们对不同艺术表现方式的识别能力。

（5）培养想象力和创造力。通过启发幼儿的想象力和创造力，培养他们创作和表达的能力。幼儿可以通过绘画、故事创作等活动，将自己的想象呈现出来。

（二）情感层面目标

（1）培养自信心和表达能力。艺术课程提供了一个表达自己的平台，幼儿可以通过艺术作品展示自己的想法和情感，增强对自己的认同感，培养自信心。

（2）发展情感表达和处理能力。艺术课程通过绘画、音乐等活动，鼓励幼儿以自己的方式表达情感。幼儿可以通过艺术作品来处理自己的情感，并学会与他人分享和沟通。

（3）培养欣赏和尊重他人的能力。艺术课程通过观察和欣赏不同幼儿的艺术作品，培养幼儿欣赏和尊重他人的能力。幼儿通过学习欣赏他人的作品，理解每个人都有自己独特的表达方式，培养包容和尊重他人的品质。

（4）建立情感和艺术的连接。艺术课程帮助幼儿建立情感和艺术的联系，通过创作和欣赏艺术作品，表达内心的情感和体验。

（三）社交层面目标

（1）培养合作和分享的精神。艺术课程通过合作和分享的活动，培养幼儿团队意识和合作精神。例如，幼儿可以一起合作创作大型艺术作品，分享自己的想法和创作成果。

（2）增强幼儿的沟通和交流能力。艺术课程通过创作、欣赏和讨论等活动，帮助幼儿发展沟通和交流能力。幼儿可以通过艺术作品来表达自己的想法和观点，并与他人进行交流和讨论。

（3）增进幼儿与他人的互动。艺术课程提供了与他人互动的机会，帮助幼儿学会与他人合作、分享。通过艺术课程的学习，幼儿可以建立良好的人际关系，增强团队意识。

（4）培养幼儿的责任感和尊重他人的能力。艺术课程通过合作和分享的活动，培养幼儿的责任感和尊重他人的能力。幼儿可以学会尊重他人的意见和作品，并承担自己的责任，共同完成艺术作品。

综上所述，学前儿童综合艺术课程的目标包括认知、情感和社交层面。通过艺术课程的学习，幼儿可以发展自己的创造力、想象力、审美能力和艺术表达能力，并培养自信心、情感表达和处理能力，建立良好的人际关系和团队意识。艺术课程不仅能促进儿童的全面发展，也有助于提高他们的学习动机和学习兴趣。

三、3—6岁儿童综合艺术课程的主要目标

基于《3—6岁儿童学习与发展指南》及综合艺术课程的特点，我们从综合审美情感体验、综合能力、合作与交流三个方面设定了3—6岁儿童综合艺术课程的主要目标。

（一）综合审美情感体验目标

综合艺术课程活动目标的设计，一定要注重儿童综合审美情感的体验，这种综合体验是建立在各个年龄段儿童的认知基础上的，让儿童亲近大自然，感受和发现自然环境及生活中的美好事物。

（1）3—4岁综合审美情感体验目标。能够感知各种声音的不同并对其产生兴趣，从中体验声音的强弱、长短、高低；能积极探索自然界、各种乐器及身体等发出的响声，愿意模仿自然及生活中的各种声音，并有再创造的萌芽期；能够尝试选择各种材料的拓印，初步感受泥工、剪纸的美；运用自己喜欢的图形及生活的各种材料装饰环境，美化自己的生活；能开始用自己喜欢的动作、线条、声音和物体来表达对世界的感知和体验；在集体活动中能自发地观察模仿感兴趣的动作和表情，初步体验与同伴沟通交往的快乐。

（2）4—5岁综合审美情感体验目标。能够尝试结合语言、音乐和童谣进行即兴创编，喜欢模仿生活中或艺术作品中的语言、动作并进行简单的故事情节创编；能够运用各种工具和材料制作戏剧扮演活动中的道具，并积极参与戏剧表演中的对白和肢体表演。

（3）5—6岁综合审美情感体验目标。能够主动参与各种表演活动，在表演过程中从容、自信、快乐；能够用基本准确的音准和节奏去演唱和表现歌曲，体验各种节奏的不同，能运用打击乐器进行合奏表演；喜欢运用各种质地和形状的材料进行简单的组合搭配，并运用剪、折、画、贴等多种方法创作手工作品来美化环境或作为礼物送给别人，珍爱自己的作品，愿意与同伴分享。

（二）综合能力培养目标

（1）3—4 岁综合能力培养目标。能学唱六度范围的歌曲，喜欢摆弄各种乐器，能够跟随音乐进行简单的律动表现；能够使用各种简单的美术工具，比如大牙刷、粗毛笔、木棍、树枝、粉笔、蜡笔；运用不同颜色大胆地涂色并表现身边的事物；能够认真观察物体，感知大小、深浅、软硬、滚动和静止等；初步意识到通过探究能够找到问题的解决办法；开始关注别人的感受，并愿意与同伴分享。

（2）4—5 岁综合能力培养目标。能够基本把握八度范围的歌曲，初步感受二拍子和三拍子，并能整体感知音乐的开始、结束；能够掌握几种打击乐器的敲击方法，并能利用生活用品独立完成自制乐器；能够分解任务，运用观察来解决问题，并能在任务失败后，尝试用新的方法解决问题；在综合艺术活动中能够提出一些具有创造力的主意，并且可以用不同的声音、肢体、符号、线条等来记录和表达所思所想。

（3）5—6 岁综合能力培养目标。能够感受音乐的明显变化乐段；能够按节拍、正确音高和速度自然歌唱，并能够根据歌曲内容给予不同情感的表现；尝试将生活中有趣的事情创编成歌词，大胆展现；能够在复杂的情境中辨别他人观点，包括人与人、人与物之间的关系；能有顺序地观察、推理、判断事物的规律，尝试用多种方式解决问题；能围绕一个主题进行讨论与分享。

（三）合作与交流目标

儿童相互交流沟通可以互相启迪思维，丰富体验。艺术欣赏和创作活动提倡合作学习，强调协调意识和协作行为，培养团队精神和个人责任；强调通过对艺术形式的感知与分析，分辨与识别艺术作品中不同要素和不同事物之间“物物相需”的生态关系和由此而导致的可持续性生命过程。因此，在实施学前儿童综合艺术课程时，一定要重视合作与交流目标。

（1）3—4 岁合作与交流目标。能够感受他人对自己的关爱，尊重为自己服务的人，愿意与同伴交往和活动，知道同伴的名字，能够认真听老师所安排的任务。

（2）4—5 岁合作与交流目标。能够主动帮助或协助同伴完成任务，碰到困难时，能与同伴协商共同解决。

（3）5—6 岁合作与交流目标。能够在讨论中接纳同伴的意见和建议，并对自己的计划进行调整；能够控制自己的情绪和行为，观察到别人的优点；能够坚持完成在集体活动中的角色，同时能理解、关心他人的情感需要，主动进行关心和帮助，初步发展服务意识。

以下是体现中班综合艺术活动目标的案例。

厨房里的对话

四岁的孩子喜欢唱歌、游戏和有节奏的乐器，他们在玩耍的时候可以创编简单的旋律，能够用不同的节拍、音调和音乐类型来演唱歌曲，并且愿意探索各种乐器和声源，能够使用简单的乐器进行伴奏。针对四岁儿童的特点，以综合艺术活动“厨房里的对话”为例，设计活动目标应该把握如下几点：

（1）引导儿童探索厨房里的各种声源。

（2）能够将厨具作为演奏的器乐材料，以简单的固定节奏为即兴创编自由伴奏。

（3）能够随着音乐的节奏，与家长进行打击乐合奏练习和表演。

（4）愿意尝试创编和合作表演简单的故事情节，能够大胆地进行艺术表现和创作，乐意扮演故事人物，进一步激发参与戏剧性表演活动的兴趣。

（5）能够主动与他人共同协作完成一件事情。

在“厨房里的对话”艺术综合活动中，教师可以引导儿童倾听、发现自己家中厨房里的声音，如洗菜的声音、剁肉的声音、水开的声音、锅铲碰到锅的声音、抽油烟机的声音、洗碗洗筷的声音、收放碗碟的声音等。

在发现、倾听的基础上，教师也可以开展一组父母与孩子共同进行的亲子想象表演活动。要求爸爸妈妈和孩子选择一种方式，结合厨房里的各种厨具和材料，创造性地表现一个厨房里物品与物品间对话或人在房间对话的情景。初步学习用不同节奏型展现厨房里的对话，也就是厨房里有谁，他们在干什么或说什么，以下介绍几则爸爸妈妈和孩子间富有创意的艺术表达情境。

静静一家用锅、勺子和瓶子展现了一组节奏，勺子、锅和瓶子分别演绎音乐作品《铃儿响叮当》中的不同节奏，由此节奏可以变换延伸为各种语言对话，如“青菜萝卜炒一炒，鸡蛋番茄喷喷香，请你快来尝一尝”。

冰冰一家找了一段迪斯科的音乐，简单的服饰装扮后，通过肢体动作编排了一组小品“炒萝卜”。

爸爸：“我是一口大锅子。”

孩子：“我是一棵大萝卜。”

妈妈：“我来做个大锅铲。”

大锅铲妈妈将大萝卜投进大锅子爸爸。“嘿，开始炒菜啦！”妈妈做炒菜的动作，孩子在爸爸怀中扭动“嘿，萝卜萝卜翻个身！”爸爸把孩子往空中抛出然后接住，妈妈再说“萝卜萝卜炒熟啦！啊，喷喷香！”把语言、肢体动作、节奏融合在一起表达厨房里的热闹情境。

教师要明确音乐所具有的艺术特征，在活动中整合音乐的多种元素，将音乐教育整合于主题情境活动之中，让音乐教育不再是单一的传授与训练，不再零散、空洞地呈现在儿童面前，而是注重音乐的聆听、感受和儿童自主地体验与表达。

在“厨房里的对话”活动中，教师也可以设计一则音乐经验与生活经验整合的旋律体验活动——“煮汤”，借助生活经验，通过听、赏音乐旋律，促进肢体的想象与表达。首先，教师让儿童看一段妈妈煮汤的录像，询问儿童“妈妈是怎样煮汤的”“妈妈在汤里放了什么”“说说妈妈煮汤的顺序”。

接着，让儿童欣赏《欢乐舞曲》，该旋律有明显低音高音的音阶滚动，体现出欢快、跳跃的氛围，另外一段是舒缓、流畅的音乐《海滨之歌》。儿童倾听音乐后，结合“煮汤”这一情景特征的表象记忆和已有的音乐能力感知再现，马上对这两段音乐产生了共鸣。他们自然会跟着旋律想象煮汤的情景，并运用自己的肢体语言自由想象表达。音阶从高到低的往复滚动，旋律带给孩子的想象是大量的水倒入锅中的情景。欢快跳跃出现的小音符，儿童会把自己想象成肉啊、鱼啊、菜啊纷纷跃入汤中的场面，模仿着菜、肉、鱼在水中拥抱、跳跃、交流的情景。最后重复的音阶往复，儿童又会想象成盐粒、味精撒入汤中或汤烧好了盛汤的情景等。

【案例目标设计反思】

多样性艺术语言在教学活动中的运用可以有效提升儿童的综合性审美艺术体验，当儿童多样性艺术语言被调动起来的时候，我们不禁为他们所表现出来的艺术想象和艺术创作而惊叹。因此，教师在充分了解各年龄段儿童认知心理及特点的前提下，要重视和挖掘儿童潜在的艺术才能，尽可能地给儿童提供表达和表现的空间，有效地运用多样性艺术语言，实现艺术综合课程的综合审美情感体验目标、综合能力培养目标以及合作与交流目标。

（江苏省扬州市江都区育才幼儿园　陈彧）

第五章　学前儿童综合艺术课程的内容确定

每种艺术都有自己的主要元素，如音乐中有旋律、和声、节奏；绘画中有色彩、线条、质感；诗歌中有比喻、形象、韵律，等等，不一而足。每种艺术都可以借用其他艺术的元素，再与自己的领域同化，而许多艺术又可以借用非艺术的要素，加以艺术地运用，转化成艺术表现素材。“同时对待一种以上的艺术，会获得更大的审美洞察的潜力，足以证明走多学科融合的方向是值得的。”[①]同时，所有艺术的主旨都是一致的。虽然不同的艺术具有不同的表现方式和表现力量，但随着时间的推进和技术与欲望的同步发展，各艺术门类间的传统界限正在不断消融。比如说，“在音乐中出现了‘色调’……在绘画中出现了‘节奏’，在建筑中出现了‘不谐和音’……在诗和散文中出现了‘词语音乐’……雕塑产生出绘画效果，绘画中充满了造型感觉。更有甚者，所有这些艺术都可以通过它们的‘主题’相互联系起来，而且都可以被形容为戏剧性的、静谧的、险恶的，以及其他各种各样的类似特征”。[②]

学前儿童综合艺术课程内容是在依据各艺术门类独特风格的基础上所展现的艺术的共同性所组织起来的，使幼儿园综合艺术活动兴趣化、有序化、结构化，以产生儿童适宜的学习经验，优化教育效果，从而实现课程目标。学前儿童综合艺术课程强调根据幼儿的兴趣、需要和发展水平组织课程内容，聚焦在让幼儿获得完整的生活经验，发展他们的动手能力、思维能力以

① 贝尼特·雷默．音乐教育的哲学［M］．熊蕾，译．北京：人民音乐出版社，2003：201-202.

② 拉尔夫·史密斯．艺术感觉与美育［M］．滕守尧，译．成都：四川人民出版社，2000：324-325.

及个性品质，打破了学科界限，促使幼儿在运用已有经验解决问题的过程中主动学习，扩展新经验，并获得身心的和谐发展。

第一节　学前儿童综合艺术课程内容“综合”的原理

学前儿童综合艺术课程内容的“综合”需遵循自然“自组织形式”及儿童“认知的自组织”原则，依据生态学的思想和课程价值观，在研究艺术领域各学科综合内部机理的基础上，从综合艺术的核心概念入手，并结合儿童兴趣的发展方向整体考虑。

一、学前儿童综合艺术课程内容“综合”的理论基础

（一）“生态思维”理论

“生态思维”是以唯物辩证思维方法与生态哲学思维方法来自觉审视和积极思考人与自然界特别是生态环境之间的复杂关系，并以人和生态自然的协同进化、和谐发展为价值取向的现代思维方式，其承认世界多元化、普遍联系性和动态发展性。

综合艺术课程内容的构建，即遵循这种自然的“自组织形式”，正是这种“自组织形式”的存在而达成了世间一切事物的相互制约和平衡。相信世间万物是普遍联系、相互依存、互补共生的，对于儿童来说，不仅是学习一种真理性的知识，更是一种完整世界观的建构。而“整体性认知”周围世界亦是儿童与生俱来的学习特点，在儿童那里没有音乐、美术等截然的学科分界线，他在自然中嬉戏玩耍时感到快乐和兴奋，他需要哼哼唧唧唱出来，他会手舞足蹈跳起来，他会把看到的东西画下来，他把内心的喜悦和朋友们来分享，这本就是儿童的天性，这是儿童宣泄内心情感力量的自然表达（他无法做到把这股力量憋在内心而不表达出来），这也是儿童认知世界的“自组织形式”。当他要准确地画出自然景象的时候，他需要去考察事物的远近距离、大小排布、空间摆放，甚至他会去触摸事物的表面感受事物的温度、湿度等，这些看似和人文艺术无关的理科内容，却是为他更好地表达自己审美

感受的必然路径和方法，这亦是自然科学和人文艺术之所以能够在儿童的学习过程中合而为一的“自组织形态”。综合艺术课程的内容正是以这样一种“自组织形态”呈现于儿童面前，而不是教师事先设计好的学科教学方案或其他固定不变的东西，它更是儿童在自然中、在游戏中，畅游于他们的精神文化生活中随时关联生成与动态变化的。

（二）“生态课程”理论

英国现代课程论专家克尔认为，实施综合课程有利于各个学科之间的连接，同时获得更多的思维模式，这也是当今课程发展的趋势，因而综合课程设计要充分认识到各学科的特性及各学科之间的关系，将不同学科及其思维模式联系起来。

如何在内容上体现学前教育艺术课程的“综合”性？我们借鉴了生态课程范式原理，探索教育中的各个因素之间的关系、互相作用。生态课程的特征是社会多元性（不同群体、理念、目标、方法等）、个体参与性（影响、位置、共享与尊重）、整体和谐性、转换演替性（认知、角色）、融合共生性（心理融合、课程融合）、系统循环性（反思、反馈、调节、控制）。

生态课程强调的是人与自然及社会环境的各种生态因素及它们之间的关系，所以在学前综合艺术课程教学内容的选择与组织上，我们可以从生态哲学的层面挖掘人与人、人与自然、人与社会各因子之间的整体性、联系性、互动性，帮助儿童建立解决人与人之间、人与自然之间、人与社会之间的和谐共生和发展的关系。这也是人类教育所要解决的根本问题。在“人与人、人与自然、人与社会”的架构下，可以进行模块设计，再在模块中分设不同的单元。结合各领域的教育内容，渗透在儿童一日生活中，做到活动目标、活动内容、活动方法以及活动环境的和谐统一，而非各学科内容的简单拼凑，做到真正的融合与和谐。

二、学前儿童综合艺术课程内容“综合”的价值导向

课程内容的选择是实现课程价值的重要环节之一。综合艺术课程内容选择的价值定位应该基于对课程所处的内外部环境的分析，只有对所处的园所

教育环境以及社会文化环境进行实事求是的评估之后，才能对综合艺术课程内容选择做出正确的价值判断。

综合艺术课程不能仅仅停留在选取哪些艺术门类及其知识技能、哪些艺术家及其艺术作品作为课程内容这一层面上，而应该将培养全面和谐发展的人作为课程内容综合的价值取向。在“育人”这一根本性的价值取向支配下实现其不可替代的综合教育功能，即通过艺术教育的审美感知、表现、体验价值的实现，使儿童了解并掌握基本的艺术语汇以及艺术感知、表现、创造的基本方法，成为有艺术素养的人；通过审美趣味的提高，成为能够分辨美丑的人；通过艺术与审美眼光的养成，成为具有艺术品位的人；通过对中华艺术文化以及世界多元艺术文化的认识与了解，成为文化视野开阔的人；通过艺术智能的开发，成为“全脑发展”的人。

因此，在艺术课程内容选择之前，可以从艺术美学、艺术史等学科中攫取一些核心概念，并设定出课程内容的范畴，然后在这些设定的内容范畴中，对具体内容进行选择与组织，例如，可以设定“源于生活的艺术表现”“源于自然景象的艺术表现”“源于社会文化的艺术表现”等内容范畴，在社会文化与多元艺术世界的概念下设定“不同民族的艺术表现”“不同地域的艺术表现”、“不同风格的艺术表现”等内容范畴。在这些范畴之内选择综合艺术课程内容，能够确切地体现综合艺术课程的审美教育价值、文化认识及文化传承价值，有助于儿童在综合艺术课程的学习过程中，提高艺术修养，完善审美心理结构，成为富有个性的、全面发展的人。

三、学前儿童综合艺术课程内容“综合”的内部机理

（一）基于艺术各领域共有美学原则的综合

音乐、舞蹈、美术、文学、戏剧等各项艺术所共有的美学原则有：紧张与放松；重复与对比；模型、动机、主题与变化；强度；平衡与对称；前景与背景等。这些美学原则一般通过两种途径进入综合艺术课程。

第一，对局部结构中共有美学原则的感知、比较与表现。在音乐、美术、文学等艺术作品的局部会使用以上的某种或几种美学原则，综合艺术活

动的任务是引导儿童发现在不同的艺术形式中紧张与放松、重复与对比、平衡与对称等方面的共同性和互通性，并用不同的艺术形式表现出来。例如，错落有致、鳞次栉比的建筑造型很容易使人联想到舒缓有致、张弛有度的音乐节奏，此时建筑与音乐整合的课程便有了设计的心理基础。

第二，对整体结构中共有美学原则的感知、比较与表现。重复与对比、平衡与对称、前景与背景等原则不仅应用于艺术作品的局部，而且大量应用于作品整体。像音乐作品段落的重复、文学作品情节的重复，与反复出现的美术画面相对应，这就属于应用整体结构中重复原则的艺术综合活动。然而，在艺术综合活动中，很多时候局部结构与整体结构是贯通进行的。

我们以“重复”原则为例，说明如何利用这个原则来组织艺术综合活动。

首先，我们可以组织一次观察、讨论活动。在这个活动中，给儿童呈现具有明显重复特征的一些艺术作品，包括一首歌曲或器乐曲、一张有关自然风景的图片、一首诗、一幅画、一个舞蹈，引导儿童观察这些艺术作品所共有的组织手法——重复，并讨论使用了重复手法的艺术作品能带给我们的节奏感、满足感与统一感。在这个活动的最后，教师可以启发儿童思考：如果一件艺术作品不断重复、总是重复，效果好不好？使儿童理解一个方法不能过度地使用，使用两到三次就好了。

其次，组织一次创作活动，可以是画画，也可以是舞蹈动作创编。画画前要求儿童使用构图中的重复手法，先想好了再下笔。当儿童完成创作后，教师引导儿童讨论与评价他（她）们自己的作品，尤其讨论他（她）们是如何使用重复手法的。之后，呈现主要是运用重复手法创作的几幅作品，讨论这些作品中重复手法是如何被使用的。舞蹈动作创编则是先分析讨论音乐中出现的重复段落与句子，然后分组要求儿童根据音乐与音乐中的重复创编动作，核心要求是音乐重复时舞蹈动作也必须重复。之后，分组表演他（她）的创编成果，并分析每组动作与音乐的匹配性以及是否恰当地使用了重复手法。

既然是艺术各领域的美学共通原则，所以其中的每一项原则都可以在艺术分领域中找到它们的典型作品。把使用同一原则的不同领域艺术作品在同一时间呈现时，那种为所有艺术所共有的美学原则被极大地彰显，这种美的体验或艺术享受是分领域艺术课程不能给予的。

（二）基于艺术各领域之间重叠元素的综合

为达成引导并激发儿童体验多种艺术，从而发展他们更为广泛的艺术理解力与表现力这一目标，我们需要挖掘不同艺术之间的共通元素，即在两个或两个以上的艺术领域之间寻找重叠元素或内容。

1. 音乐与舞蹈的重叠

音乐是时间艺术，而舞蹈既是时间艺术又是空间艺术，两者重叠度很好。音乐与舞蹈最大的重叠是节奏要素，不同的只是舞蹈借用身体媒介展示着声音，所以，舞蹈是离不开音乐的。从达尔克罗兹以来的音乐教育的历史告诉我们：音乐教育也是离不开舞蹈的（运动觉）。身体动作的参与对音乐能力的发展是不可或缺的，音乐学习中的每一个动作策略都能帮助儿童加深对音乐元素表现特性的理解，获得音乐与动作的匹配技能，提升音乐表现力。音乐形式元素中除音色与和声两种元素在舞蹈中较少体现外，其他元素都依赖身体动作策略来获得理解与表现。可以说，音乐与舞蹈这两种艺术的综合是天然的。

2. 音乐与美术的重叠

音乐是时间艺术，美术是空间艺术。然而，音乐与美术的基本元素之间具有极高的同质性，都强调色彩，例如，色、线、形、风格等元素，虽然它们在音乐与美术中具有不同的意义，但由于运用了相同的术语，也就具有了极为接近的内涵。把这些元素的表现手法在音乐与美术中交替感知与应用，不仅会极大地促进儿童对音乐与美术这两种个性艺术的感受力，更会极大地促进儿童对共性化的艺术的感受性。

3. 文学与音乐的重叠

当文学处于表演状态时，它与音乐比较接近，是一种时间艺术。文学有着许多音乐元素的术语，如节奏、音高、音色等。鉴于此，在节奏、音色、音高等音乐元素表现性的学习活动中，音乐是依赖童谣、故事等文学作品的。音乐活动往往从对文学作品中节奏、音色等元素表现性的理解与表达开始，然后迁移到音乐表现性的理解与表达中去。另外，音乐用抽象的方式讲述“故事”，当这种“故事”被语言化后，即文学与音乐结合以后，音乐就会像磁铁一般吸引儿童。文学与舞蹈一样，一方面两者都具有对抽象音乐符号进行具象化表现的特殊功能，另一方面当以音乐为表现框架或背景时，两者也更彰显出它们的艺术性。

4. 美术与文学的重叠

文学形象与美术形象的同质性是毋庸置疑的。连环画、绘本、动漫、动画等都是文学与美术结合的产物。艺术综合课程可以从美术走向文学，也可以从文学走向美术。当儿童用语言形式创作了一个角色的活动内容后，美术创作活动也就水到渠成了；当儿童创作了一幅或多幅美术作品后，美术作品的文学内容也就跃然纸上。另外，文学形象的成功表演是依赖美术活动的，头饰、服装、道具等都是美术创作对文学艺术表演的贡献。

5. 戏剧：音乐、舞蹈、美术与文学的多重重叠

在儿童的日常戏剧活动中，我们往往把“舞台管理”与“对白”两个元素弱化，它们是儿童戏剧舞台化表演时才需要的元素。当弱化这两个元素后，我们不得不承认儿童的生活中充满了戏剧因素：当孩子们玩游戏时，那活龙活现的角色一出现，戏剧的意味也就得以展现；当孩子唱一首故事性歌曲时，他们会情不自禁地进入动作表演，戏剧的序幕也就拉开了；当孩子创作出自己的绘画作品时，他们会绘声绘色地讲述作品中的内容，这是戏剧脚本诞生的时刻……一个游戏、一个绘本、一个故事、一首歌曲、一个舞蹈、一幅画都可能是一个戏剧的起因，孩子的艺术表现是整体的、宽泛的，所以由艺术的一个小点串成艺术综合的戏剧是孩子们的最大乐趣。

（三）基于物理现象与人类心理现象之间的“同形”关系的综合

通感是因为“同形同构”或“异质同构”而在神经系统中产生某种相同的电脉冲、某种相同的效果，是不同的感觉在相互作用、相互沟通时所产生的一种特殊心理现象。格式塔心理学认为，物理现象与人类心理现象之间有一种“同形”关系。人类对事物之所以发生特定的情感和情绪，是由于外界

自然事物的物理的力和场，同人类心理的力和场在形式结构上存在着“异质同构”。

苏珊·朗格认为，一切艺术都是创造出来的表现人类情感的知觉形式。虽然艺术绝对主义者反对艺术即情感的界定，但他们只是反对艺术的物理形式不具情感性，如音乐中的声音本身不具情感性，并非愚蠢到否认人可以从艺术形式中感受到快乐或悲伤。即使艺术界对艺术是或非情感艺术具有极大的争议，但儿童喜欢充满情感表现特征（内容性）的艺术作品，这是不争的事实。当我们想理解艺术形式中的情感表现时，格式塔心理学的“异质同构”原理无疑具有巨大的解释力。例如，当我们看到枝条下垂的柳树，就认为它是悲伤的表现。因为在人类文化中悲伤或不快乐的人看上去就是这样的：走路很慢，低着头，垂着肩与双臂，好像负载重物一样。用“异质同构”原理解释：柳树作为客观的物理现象，与人类文化中人们对悲伤表现的理解之间形成“同形”关系。同理，音乐中下行、缓慢、低沉的旋律，美术中灰暗、向下的线条等，舞蹈中下垂、低缓的动作等都会与人类文化中的悲伤情绪表达形成“同构”。悲伤是这样，快乐也是如此。快乐之人的外观姿态往往表现为大笑，走路昂首挺胸等，当我们在艺术形式中辨认出这些轻快、跳跃、向上的特征时，我们会说这个艺术作品表现的是快乐情绪。

在艺术综合课程中“异质同构”原理可以在以下两方面产生功效。

第一，感受、表现不同艺术形式中情感象征的沟通性。如汉族文化中红色象征热闹、黑色象征忧伤，可以与各种艺术形式中的情感表现沟通。

第二，感受不同艺术中思想情感的相似性，并产生共鸣、移情和创作的冲动。如可以利用音乐、美术去渲染文学作品的氛围，加强文学作品的感染力；可以通过文学作品的欣赏，激发儿童在绘画、音乐表现活动中的情感。

（四）基于儿童审美联结机制和整体性认知特点的“综合”

由于外界事物的统一性和儿童认知的整体性，儿童的审美联结机制较之成人更加善于把不同的感觉串联起来，使之相互作用，相互沟通。联觉反应正是儿童思维方式整体性的表现，儿童的心灵渴望联结并善于联结，因而，儿童具有审美知觉的多通道性。儿童审美知觉的多通道性与儿童具有的艺术通感能力相关，表现在儿童的心理意象里，仿佛视觉形态的颜色有了冷暖，听觉形态的声音有了形状，嗅觉形态的香臭有了锐钝等。

正因为儿童拥有的艺术通感能力，儿童经常可以从画面中听到声音、闻到气味，听音乐时则可以产生视觉表象、触觉表象等。当动作、节奏、色彩、形状、音调等，均越过了自己的感觉界限，在功能及结构上相互对应、相互支持和加强时，即达到了“形式美”因素的共识性的动态协调，这便大大加强了审美主体对联觉的客体感性形式和主体心理机制及其审美价值的质的飞跃，极大地激发起主体的审美感性，获得更大的审美怡悦。由于外界事物的统一性和儿童认识的整体性，儿童的审美联觉机制较之成人更容易形成，并通过言行、情态表现和表达出来。如儿童会说：“啊！我呼吸着这甜美的风景！这是我心中最美的风景哟！”这在成人看来是一个用词不当的病句，但却是儿童联觉审美机制形成的最真实的反应。

第二节　学前儿童综合艺术课程内容的选择与组织

学前儿童综合艺术课程内容的选择可从对自然景象的艺术表现、对儿童生活的艺术表现、儿童喜爱的文学艺术作品、儿童周围的社会生活与文化活动等方面入手。学前儿童综合艺术课程内容的组织应在认识传统综合课程内容组合方法的不足的基础上，以“兴趣需要”为先导、以“艺术联觉”为线索、以“综合主题”为中心来构架。

一、学前儿童综合艺术课程内容的选择

（一）源于自然景象艺术表现的课程内容

辩证唯物法告诉我们，世界本一体。世界万物之间，均是相互联系、对立统一、相互依存的关系。世界万物既是科学客观的存在，又是艺术美感的呈现，自然事物的对称性、果实的圆弧型、海浪的曲线、苍穹的深蓝，无不给人圆满、和谐、刚柔相济的审美感受，同时又具引人探究、发人深省的神

秘。儿童的“诗性”逻辑，“泛灵”的眼光，形象的思维，儿童天生的感觉统合作用，是这些内容在儿童眼里本就一体的基础。儿童会认为新鲜的空气是甜的，黑色的云朵是苦涩的，他会说“我呼吸着这甜美的风景”，这是儿童的嗅觉和视觉产生了联通反应；他会说“这些线条歪歪扭扭、疯疯癫癫、嘻嘻哈哈”，这是儿童的视觉和听觉产生了联合。这些在成人看来类似病句的表达，却正是儿童的艺术通感（或称联觉机制）形成的佐证。“感时花溅泪，恨别鸟惊心”更是儿童眼里科学与艺术关系的真实写照。

儿童只有对自然和生活中的事物、现象进行观察，才能关注其色彩、形态等特征，只有对相关物体的特征或事物前后的变化进行异同比较，才能够产生相应的联想和想象。儿童在运用多种材料或用不同的表现手法创作作品的同时，也能获得对这些工具和材料的形状、性能、功能等各种特质的认识。儿童在体育、音乐和舞蹈等艺术表现和表达活动中，也能够感受到空间方位和运动方向的不同；儿童在与同伴和成人合作进行科学探究或艺术创造的过程中，也发展了他们的语言沟通和社会交往能力等。

大自然充满美感和启发，户外活动可以让孩子们打开所有的感官通道来体验自然的环境。他们可以呼吸新鲜空气，冲上山坡，感受心跳加速带来的愉悦。在探索自然奥秘的过程中，儿童自然而然地会被大自然本身存在的和谐、节奏、韵律与秩序所感染，也被各种事物新奇、变化的特征所吸引，从而感受到一种审美的愉悦。

1. 自然物质和自然现象本身

自然界的很多事物和现象既能引发儿童强烈的探索兴趣，又能给人以丰富生动的美感，例如回声、影子、星月、泥、雨雪、纸船的沉与浮等，自然界中一些永恒的事物，如高山、流水、海洋、森林、植物、光和影等，这些事物和人类的生活、生产息息相关，是艺术表现永恒的主题。另外，教师也可以根据季节的变化，带领幼儿在春季踏青、在夏季露营、在秋季赏秋等，观察自然界中的花草树木，聆听自然界中鸟儿、昆虫的歌唱，提出相关问题，引导幼儿用语言、动作、节奏或声响描述自己的所见所闻、所思所想。如在春季踏青活动中，教师提问：“你看到柳树的叶子是什么颜色的？什么形状的？你听到了什么鸟儿在唱歌？”引领幼儿叙述看到的，模仿鸟儿的叫声……

2. 自然物质和自然现象的联系与变化

自然物质与自然现象的变化更加神奇，会引发孩子们的探究情趣和审美享受，如水结成冰花冰凌，水变化成水蒸气，雨后美丽的彩虹，光线的七色变化，绚丽的极光，云雨的变化，植物不同生长周期及其形态变化（抽芽、长叶、开花、结果），四季的景色交替，泥水混合后的变形，岩石的风化及一些物质的化学反应过程及其形态、色彩的变化，等等，都是发生在儿童周边的、可以让儿童去感知和了解的内容。

（二）源于儿童生活艺术表现的课程内容

艺术来源于生活，又高于生活，因此艺术天然具有生活的基因，可以说任何一种艺术形式都是人们对生活之中事物的超越和抽象，所有艺术形式都有一个生活的根，这个根即是“原生态”的生活，是人们包括儿童最基本的处境，而且这种处境是自然而然地存在于个体周围的。儿童综合艺术教育要引导儿童认识艺术的生活根源，并通过对生活根源的体验来理解艺术活动本身的意义和价值。

艺术来源于生活，关联于生活，存在于生活之中，可以通过艺术来讲述日常生活片段，借艺术表达生活，感受生活，充实生活。我们需要艺术来表达语言或是肢体所不能表达的生活内容，帮助儿童懂生活，理解生活，如环境艺术、商品艺术、建筑艺术等，鼓励儿童从小参加劳动，自己动手制作工艺品，练习绘画，让儿童在亲身体验中热爱生活。

儿童对周围事物充满兴趣，能自主积极地认识周遭的事物，并用身体器官感知世界，将艺术与生活实际相结合，综合艺术课程在激发他们的创造性和求知欲的同时，更为关键的是让儿童在亲身体验中发现美、理解美、创造美。如引导儿童遵守生活和游戏规则、交通规则、观看演出规则等；学习使用礼貌用语，会说“请、欢迎、谢谢、打扰了、再见”等礼貌用语，同时通过各种情境戏剧活动，让儿童了解各种场合的礼仪规范，体验礼貌用语和理解行为在人们交往中的作用。

根据儿童的生活经验，与儿童共同确定艺术表现的主题，引导儿童围绕主题展开想象，进行艺术表现；让儿童接触多种艺术形式和作品，如接触适宜的、各种形式的音乐作品，丰富儿童对音乐的感受和体验；提供丰富的、便于儿童取放的材料、工具或物品，支持儿童进行自主绘画、手工、表演等艺术活动，用图画、手工制品等装饰和美化环境。

（三）源于儿童喜爱的文学艺术作品本身

1. 神话传说和历史故事

中国神话故事如盘古开天、女娲造人、夸父追日、精卫填海、后羿射日等传说，是中国古代人们经过长期的社会实践，在劳动和生活中创造出来的，展现了中国传统的对天地万物纯真、朴素、美好的艺术想象，承载了中华民族的文化价值与精神追求，同时也具有很高的审美意蕴和价值。教师可带领幼儿从熟悉故事入手，通过创编音乐、舞蹈、戏剧表演、舞美设计等开展综合艺术活动，帮助幼儿在提升艺术技能的同时，进一步理解故事内容，领会其精神内涵。

2. 经典儿童文学艺术作品

一些经典的儿童文学艺术作品，如《卖火柴的小女孩》《小水滴旅行记》《鲁滨逊漂流记》《海的女儿》等，其内容赋予形象的艺术情境，深刻而感人。对这些内容的活动设计与实施过程均可以从生活、科学、艺术、文化多位一体出发，有效整合作品中逻辑与审美、生存与情感、文化与生活的关系。如引入《灰姑娘》《白雪公主》等经典童话故事的绘本或动画，先让幼儿认真观看，之后再让幼儿说一说故事的主要内容，用画笔将这个故事简单画出来。教师也可以组织幼儿小组合作自编自演故事人物，加入歌唱和舞蹈的环节来丰富故事的情节和表演的内容。这要求幼儿相互交流，探讨如何表演故事，共同参与演练，最后展现等。

（四）源于儿童周围的社会生活与文化活动

儿童的艺术来源于儿童的生活，儿童所生活的社区、家庭都带着浓厚的文化背景。经常带领儿童观看或共同参与传统民间艺术和地方民俗文化活动，如皮影戏、剪纸和捏面人等，去剧院、美术馆、博物馆等欣赏文艺表演和艺术作品。这些活动均能够提升儿童的审美素养和品位。

二、学前儿童综合艺术课程内容的组织

（一）传统综合艺术课程内容组织的不足

传统综合艺术课程从不同的认知角度提出了不同的课程内容组织方法，常见的有“拼盘法”“替代法”，以及“社会性、人文性主题统合法”等。“拼盘法”——将音乐、美术、舞蹈、戏剧、雕塑、书法、建筑等艺术门类以平行组合的方式构成“拼盘式”的综合艺术课程内容系统；“替代法”——将戏剧、影视等视听综合艺术作品（电影作品或戏剧、舞剧作品）替代综合艺术课程内容；“社会性、人文性主题统合法”——以非艺术的社会性、人文性主题来统合各门类艺术内容。

上述三种方法均有其认知基础。“拼盘法”和“替代法”的认知基础在于：作为艺术分类意义上的综合艺术和作为课程类型意义上的综合课程之间，存在一种可类比的、平行对应的关系。因此，只要将各艺术门类的知识以及作品按照一定的方式拼合起来，或者直接将视听综合艺术（如戏剧、舞剧、影视）的艺术作品作为课程内容的主体，综合艺术课程的内容选择与组织的任务就顺理成章地得以完成。“社会性、人文性主题统合法”的认知基础在于：社会性、人文性主题既能负载各门类艺术作品的普遍价值与意义，又能包容具有共同主题的各门类艺术的艺术作品。因此，将社会性、人文性主题作为“附着物”，用以“吸附”各艺术门类的相关内容（包括艺术品、艺术家、艺术知识与技能、社会脉络、历史线索等内容信息），并以此形成综合艺术课程内容系统。“拼盘法”“替代法”“社会性、人文性主题统合法”等综合艺术课程内容的组织方法具有各自合理的认知基础，但也存在比较明显的缺陷，即逻辑性欠缺。

综合艺术课程内容的整合，既不能仅仅停留在艺术本体的层面，专注于对各艺术门类知识的拼贴组合，从而忽略了对学校艺术课程价值实现的应有关注，也不能脱离艺术本体孤立地、无所依托地强调艺术教育的社会性与人文性，以至于失去对各门类艺术内容整合的制约性。

（二）学前儿童综合艺术课程的组织方式

一般来说，艺术共有的美学原则、形式元素重叠、异质同构原理等，是我们对艺术课程进行内容层面综合的依据。综合艺术课程与分科艺术课程相比，其课程内容的涉及面更宽广，内容结构更为复杂。具体表现为：从分科的音乐、美术拓展到了舞蹈、戏剧、影视、摄影、书法、建筑等多种艺术门类，涉及的艺术门类更多；听觉艺术、视觉艺术、视听综合艺术有各自独特的艺术表现规律和方式，艺术语汇及知识系统更为复杂；多种艺术门类的融入，必然涉及更加多样化的社会、自然、人文现象，所涉及的社会、自然、人文背景更为广泛；听、看、唱、奏、演、画、设计等艺术实践内容综合一体，艺术实践方式更为多样。可以看出，与分科艺术课程相比，综合艺术课程内容的选择与组织的难度大为增加，因而寻找一种能够相对有效地组织综合艺术课程内容的方式显得尤为重要。

这就需要以生态思维和眼光“发现联系”，即发现世界万千事物纷繁复杂背后的（如通感、通识、价值、功能等）的有机关联，即“整合”。整合遵循的法则是相同的美学观念、共同的主题、共同的目的、互补的关系、阶段性过程的整合等，由此连结成有结构组织的学习单元。

1. 以“兴趣需要”为先导来组织课程内容

兴趣是儿童最好的老师，儿童对有趣的事物总是保持着高度的敏感性。只有符合儿童兴趣的艺术才能引起儿童的关注，进而发挥出其教育价值，包括夸张的造型、鲜艳的颜色、艺术形式中凝结的故事等。同时，艺术是人类感受美、表现美和创造美的重要形式，也是人类表达自己对周围世界的认识和情绪的重要途径。用于儿童教育的艺术形式应该是有美感的，而不是低级趣味的，应能开启儿童对美善事物的向往，唤醒儿童对美善事物的兴趣，进而促进儿童的精神发展。

例如，“白雪公主与小矮人”的单元主题方案设计，这一单元包括七个具体活动：白雪公主与小矮人的故事，白雪公主的音乐与舞蹈，小矮人的音乐与舞蹈，白雪公主的服装设计，小矮人的服装设计，白雪公主与小矮人戏剧活动。这一单元活动设计是以儿童最后发展出白雪公主与小矮人的一个戏剧表演活动为逻辑线索，整个单元的活动安排按戏剧表演的顺序展开：由戏剧脚本到音乐与舞蹈、到服装道具、到角色分配，最后串成一个戏剧表演。

2. 以“艺术联觉”为线索来组织课程内容

艺术联觉即艺术通感，是一种具有神经基础的感知状态，即一种感官刺激或认知途径会自发且主动地引起另一种感知或认识。如听音乐时可能会在我们的脑海里产生画面感和色彩，同时它也会影响我们的情绪，就像画画时用颜色和线条表达感情那样，这就是联觉。在《十面埋伏》这一课例中，教师要求儿童制作纸箱、纸盒，用鼓槌敲打出不同音高、不同节奏、不同音量的声音，创作完成了《十面埋伏》活动。创作前教师只是用了短短的几句提示，即“出征——宿营——小战——大战——胜利的号角——欢呼——欢庆的情景场面”对孩子们进行启发。

3. 以“综合主题”为中心来组织课程内容

综合艺术课程是单元主题模式的整合课程，即用一个主题把各项艺术内容综合起来，同时在时间上构成一个单元（一周及以上）的容量。主题是指课程的某一单元或某个时段所要讨论的中心话题，围绕这一中心话题所蕴涵的问题、现象、事件等引导儿童进行各种探究活动，从而使儿童获得新的、整体的、联系的经验。

在综合艺术课程内容的组织中，主题是指不同内容共同指向的核心问题。以主题为中心组织课程内容，意指选取和确定一个主题，并将与该主题相关的内容组织起来的一种做法。如“雨”这个单元主题，确定主题后，就直接进入音乐、视觉艺术、文学、戏剧、舞蹈五种艺术的范畴，再在每种艺术范畴内寻找探究“雨”这一自然现象的表现内容、表现方式、表现材料。

因此，如何踏准主题这个“点”，并带动课程内容组织这个“面”，就成为综合艺术课程内容组织中一项具体而重要的工作。笔者认为，一个相对完好的艺术主题范例应该具有以下一些功能：

- 能够兼容不同艺术门类的知识与艺术语汇；

● 能够成为各艺术门类的相关文化内容的联结中心；

● 艺术实践能够调动儿童的听觉、视觉、动觉等艺术感觉器官，使儿童综合性地进行艺术感受与体验；

● 能够调动与整合儿童已有的、与主题相关的艺术经验与特长；

● 能够为儿童的拓展型、研究型学习提供学习增长点。

可见，确立一个好的主题范例，是综合艺术课程内容组织成功的基础。

在以“竹艺”主题的艺术范例教学中可以看到，该主题以“竹”为主线，将音乐艺术中的竹笛、萧、芦笙等民族器乐演奏的乐曲，舞蹈艺术中的竹竿舞，绘画艺术中以竹为主题的绘画作品，手工艺术中的竹刻、竹雕、竹编，建筑艺术中的竹楼、竹桥、竹亭等艺术门类组合在一起。在艺术学习方式上，儿童可以聆听竹制乐器演奏的乐曲，跳竹舞，做竹编，画竹画等。在相关文化学习方面，儿童可以探究与竹子有关的地理、历史、文学、美学等方面的知识。

对综合艺术课程而言，可选的主题一般集中于“爱”“情绪情感”“自然美”等这些与人的情感、美感相关的主题，但要求教师对各项艺术与艺术综合的本质有比较深刻的了解，做到同一主题在被不同的艺术形式探讨时既能抓住各项艺术的本质又紧扣主题，避免表面拼凑。

（1）主题网状式。主题网状式是指课程的中心话题或知识要点围绕着主题话题所蕴含的现象、问题、事件、游戏等来引导儿童探索其主题活动，使儿童获得整体联系的经验。在构建主题内容时根据主题以及与主题有关的一系列概念进行归纳整理，像化学元素一样层层分裂，从而形成网状图，如图 5–1：

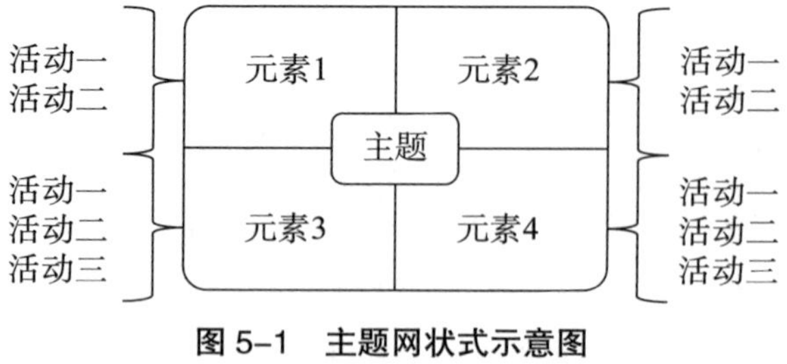

图 5–1　主题网状式示意图

这种设计思路紧扣主题，层层分裂的同时也保证了缜密的外延，为儿童获得与主题相关的完整经验提供了基础，比较适合幼儿园项目化课程模式。

（2）主题串联式。主题串联式课程主要是主题网状式的变形，当教师在主题网状式课程归类出现类属逻辑不清晰或很难分类时，主题网状式往往会演变为主题串联式，如图 5–2 所示：

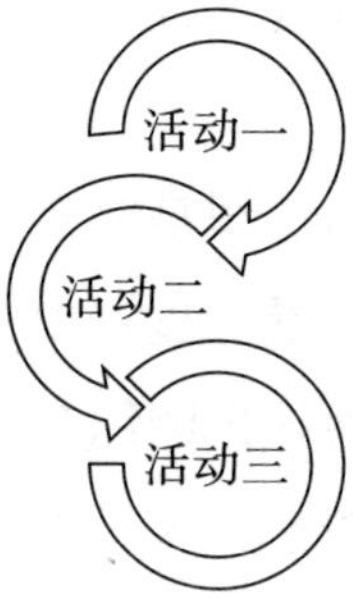

图 5–2　主题串联式示意图

主题串联式综合艺术课程的所有活动都是围绕主题的，与主题网状式不同的是活动与活动之间虽有关联，但这种关联往往不是类属关系，而是呈现出某种顺序关系，这种顺序关系可能是松散的，根据时间顺序，也可能是事件发展顺序或者由易到难的顺序，方式不一而足，适合园内外合作课程模式，例如馆校合作模式中的儿童博物馆课程。

（3）主题散点式。主题散点式课程较之主题串联式更为松散，不同点在于活动与活动之间没有清晰的逻辑关系，与主题网状式相比其不同之处，在于缺少主题与活动之间的联系纽带——元素层。如下图 5–3：

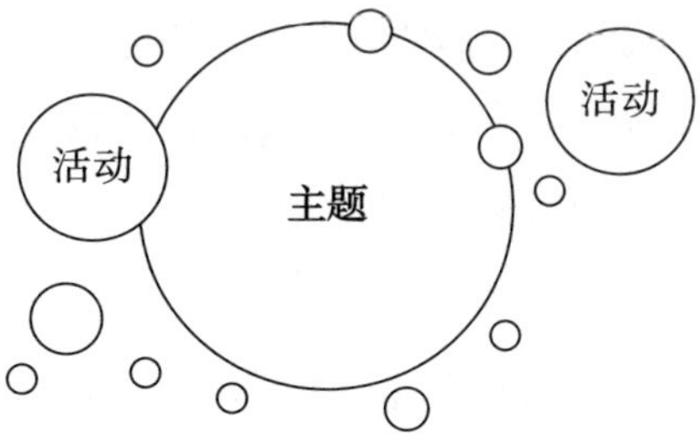

图 5 3　主题散点式课程框架图

主题散点式课程的主要特点是随意性，这种课程模式在一线教师中运用得很普遍，主要用于平时的常规课程讲授，操作性也较强。

以上三种课程模式都是基于主题而展开，其中主题串联式强调纵向的顺序展开，主题散点式强调一步到位式的展开，较为理想的课程模式是达到主题网状式规格，但是主题网状式课程的局限性较大，造成可选的主题不多。主题串联式与主题散点式两种课程模式极大地扩充了可选的主题，使综合艺术课程更丰富与多元。

综合艺术课程内容的选择与组织是综合艺术课程开发与实施的基础命题之一。在一种新的课程形成与发展的过程中，必须以开放与创新的态度提出各种假设并付诸于实践。这里所提出的综合艺术课程内容选择与组织的思路与方法只是抛砖引玉，以引发艺术教育工作者对此课题的更多关注。

三、学前儿童综合艺术课程内容组织的原则

1. 自主性

在综合艺术活动开发与活动内容选择时，要重视儿童自身发展需求，尊重儿童的自主选择。教师要善于引导儿童围绕中心话题，从特定的角度切入，选择具体的活动内容，并制定活动目标任务，提升自主规划和管理能力。同时，也要善于捕捉和利用课程实施过程中生成的有价值的问题，指导儿童深化活动，不断完善活动。

2. 实践性

综合艺术课程强调儿童亲身经历各项活动，在“动手做”“实验”“探究”“设计”“创作”“反思”的过程中进行“体验”“体悟”“体认”，在全身心参与的活动中，动手动脑，动心动情，发现、分析和解决问题，体验和感受生活，发展艺术实践和创造能力。

3. 开放性

综合艺术课程面向儿童的整个生活世界，具体活动内容具有开放性。教师要基于儿童已有经验和兴趣专长，打破学科界限，选择综合性的大活动项目，为儿童自主活动留出余地，不断拓展活动时空和活动内容。在进行艺术

活动时，教师要善于调动儿童多种感官的协调运用，形成通识通感，有效地促进儿童审美认知能力的提高。在综合艺术活动中，文学、音乐、美术、戏剧、舞蹈等不同的艺术门类，不是相互割裂、互不相关的，而是以生态的方式相互交叉、彼此相通、互生互补、有机融合地贯穿于综合艺术课程实施的始终。

4. 整合性

综合艺术课程的内容组织要结合儿童发展的年龄特点和个性特征，以促进儿童的综合素质发展为核心，均衡考虑儿童与自然的关系、儿童与他人和社会的关系、儿童与自我的关系这三个方面的内容。对活动主题的探究和体验，要体现个人、社会、自然的内在联系，强化科技、艺术、道德等方面的内在整合。

5. 连续性

综合艺术课程的内容设计应基于儿童可持续发展的要求，设计长短期相结合的主题活动，使活动内容具有递进性。要促使活动内容由简单走向复杂，使活动主题向纵深发展，不断丰富活动内容，拓展活动范围，促进儿童综合素质的持续发展。要处理好学期之间、学年之间、学段之间活动内容的有机衔接与联系，构建科学合理的活动主题序列。

第六章　学前儿童综合艺术课程的实施与评价

长期以来所形成的学科的细化、知识的分解，是学校课程中普遍存在的问题。人们已经认识到，片面强调知识的分化不仅会限制科学的发展，而且会支解科学。德国科学家M·普朗克说：“科学乃是统一的整体，将科学分化为若干不同领域，这与其说是事物本身的性质决定的，还不如说是人类认识能力的局限性造成的。”艺术类学科也有同样的问题。

综合艺术课程以艺术审美为核心，通过美术、音乐、舞蹈、戏剧、影视等各艺术门类之间的相互融汇，以及与人文、科学、技术等领域相关课程的相互渗透，促进儿童艺术通感、迁移思维和综合素养的形成。这种诉诸于不同感官的各艺术门类的关联和综合更能够发挥单独一门艺术所不能发挥的作用，对培养儿童从多种角度认识艺术的价值、艺术与人类的发展具有重要意义，也有助于儿童认识整体、部分及其相互的关系。

第一节　学前儿童综合艺术课程的实施

本节依据“完整学习”理论和“完整儿童”理念，探讨了基于学习的多维化、结构化、情境化的综合艺术课程如何促进学前儿童全人发展的实施路径和方法。

一、学前儿童综合艺术课程实施的理论根据

（一）“完整学习”理论

儿童认识一种事物具有整体性特点，他们看见一棵树，不会把树分成树

根、树干、树枝、树叶，他眼中看到的就是一个整体，这是学习本来的样子。综合艺术课程实施即是弥补当前教材设计最大的缺陷：把知识割裂了，今年见“树干”，明年才见“树枝”，使儿童对事物产生片面的认识、粗浅的理解，没有系统可言。

与单维的、碎片的、脱离实践的“传统学习”相对的，是多维化、结构化、情境化的学习。具有这三种特征的学习，构成一种真实而完整的学习——学习者的各种感官主动打开，生长着属于自己的知识结构，完善着充满个性特色的精神图式。“完整学习”的提出，使学习不再只是单纯的认知过程，而是一个让学习者全部身心和精神都参与进来的过程。它指向一种“全面”的育人观——不是培养“单向度”的人，而是促进“全人发展”。因此，“完整学习”的多维化、结构化、情境化等特征及其教学意蕴，调动学习者诸多感官，并带领其在特定境域里理解知识、探索知识乃至创造知识，形成个性化的知识结构网络，从而让学习者获得全面发展，成为一个具有整全生命的个体。

学前儿童综合艺术课程的实施过程，抓住了“完整学习”的核心所在，具有以下特点。

1. 学习的多维化：多感官的协同运作

学习的多维化，即调动儿童诸多感官，关涉知识、价值、技能等多方面的体验与获得。美国学者劳伦斯·巴斯劳（Lawrence W.Barsalou）所提出的“具身认知”（embodied cognition）概念认为，知识的储存方式不完全是以抽象概念的形式存在于大脑皮层中，它存储于人类的身心体验中。因此，儿童的学习不能仅依靠讲解和背诵，还需要在实践中感知和内化。清华大学彭凯平教授也认为，伟大的知识永远是和身心体验联系在一起的，知识存在于行为中、表现在身体上、蕴蓄在体验里。儿童生来就带有一双能够聆听音乐美的耳朵，能够看见形式美的眼睛。

综合艺术教育的过程，首先通过多种感官功能的协同作用，让儿童去看、去听、去触摸、去闻嗅，让儿童去亲身参与、实际操作、直接感知，让儿童身临其境，浸润其中，从而获得关于自然、自身以及社会的“具身”印象，在舒适的身体感受、愉悦的情绪体验中获得有关艺术的经验和知识。

实现学习的多维化，需关注以下几个方面：其一，把儿童视为一个完整的人。学习的多维化，允许儿童在实践体验、情感激发、价值判断等多种维度和教育空间中获取知识。其二，尊重儿童的学习个性。研究表明，儿童在感觉通道上存在三种典型类型：视觉型、听觉型、动觉型。学习的多维化，允许不同类型的儿童以自己擅长的方式进行学习。因为学习的过程本质上是一个把知识打上个体烙印的过程，是将概念依照自己的思路纳入自己的概念系统之中。其三，强调各感官之间的化学反应，而不是简单的累积和整合。儿童学习时，各种身心体验与所获取知识之间高度融合、互相促进。良好的身心体验促进经验与知识内化，经验与知识的内化反过来让学习者进一步体会到知识的意义、价值、感情和思想，收获更好的身心体验，如此形成一个良性循环。

2. 学习的结构化：让同一学科甚至不同学科的经验知识形成有机网络

学习的结构化，要求体现知识的逻辑关系，反映人类认识科学知识的序列，引导儿童形成整体经验知识结构网络，甚至是动态的开放的思维网络。学习的结构化给教学带来新挑战。

第一，教师的学科理解力更加重要。学科理解力内涵丰富，包括对学科大概念、学科结构、学科本质、学科情境等方面的认识与理解。仅以学科结构为例，优秀教师往往能拎出知识的“根”，然后让儿童从“根”出发，推演、生长出其他关联知识。学习实现结构化，不仅能让儿童在头脑中形成一个完整的知识网络，而且这个知识网络是开放的、动态的、能自我再生的。这是教学中的“结构的力量”。如何把不同学科的零碎知识变成相互联系的统一整体？在课程中找到不同学科知识之间的联系并引导儿童认知重构，是实现学习的结构化的难点之一。如教育戏剧活动，集文学、音乐、舞蹈、美术、表演经验、知识为一体，儿童如何整合这些不同学科的经验知识，使其形成有机网络，为整个戏剧活动的顺利开展而服务呢？首先儿童需要了解剧本内容，知道时间、地点、人物、场景、情节是剧本的重要要素。在掌握这些要素的基础之上，儿童需要寻找和这个故事内容相匹配的音乐，音乐的节奏、旋律、音调应和剧本的内容及情节的发展相适应，儿童也需要根据自己对故事情节的理解和对角色形象的把握，用适当的表情、姿态和动作进行角色扮演。为了增强戏剧的情境感，他们还需要准备和内容、情节相应的舞台背景和服装道具等。这个过程使得儿童把自己对文学的理解、对音乐的把握、对绘画及手工制作的表现技法等融合在一起，促进了学习的深入和延展。

第二，需要更加准确地把握儿童的学情。新知要内化到儿童原有的认知结构中，教师必须对儿童的最近发展区有准确清晰的把握。真实的学情有时是内隐的，连儿童自己也不清楚。如何透过表象看到儿童思维发展的路径，是学习结构化的一个艰巨挑战。

3. 学习的情境化：探寻完整的情境

学习的情境化，指儿童在一种特定的境域里获得经验、理解知识、探索知识乃至创造知识。完整的情境，首先要拥有完全的情境要素，并且情境贯通于整个教学过程。在这个情境中，有时间、地点、人物、事件、情节（事情的发生、发展、高潮、尾声等）、关系冲突、问题解决等，儿童需要完成一个大项目，项目开展过程中需要解决一个又一个的问题。

学习的情境化，还要注意三个关键。一是情感。情感是学习与认知的启动器。在缺少情感参与的教育教学中，“儿童的光滑的头脑可以像一面镜子似的，把教师给他们看的东西都反映出来，但没有留下印象”。[①]此时儿童获得的知识是一种“脆弱的知识”，或者说，是一种冷认知。只有赋予知识和认识以“情”和“境”，知识和认识才能实景化，才能变得具体形象、生动而富有情趣。二是包容性。情境设计要考虑儿童的多样性，尽量让所有参与者在最大限度上可利用、可依凭。三是真实性或现实感。未来的不确定性和复杂性对人的认知与能力提出了新要求。广域的跨学科的知识、人际互动和可迁移技能等，都只能在真实而复杂的情境中得以养成。真实的情境不是静

① 李帆．为了个体生命的提升：写于 2009 年中国教育站在现代化的门槛上［J］．人民教育，2009（24）：8–12.

态知识的仓库，而是开放的、流动的、连接理论与生活经验发展的空间。

综合艺术课程，即在项目、任务、问题等的统领下打破各学科壁垒，让儿童在多学科的综合地带、在完整真实的情境中进行学习。

（二）“完整儿童”教育理念

“完整儿童”教育理念的核心观点认为，儿童在发展中是一个不可分割的整体，是积极主动发展着的主人，是具有多种发展需求和巨大发展潜能的个体。儿童还是天生的学习者，学习活动应促进儿童的“全人发展”。

儿童的“全人发展”至少包括五个方面的因素。一是肢体的发展。儿童通过运用身体去探索更广阔的世界，通过手脑的协作去构建新的知识。二是自我意识的发展。能够意识到并理解自己和他人的不同情绪，是儿童成长中极为重要的能力发展。三是社会性的发展。儿童了解社会规范和文化多样性，并学习用语言或非语言方式与他人沟通和合作。四是创造性的发展。创造性的发展是通过模仿其他行为和创造性的玩耍，用语言和非语言的方式表达对世界的认识。儿童会用很多方式表达自己，如表演、画画、写字、音乐和讲故事等。五是逻辑思维的发展。儿童是天生的探索者和科学家，他们从出生起就开始探究他们生活的世界。

综合艺术课程的实施过程在满足儿童艺术学习兴趣和需求的基础上，遵循“完整学习”理论和“完整儿童”教育理念，遵照自然事理逻辑，把相关艺术图景在儿童面前自然而然地一一展开，通过“感知——反应——理解——欣赏——表达——创造”的过程，促进儿童肢体、自我意识、社会性、创造性、逻辑思维等方面的自然发展。

二、学前儿童综合艺术课程实施的路径

（一）从艺术领域切入的综合艺术课程

艺术教育要走向综合，首先体现在艺术领域内部各学科的综合。对学前儿童来说，艺术领域内不同学科的综合，即音乐、美术、舞蹈、文学、戏剧等的综合。不同的艺术学科各司其职，相互影响，使儿童在观察、了解、欣赏、肢体运动、手眼协调、探索思考的过程中，学习艺术技能，生发审美感

受，发展艺术的想象力和创造力。这比以往只强调儿童从事艺术创作，一味讲究创作技巧的艺术教育来说，无疑使儿童在艺术的综合理解、判断、鉴赏等能力上能有更大的进步和提高。

这种综合，可以是音乐与美术的综合，如听音乐时让孩子说一说眼前好像看到的景象，或把听音乐时想象的内容画出来，询问儿童为什么画这些内容，让儿童找出音乐与画面之间的关联点；可以是舞蹈和美术的综合，如让幼儿用图形和线条涂鸦出舞蹈动作，使幼儿头脑中的立体和平面相携；可以是文学、音乐、舞蹈、美术、建筑等多学科的联合，如孩子们对文学作品《白雪公主》产生浓厚的兴趣时，教师引导幼儿根据故事情节自编自演童话剧。他们需要阅读理解故事，分配角色，练习角色对话，创编白雪公主和七个小矮人跳舞的动作，选择音乐，建造宫殿（故事场景），绘画设计道具服装……如此，幼儿在多学科知识、技能之间徜徉，身心愉悦而自由创造。

（二）从非艺术领域切入的综合艺术课程

1. 从文化去切入综合艺术课程

从文化去切入的综合艺术课程，是综合艺术课程开展的另一条路径。以各类艺术为资源去理解文化，亦是综合艺术课程的重要内容与使命。例如，为了让儿童了解中国的少数民族文化，就可以通过设计一个或多个综合艺术活动方案来完成。可以让儿童学习少数民族歌曲；学习和讨论某个少数民族的由来、民间传说；绘画、制作各种少数民族图腾图案，了解少数民族图腾的含义，为自己的社区创作图腾；学习少数民族舞蹈，并用鼓与散响乐器为之伴奏，了解舞蹈动作和他们的生活、劳动、节庆及各种仪式的关系等。综合艺术活动方案，是运用特定文化独有的艺术风格与创作过程，让儿童去创作艺术作品，从而让儿童了解这种特定文化。

2. 从儿童的生活事件以及学习问题的解决去切入综合艺术课程

这意味着教师要善于观察儿童在生活以及学习中的问题，并以问题解决的思维路径来开展综合艺术类课程。如大班幼儿在观看影片《哪吒之魔童闹海 2》后提出疑问："为什么哪吒被村民误解感觉很委屈，还要保护大家？"教师以此为核心问题，设计综合艺术课程，帮助幼儿理解情绪管理与责任担当。首先通过讨论与反思，如绘本共读《我的情绪小怪兽》和影片回放，理解哪吒被村民误解时的愤怒与孤独，引导幼儿联系自身经历（与同伴冲突）等，提出解决办法；用科学小实验“火山喷发”（小苏打＋醋）模拟哪吒的“怒火”，讨论如何控制情绪（深呼吸、寻找帮助等）。接着，让儿童用蜡笔或水彩创作“哪吒的两种面孔”（魔性与人性），结合平板绘图工具设计“乾坤圈”符号（象征自我约束的力量），或戏剧创编（分组改编影片结局，设计“哪吒与村民对话”场景，通过角色扮演练习沟通技巧）和表演（用废旧材料制作“陈塘关”立体模型；扮演哪吒父母、龙太子等角色）等，将抽象的情感问题转化为具象表达，在批判性讨论中理解偏见与包容，同时提升创造性解决问题与协作能力，体现了综合艺术课程的社会情感教育价值。

（三）多领域融合的综合艺术课程

中华传统艺术具有悠久的历史和辉煌的成就，其中突出的一点，就是我国的艺术发展长期以来都是混生、综合的。书画本是一体，诗词与音乐不分家，说唱、戏曲，都是综合的形式，这是中国艺术文化的传统。我国早期的“乐教”就是“歌、诗、乐、舞”的综合行为，古代艺术活动中的语言、歌唱和舞蹈都是自然地结合在一起的。

当我们对一个人的人生故事、诗歌、日记、歌曲、表演、视觉作品或工艺作品等做一番研究时，才可能对这个人获得比较全面的了解。当综合艺术课程着重于帮助儿童收集自己与他人的故事，从而更深入地理解自己与他人时，所有的艺术作品就成为探索文化中的人的重要资源。结合着民族的传说、故事、服饰、建筑、习俗、歌舞、乐器、传统制作等，儿童才能够进入到生活中、情感中和文化中，才会对所学内容有兴趣、愿意了解和有所感悟。

例如当前比较流行的STEAM课程，把科学（science）、技术（technology）、工程（engineering）、艺术（arts）、数学（mathematics）有机结合在一起，通过设计巧妙的问题情景，利用这些学科之间存在着的一种相互支撑、相互补充、共同发展的关系，在学习过程中对这些领域的知识进行交叉运用，以实现儿童深层次的学习。STEAM课程以幼儿的生活经验为基础，把儿童放到一个完整的、立体的环境中去感受，并通过回忆与重组生活经验、动手操作、观察实物、想象、描述、联想、模拟、分析和推理等途径，引导儿童通过合作与实践完成主题项目，解决生活中遇到的难题。这一过程一般会经历“问题提出——方案设计——工程规划——建立模型——技术实施——测试优化——工程完成（审美展现）”等学习阶段，强调学习者以学科融合的方式认识世界，运用跨学科思维综合创新的形式改造世界，培养解决实际问题的能力。[①]

三、学前儿童综合艺术课程实施的过程

（一）学前儿童综合艺术课程实施的阶段

无论是何种艺术，欣赏它们时都具有类似的心理过程。把这些心理过程的核心部分抽取出来，可以形成艺术学习过程的关键因素。罗恩菲尔德认为，各类艺术学习的一般过程为感知、反应、发展技能、评估、理解与创造。我们学习和借鉴罗恩菲尔德的观点，并根据3—6岁儿童身心发展与学习特点，综合艺术课程的实施按照如下阶段展开。

（1）感知。感知是由外界事物的形态、样式或气味刺激儿童的感官，引起选择性注意与发现的环节。例如聆听喜欢的声音（如好听的音乐或有音韵节奏的诗歌），抚摸喜欢的物体（如乐器或艺术作品）。

（2）反应。反应是讨论和感受的环节。例如，对一件艺术作品中自己所观察到的部分进行辨认、描述，探讨艺术作品是如何影响人的情绪与想法的等。

（3）理解。理解是对艺术元素、结构、历史与文化等建立概念的环节。例如，对音乐中音准、节奏、旋律、和声、音色与表现的理解，对绘画中各形式要素与表现的理解，对音乐中如何运用模型建构曲式的理解，对艺术作品与其被创作的时代和文化之间关系的理解。

---

① 陈晓芳，等. 学前儿童STEAM学习活动案例及评析［M］. 北京：北京师范大学出版社，2021：1–2.

（4）鉴赏。鉴赏是欣赏、评价与批判环节。儿童艺术能力的发展离不开欣赏和评估，它是基于个体技能、形式感、美的状态、表现特性等水平做出的对自己与他人的作品的优点与不足的评价。

（5）表达。表达是学习操作各项艺术具体材料与过程的环节，亦是发展技能的环节。例如，儿童学唱歌曲，先随节拍哼唱然后进入有表现力地歌唱，之后进入有和声效果地歌唱；学习各种制陶技术，发展一系列创造性动作技能；在不同时间与空间条件下自如表演；在演唱中把握重复与对比的模型；在绘画中发现线条的使用方式等。

（6）创造。创造是产生有创意的想法与产品的环节。例如，即兴创编两小节节奏型；应用三种不同类型的线条创作一幅画；用 ABA 三段曲式创作一首音乐作品；为自己喜欢的音乐作品创编舞蹈。

如果说艺术共有的美学原则、形式元素重叠、异质同构原理等，是我们对学前艺术课程进行内容组织层面综合的依据，那么，艺术学习心理过程原理则是综合艺术在教学组织层面的依据。因此，艺术学习的过程也即课程的展开过程。当我们完成了课程内容组织，再以艺术心理过程的一般步骤去落实这些内容，才能实现有效的教学过程组织。

以“感知——反应——理解——鉴赏——表达——创造”为基本过程路径，整合了儿童的视觉、听觉及各种感官，在儿童充分认识事物和现象的基础上，使儿童获得多种不同审美的感受，这种感受与儿童的心跳、脉搏等生理特征协调一致，从而获得美的愉悦的情感体验，这种情感体验和儿童天生的想象能力结合在一起，扩展了美的外延，加深了儿童对美的意蕴的理解，他们欣喜于自己的发现，诧异于周围世界和内心世界的丰富多彩，他们急需要把这种情意表现和表达出来，于是产生了见诸于行动的审美创造。这一过程中，事物是多种多样的，儿童认知的方式是自主、自由的，可看、可听、可画、可演、可做，经过不同感觉通道形成的感受也是各不相同的，体验有深有浅，想象的场景和事物由于自身的经历和环境也各不相同，表现和表达的方式取决于儿童各自所擅长和喜爱的，因而作为最终审美结果的审美创造也是新颖的，独特的。

（二）综合艺术课程实施过程中材料的综合

最初把综合材料运用到绘画中的艺术家是西班牙画家、现代艺术创始人巴勃罗·鲁伊斯·毕加索（Pablo Picasso）和法国现代绘画大师乔治·勃拉克（Georges Braque），这两位著名的西方现代艺术大师把报纸、沙子等现成的物质媒介材料直接运用到自己的艺术作品中。综合艺术的创作离不开物质材料媒介，材料也是儿童创造艺术作品、表达艺术观念的载体，所以材料在艺术作品中会被赋予一种艺术的语言，使它在具备本身独有的形式语言和基本属性的同时也能够表达出儿童想要表达的思想情感。

首先，综合材料自身具有时代性，综合材料大多是现成品，来自于生活，这也就形成了材料的时代特征。其次，综合材料自身具有情感特征。一个物质的形态和色彩都会引起我们情感的波动，比如，最为常见的冷色调和暖色调会给人不同的感受。最后，综合材料本体具有表现性，物质媒介材料的质地、媒介的属性和其所具有的文化内涵都具有其本体的表现性。

材料所传达的观念与其本身的语感是密不可分的，作品中无法缺失任何一种元素，只是倾向各有不同。世界万物都可能是艺术材料，材料中也隐藏着丰富的艺术表现力，艺术创作者们开发、挖掘各种材料并赋予它灵魂，升华成艺术品，是人类精神和创造精神的载体。在综合艺术教学实践中，儿童通过接触各种材料了解材料的特性，对综合艺术有直观的了解，并思考材料在自己的艺术创作中所扮演的角色，以及将要赋予其什么样的艺术语言。

儿童以物质媒介材料为载体探讨各种艺术知识结构的相互融合，激发表现的可能性，提高了创造能力和想象力。在艺术教学中，儿童通过收集各种现成品，充分把握物质媒介材料的特性，然后进行加工组合，创造一个新的艺术作品，这个艺术作品就是一件独特的综合艺术。通过这种艺术教学方法，能够使儿童对艺术的认识不再局限于博物馆、艺术馆等，而是拓宽到日常生活中。

儿童对于固定的规则和条例比较敏感，因此，我们在教学中，应该善于根据孩子的实际情况和需要适当变通。教师可以让幼儿以不同的方式进行艺术创作，例如，线性和图像的变化，使用不同的材料来实施创造性的想法等。

幼儿园小班美工区的材料投放

幼儿的创作过程和作品是他们表达自己的认识和情感的重要方式，应支持幼儿富有个性和创造性地表达，克服过分强调技能技巧和标准化要求的偏向。美工区的创设便是为幼儿提供艺术创造的重要场所，它以幼儿的创造意识、创造能力和创造个性的培养为中心任务。我们要为幼儿创设充满情感色彩的审美环境，促进儿童美感发展，让幼儿在自主自由的氛围中，选择多样化的活动材料，进行艺术创作。

为了充分发挥美工区的教育价值，进一步优化班级美工区活动环境，真正地让“环境会说话”，促进幼儿经验的螺旋式发展，我们对于美术区的环境创设、材料投放中呈现的“材料多而不精、材料结构及比例不合理、缺少幼儿意志”的问题现状进行了改造。

1. 美工区材料投放的内容板块

我们根据材料和活动内容的不同，把美工区活动分为绘画、手工、欣赏三大板块。

（1）绘画活动。

幼儿园的绘画活动从绘画种类上来讲，包括线描画、水墨画、水粉画、水彩画、版画、油画、蜡笔画、写生画等多种形式。此外，一些更适合幼儿的绘画形式也逐渐被运用到幼儿园的活动中，如自然材料作画、油水分离画、泼画、滴画、拓印画、吸附画等。

（2）手工活动。

幼儿园的手工活动包括平面手工和立体手工两类。平面手工活动包括剪纸、拼贴、撕贴、刺绣、扎染等多种创作形式，立体手工活动包括泥工、雕塑、编织、折纸、浮雕等立体塑造活动。

（3）欣赏活动。

欣赏活动包括对名画、工艺品、风景、建筑物以及同伴作品的欣赏。一般包括对艺术作品的认知、欣赏、模仿、评价等活动。对于幼儿来讲，一些深受孩子喜爱的小物件的收藏，也不失为一种很好的自发欣赏活动，如贝壳、树叶、商标、明信片、动漫人物、糖纸等。

以上各类活动不是单一存在的，手工活动中常常含有绘画的内容，欣赏活动更需要绘画、手工形式的参与，绘画、手工活动也不能缺少欣赏元素。

2. 美工区材料投放的原则

借鉴各年龄段美术学习“兴趣与习惯、感受与欣赏、表现与创造”方面的关键经验，[①] 在规划美术区时，首先要考虑什么能够使你愿意沉浸其中？如何安排空间才能够给你带来灵感？如何摆放材料才可以激发你参与的兴趣？你是否想用这些材料进行创作？是否有确定的地方可以让你可以开展活动？根据这些问题，确定以下原则：

（1）具有视觉吸引力。

图 6–1　具有视觉吸引力的美工区

具有吸引力的美术区，能够吸引孩子们参与其中并使他们清楚自己能做什么。开展美术活动用的桌子和画架，以及摆放一列列画材的低矮架子，都在“告诉”儿童他们可以在这里选择如何表达自己。照片、海报、精美的日历以及儿童自己的美术作品都能引发儿童的兴趣，激发

① 董旭花，刘震，等. 幼儿园自主性学习区域活动指导［M］. 北京：中国轻工业出版社，2014.

他们的灵感。明亮的光线和缤纷的色彩也能为美术区增添美感（见图6–1）。

（2）具有实用性。

孩子们在美术区进行创造性的活动，有时这里会显得一团糟，所以，美术区要靠近水源且地面容易清洗，并准备好报纸和塑料布（如浴帘、塑料桌布、防尘罩等），防止碎屑粘到地上。将干、湿画材存放在不同的区域，画架放置在远离儿童频繁来往的地方。把罩衣挂在衣钩上，鼓励儿童学会保持衣物整洁。为未干的画作或者未完成的作品提供晾干架，作品容易拿取。晾干架可以由厚纸板或纤维板制成，下面垫上一层砖块或者积木，并把画材放在儿童伸手可以拿到的地方。油毡瓦尤其适合用作雕刻、建模，或建造较重结构的底座。另外，独立的工作空间更能吸引儿童的注意力，并吸引他们参与活动（见图6–2）。

图6–2 具有实用性的美术区

（3）体现以儿童为中心。

确保儿童能够使用提供给他们的美术材料，并按照自己的方式表达自我。他们使用的工艺和创作的作品都应该是独特的，而不是基于成人给出的范例去模仿一个预先确定的作品，那样会使他们失去试验的机会，导致他们囿于教师强加给他们的期望而无法自由地表达自己。这种以儿童为中心的活动材料和空间布局能够告诉他们，每个人的想法都有重要的价值（见图6–3、6–4）。

图 6-3　幼儿在自由探索

图 6-4　教师在旁适度指导

（4）材料的开放性。

开放性的美术材料包括纸（如绘图纸、报纸、卫生纸、纸盘等）、用于做标记的工具（如马克笔、蜡笔、铅笔等）、切割工具（如剪刀、打孔器等）、用于固定的材料（如胶水、钉书钉、紧固件等）、建模用材料（如橡皮泥、黏土和建模工具等）、绘画和制图用材料（如水彩、蛋彩画颜料、画笔和其他工具等），以及用于拼贴和组装的零碎物品（如织物、毛线、壁纸、大自然中的物品、木材的边角料等）。美术材料的种类几乎是无限的，可以在美术区提供这些基本的材料供儿童选择。但需注意的是太多的选择可能让儿童无所适从，也没有必要太频繁地更换材料，因为儿童需要时间来探索材料的物理特性，用材料做实验并娴熟地使用材料。

（5）有充足的活动空间。

美术区要为儿童提供充足的空间，使他们能够开展大型项目，并且几个人同时工作也不会彼此妨碍。儿童的创造性活动进程并不总是遵从班级活动的时间表，他们可能需要超时完成。如果未完成的作品有地方存放，那么儿童回来后可以继续创作，直到将它完成。如果架子上的空间容纳不下儿童未完成的作品，那么可以将这些作品存放在各类托盘上或者堆放在手推车、晾干架上，用纸板制成的小柜子也能够发挥此作用。

（6）材料放置井然有序。

当儿童身处的环境是可预见的，知道在哪里能找到材料的时候，他们会更加具有创造性。尽管强调环境整洁可能阻碍儿童的创造性表达，但是过于杂乱的空间会让儿童不知所措，也让他们难以集中注意力。杂乱无序也削弱了美术区的吸引力，降低了儿童参与艺术体验的热情。制订一个简单的组织管理计划将有助于归拢材料，提升儿童维护美术区整洁的责任感。如把纸和类似材料分组存放在低矮的架子上，把工具和用品存放在标记清晰的收纳箱中，在架子上用实物的照片、图案或者样品标明材料的具体放置地点。当每件物品都有了一席之地后，美术区就能高效运转了。儿童可以独立找到这些物品，并在使用完后把它们放回原处。可以将重点强调的物品放在中央的显眼处，以吸引儿童的注意力。

3. 美工区墙面材料设计

由于年龄差异，小中大班可以设计不同的美工区墙面材料。如小班可有涂鸦墙、玩泥步骤图、游戏瞬间、作品展示等（见图 6–5）；中班可有色彩搭配、折纸步骤、我与大师学画画、作品展示等；大班可有线描画、剪纸、国画、陶艺等作品展示。

图 6–5　小班美工区墙面材料设计

4. 美工区材料投放的类别

各种各样的绘画、建模、雕刻、拼贴以及建造工具和材料，吸引着孩子们去探索各种可能性、去解决问题，尝试用二维和三维的形式来表达自己的想法。

一般来说，美术区的材料包括以下三大类。

第一类：设备。如黏性软木砖，用于制作展板；晾干架、画架、黑板；盛放美术作品的小柜子、低矮的架子、桌椅；多功能小推车等。

第二类：可重复使用的美术用品。包括各种绘画工具（如不同尺寸的画笔、牙刷、海绵、滴管等），餐厅的托盘，调色盘（如带分隔的塑料盘），儿童剪刀（既有适合左手用的，也有适合右手用的），颜料调配棒，画材收纳器（如冷冻果汁罐、咖啡罐、大的爆米花罐、塑料盆、盒子等），带夹子的写字板，罩布、浴帘、塑料桌布等，用于搅拌和涂抹的厨房用具，制模工具（叉子、擀面杖），盛放颜料用的盘子或泡沫蛋托，橡皮图章，印泥，尺子，工作服（适合儿童使用的围裙或者尺寸改小后的衬衫）等。

第三类：美术耗材。比如各种拼贴材料，如布块、纸片、壁纸、砂纸、毛线、包装纸、丝带、纽扣、贴纸、珠子、棉球、其他质地的材料；各种手工用品，如羽毛、黏土、橡皮泥、胶水、胶带、双面胶、绒球等；各类画笔，如粉笔、马克笔、水彩笔、油画棒；大自然中的物品，如种子、松果、贝壳、干花、石头和叶子等；各种颜料，如粉状或液体蛋彩画颜料、手指画颜料、水彩颜料、丙烯颜料；可回收再利用的物品，如盒子、瓶盖、瓶塞等。

5. 同质化材料的精简

教师在投放材料前，要先了解幼儿美术领域学习的关键经验，减少指向同一经验学习的材料。因此，我们对于美术区的材料数量和类别进行精简整理，在寻求材料多元化的同时增加材料的连续性和相关性，有层次地由易及难地投放材料，促进孩子们经验的衔接、重组乃至创新。

6. 美工区的户外延伸写生区

图 6–6　户外涂鸦区

图 6–7　户外写生区

美工区是教师根据教育目标和幼儿发展水平，提供各种美术活动材料供幼儿进行美术创意活动的区域。还可以将美工区延伸至户外，如户外涂鸦区和户外写生区，希望孩子们通过与材料的互动体验美术的创意，在户外自由表达，感受艺术的魅力。在美术活动中增强幼儿对色彩、线条、构图等艺术要素的理解，提高审美感受力和审美表现力（见图 6–6、图 6–7）。

（案例提供者：江苏省扬州市江都区育才幼儿园　陈彧）

第二节　学前儿童综合艺术课程的评价

美国艺术教育家艾斯纳认为艺术是“教育的一种理想形式”[①]。在课程研究范式由开发向理解过渡的征程中，艾斯纳对教育进行了“艺术取向的概念重建”。[②]其以美术课程为范例，强调个性和差异性的审美思维。他认为艺术是儿童认知世界的一种方法，也是探索自身内在世界的一种手段，帮助人们发现、勾勒出了情感性自我。艺术将万物之间的关联性展现出来，无论是画画、作曲、写作、诗歌或是跳舞，任何一个致力于艺术工作的人关心的本质问题，都是去“创造令人满意的、富有想象力的能够组成一个整体

① 王玫．以课程美学探究取向发展通识教学创意［J］．通识教育与多元文化学报，2011（8）：23–27．

② 王磊．审美文本观照下艾斯纳课程美学蕴意探究［J］．外国教育研究，2014（10）：30–37．

的部分之间的关系”。艾斯纳认为，艺术教育的一个重要潜能就是帮助儿童学会接受和欣赏存在于艺术领域内部和外部的多种问题解决的方式[①]。如此，通过艺术教育，儿童的审美和文化素养得到进一步提高，想象力得到充分挖掘[②]。

同时，艺术教育通过培养儿童的思维能力和动手操作能力，间接地提升其学术成就[③]。艾斯纳认为，在教育评估中，评估的内容不仅需要考虑到儿童作品的质量，还应该考虑到儿童的基础、实践、努力程度、年龄、发展水平以及进步程度等，这样的评估工作才能切实地反映出儿童的教育发展水平[④]。本节基于以上观点，着重讨论学前儿童综合艺术课程评价的价值取向、特点、功能、内容与标准等方面的内容。

一、学前儿童综合艺术课程评价的价值取向

学前儿童综合艺术课程评价的终极价值取向是保护儿童的天真，引导儿童的幻想向现实性和有效性逼近，以此作为他们求知的动力和创新的勇气。

首先，在对课程目标的评价上，更加关注儿童整体人格的发展，强调在生动有趣的艺术活动中培养儿童的综合艺术能力（包括感性体验和理性思考能力），提高其人文素养、爱国爱家的情感以及个性化和创造性的发展。

其次，在课程内容的评价上，提倡为儿童提供基础性的、丰富多彩的内容和信息，拓展艺术视野，使艺术学习更有趣更容易；注重音乐、美术、戏剧、舞蹈等不同艺术门类之间的融合；注重艺术领域与非艺术领域的联系；注重知识技能与人文主题的结合；注重艺术与生活、情感、文化、科学的关

---

① Eisner, E. W. Help or Hindrance？ *School Review*, 1967, 75（3）.

② 刘登荣. 艾斯纳艺术教育研究［M］. 台北：水牛出版社，1986.

③ Elliot W. Eisner. Does Experience in the Arts Boost Academic Achievement? *Art Education*, 1998, 51（1）.

④ Elliot W. Eisner. The National Assessment in the Visual Arts. *Arts Education Policy Review*, 1999, 100（6）.

联，渗透全面、综合、创新、和谐发展、塑造一代新人的理念。

再次，在课程方式的评价上，鼓励儿童进行体验性、探究性和反思性学习，在艺术欣赏、审美、理解、表达的过程中，促进儿童感性和理性的相互作用，把形成性评价、诊断性评价、表现性评价、终结性评价相结合。

然后，在课程环境的评价上，强调充分利用儿童的生活经验和自然、社会化资源，以及为儿童创设自由、民主、宽松、愉悦的心理氛围。

最后，在课程成效的评价上，着重儿童综合艺术素养的评价，包括儿童艺术的情感成长、儿童作品中的智慧成长、创作活动中的生理成长、知觉成长、社会成长、美感的成长、创造性的成长等方面的评价。①

二、学前儿童综合艺术课程评价的特点

一是发展性。对于儿童的评价不应该仅仅只针对儿童的现在，还要与儿童的过去相联系，更要指向儿童的未来，看到儿童未来发展的潜力、方向等，而且儿童的艺术作品本身带有发展性，不是恒定不变的，原因在于儿童是正在发展的个体，需要阶段性的观察与记录才能客观地评价儿童的艺术作品以及儿童个体的发展状况，所以对儿童艺术课程的评价，应该是基于儿童艺术各方面的发展证据的判断。相反，如果没有发展证据的随意评价，其评价过程、评价方式、评价结果都会给儿童带来伤害，所以学前儿童艺术课程的评价必须具有发展性的特征。

二是真实性。学前儿童艺术课程评价的真实性包含了两个方面，第一是对儿童而言，评价的情景是真实的，是日常的一种状态，儿童并没有感觉到评价是一个特殊的事情，与平时的艺术活动有什么不一样。第二是对教师而言，评价的环境是日常的，不需要刻意准备一些额外的工作。强调评价的真实性，意味着评价就是儿童学习、生活和教师教学的一部分。

三是多元化。多元化艺术活动评价体现了多元智能理论与儿童综合艺术教育整合的操作原则中的差异性原则。每一个儿童表现出的优势智能不同，

① 王泓丹．多元化学前儿童艺术教育课程评价研究［D］．西安：陕西师范大学，2019．

有长于身体运动智能的，也有长于数学逻辑智能的，教师要根据儿童的特点进行不同的教育。在评价环节，教师既要对儿童综合艺术活动的表现做出整体的评价，还要根据不同儿童的艺术天分做出纵向差异性评价，鼓励儿童发挥潜在优势。教师要对儿童优势的艺术能力给予肯定，让儿童通过优势能力提高弱势艺术能力。教师的评价需注重儿童的主体性原则和综合性原则，不局限于某一知识技能的掌握，而是为儿童的个性和创造力的发展留下广阔的发展空间。教师进行评价时还要采取公开公正的态度，不能伤害儿童的自尊心，整个评价过程要注重多元化和人性化。

四是个性化。学前儿童综合艺术课程评价方法不是统一去衡量的，每个儿童都是存在差异的不同个体，需要通过全面的角度去反映评价对象，反映出每位儿童的独特性。①

三、学前儿童综合艺术课程评价的功能

一是反馈功能。反馈功能主要表现为通过评价，可以及时而敏锐地发现课程实施过程中的新问题、新情况，判断课程整体结构中每一个环节是否有效，验证制定的艺术教育目标，选择的艺术教育内容、方法、环境等是否与学前儿童的年龄特点、认知特点以及经验水平相适应等。只有对学前儿童艺术教育过程进行全面而科学的测评和评估，才能确保改进教育工作、提高教育质量。所以，学前儿童综合艺术课程评价作为一种反馈矫正系统，不仅应被用于艺术教育的每一个环节，而且应该由此激发教师进一步改进和调整教育活动，强化和推广成功的经验，弥补和修正失败。艺术学科的特点决定了其课程评价的特殊性，使艺术教育课程的发展成为一个不断完善和逐步扩大适应面的过程。

二是诊断功能。诊断功能即表现为通过对学前儿童综合艺术课程的评价，不仅可以指出学前儿童艺术教育的现状以及儿童之间发展的差异性，而且还能指出造成现状与差异性的原因、影响因素，从而给艺术教育活动带来

① 叶子. 每一个儿童都有自己的独特光谱［N］. 中国教育报，2004-03-18.

真正的改进。例如，以学前儿童在艺术教育活动中的学习表现来评价艺术教育的目标与内容；以学前儿童的作品来评价其美术发展水平等。总的来说，通过课程评价能够及时地诊断出艺术教育的目标、内容、方法、过程与学前儿童艺术能力发展水平之间的适切性，从而更好地考虑到艺术活动中学前儿童的差异性、教材的适应性、方法的可行性，不断推动和促进学前儿童艺术教育的改革和发展。

三是促进功能。促进功能表现为以下三个方面：第一，教育管理层、教育研究者、教师把学前儿童综合艺术课程评价作为一种自觉行为，在评价比较中探讨不同教育模式的价值与优势，以促进学前儿童艺术教育的发展。第二，教师在教育活动实践中，对自身、学前儿童、环境和材料等方面做出评价与反思，并以此为基础进行下一次艺术教育活动的设计与实施，以促进学前儿童综合艺术教育活动的有效性。第三，如果能经常性地展开前面两个方面的评价，那么评价就能作为一种积累，为幼儿园与学前教育同仁间的交流提供丰富而实用的参考信息，从而促进学前儿童综合艺术教育课程的发展、应用与推广。

四、学前儿童综合艺术课程评价的内容与标准设计

学前儿童综合艺术课程评价有两方面，一方面是针对学前儿童综合艺术课程的特点和各个组成要素，通过收集和分析学前儿童艺术教育活动各方面的信息，判断艺术教育的价值和效益；另一方面是对艺术教育目标、活动方案、教育内容、材料使用、效果以及教学活动过程等做出评价。它是一种整体评价，不仅包括对学前儿童艺术学习结果和发展状况的测量和评价，还包括对艺术教育活动本身价值及艺术教育活动中教师的观念、活动组织形式、教学目标适宜程度、师幼互动的质量等的评估。由于涉及教育观念、价值体系、政治经济背景、文化传统，以及持不同观点的设计者、评价者、领导者、教师、家长等，加之艺术课程本身内涵丰富、变量多、范围广，很多方面难以量化，多种因素关系交叉，很难将课程的效果从众多的变量之中分离出来，这导致了综合艺术课程评价的艰难性。

（一）学前儿童综合艺术课程评价的内容

1. 学前儿童综合艺术课程理念与目标的评价

学前儿童综合艺术课程的理念与目标要以《幼儿园教育指导纲要（试行）》和《3—6岁儿童学习与发展指南》为指导，始终坚持儿童本位，培养全面发展的儿童。不同的幼儿园、班级、教师，所持的课程理念与目标都是不同的，课程理念指导着课程目标的制定，课程目标的层级分类又指导着每个课程环节的实施与开展。评价课程的目标主要看两个方面：一方面是课程目标的表层标准，指的是教师对于目标的基本概念、叙写规则等问题的认识；另一方面是课程目标的深层标准，指的是课程的目标有没有与学科内容的本质、特定儿童的学习问题产生关联？目标有没有对象化？有没有转化为儿童的学习目标？目标内容确立的关键点合不合理，是否是儿童学习的关键点？例如一个中班美术教育活动《七星瓢虫》教案中的活动目标：

1. 在观察图片的基础上表现七星瓢虫的外形特征。
2. 大胆地用树叶添加背景，使画面更加丰富。

笔者认为此目标的制定不够严谨与个性化。在幼儿园阶段，即使儿童都处在同一个班级、同一个年龄段，儿童的学习起点和学习需求也有很大的不同，教师可以在课程开始前对班级的儿童进行小规模的调查，了解儿童对七星瓢虫这一主题的认知程度，然后教师根据儿童的认知程度，制定本次活动儿童学习的关键点是什么。确立了学习的关键点，那么目标设计的重点就是：

1. 观察七星瓢虫，了解七星瓢虫的外形特征、功能及作用。
2. 用自己喜欢的方式绘画或制作七星瓢虫，添画出其生存环境。
3. 享受创作过程的快乐。

这样的目标体现了每个儿童不同的学习起点和个性化特征，又表明了儿童在此活动中认知、情感和意愿的关键点，重点突出，层次分明。

2. 学前儿童综合艺术课程活动过程的评价

活动过程的评价是对儿童在综合艺术学习过程中表现出来的对艺术的兴趣、学习方式、审美价值观、艺术个性表达方式与创作意识和能力的发展情况等进行全方位的评价，具有日常性、连续性、稳定性等特点。

（1）儿童综合艺术活动过程评价的内容。

这包括教师教学行为评价以及儿童学习行为评价。

教师教学行为评价主要对活动中教师指导儿童艺术学习的情境创设、材料提供、指导行为（主要包括教师的观察、聆听、讲解、示范、提问、暗示、反馈等）进行评价。

儿童学习行为评价包括艺术能力评价与学习品质两个方面。艺术能力评价主要包括艺术学习方式、审美能力评价等；学习品质主要包括艺术学习兴趣、审美价值观等。艺术能力评价需要了解的是儿童艺术能力的发展，艺术能力发展的个体差异较大，不是绝对的与年龄发展相对应。例如一个四岁的儿童音乐能力可能超过八岁的孩子，再就幼儿园的班级而言，同一个年级不同班级的儿童艺术能力的表现差异也很大，不一定小班是低指标，大班的就是高指标，高中低指标不完全对应大中小班。

另外在儿童艺术课程中，要准确地捕捉到儿童的兴趣点，即儿童对某一环节表现出很强的专注力，将之记录下来作为儿童的生长点。在艺术活动中捕捉到的不一定是艺术生长点，而是指儿童对各方面的兴趣，包括知识生长点、能力生长点、人格生长点等。如何捕捉生长点呢？教师要在活动中准备好图表、媒介等记录方式，由此来确定儿童的某一兴趣点，活动结束后，教师组织儿童进行交流分享，将儿童所分享的内容详细记录，最终在梳理的过程中准确定位儿童的兴趣点，再根据儿童的生长点制订教学计划。

（2）儿童综合艺术活动过程评价的设计。

这主要是对儿童艺术学习活动的表现（见表 6–1）和学习方式进行记录和评价（见表 6–2、6–3、6–4）。

表 6–1　儿童艺术学习活动过程评价

活动过程评价						
姓名：　　　年龄：　　　性别：			分值	得分	合计	备注
儿童	活动态度	愉快，积极，乐于参加活动	5			
	活动表现	1. 对主题内容感兴趣，坚持完成任务。	5			
		2. 对活动环境、材料有兴趣，注意观察周围事物的声、形、色，能够利用环境的资源来进行艺术学习。	7			
		3. 艺术个性表达：乐意与同伴分享自己的经验、感受，用自己喜欢或擅长的综合艺术方式表现、表达出来。	10			
		4. 创造力：根据自己的经验和感受，进行必要的联想和想象，创造或创作出新颖、独特的艺术作品。	10			
	活动成效	1. 活动中有自信心和成就感。	6			
		2. 在活动中获得与艺术主题相关的经验，并且在认知经验、艺术能力、审美水平、社会情感等方面有所发展。	7			
		3. 个体的特别的收获	3			
综合	1. 教师对《幼儿园教育指导刚要（试行）》《3—6 岁儿童学习与发展指南》中幼儿艺术领域学习的把握。 2. 具有创新点。		7			
程度结果	（50—60）：优秀 （46—49）：良好 （40—45）：一般 （39 以下）：较差					

表 6-2　幼儿（综合）艺术学习方式评价标准

评价项目	高级水平（5 分）	发展水平（3 分）	初级水平（1 分）
视听结合	幼儿用边听边看的方式接收信息，并能够从中筛选需要的内容。	幼儿边认真听边仔细看，记忆接收的信息。	幼儿能够认真倾听和观察，看懂和听明白。
讨论	幼儿能够积极地发表意见，对同伴讨论内容有不同意见时，能提出自己的想法，并能够解释清楚。	幼儿能够围绕话题内容发表意见，对同伴的问题有回应。	幼儿能够在讨论中发表自己的意见。
提问	幼儿提出问题后，对答案不满意时，能够变换语言再次询问。	幼儿主动询问，能够清楚地表达自己的疑问。	幼儿愿意大胆地提出自己的疑问。
回答	幼儿积极思考问题后主动回答，并能够进行简单的解释。	幼儿能够针对问题回答，不偏题。	幼儿能够针对提问，进行应答和回应。
模仿	幼儿有目的、有意识、主动地模仿成人或同伴的行为、语言，以及艺术表现的方式方法等。	幼儿有意识模仿成人或同伴的动作、语言及一些简单的艺术技能。	幼儿无意识、简单模仿成人或同伴的动作及语言。
探究性操作	幼儿能在游戏中发现问题，提出问题，并通过观察、资料收集、同伴讨论等方式进行实践操作，思考和解决问题，获得答案。	幼儿能够在操作中发现问题，通过观察和尝试，获得答案。	幼儿能够根据任务进行操作活动，对操作有兴趣。
记录	幼儿能够根据自己参与的活动内容，利用合理的方式，将过程和结果较清楚地记下来。	幼儿能选择自己喜欢的记录方式，较为清楚地记录下活动的内容。	幼儿有记录的意识，能用自己喜欢的方式进行记录。
直觉体验	幼儿能够感受活动过程的乐趣，行动积极，大胆表达，清楚地表达自己的感受。	参与活动的过程中，幼儿积极参与，感受活动的乐趣，能够坚持活动。	幼儿愿意参与活动，对过程有兴趣。
联觉学习	幼儿通过仔细观察和认真倾听，联系自己的生活经验，大胆地表达自己的感受。	幼儿通过认真倾听与观察，积极想象，并说出自己的感觉。	在教师的语言引导下，幼儿能够想象并简单表达自己的想象内容。

续表

评价项目	高级水平（5分）	发展水平（3分）	初级水平（1分）
联想与想象	幼儿由眼前的事物想到另外一个可能存在的、构想出来的事物。	幼儿由眼前的事物而联系到生活中另一个与其特征相似的事物。	幼儿由眼前的事物而联系到记忆中另一个外形与之相同或相似的事物。
分工与合作	在完成一件任务时，幼儿能够和同伴一起分析所要完成的事情，知道自己负责的内容和任务，相互协商地完成任务。	幼儿能够和教师、同伴一起分析任务的工作内容，挑选力所能及的任务并完成。	幼儿有分工做事的意识，知道自己要做的事情。
寻求帮助	遇到困难自己无法解决时，幼儿能主动寻求外部各种资源的支持。	遇到问题，幼儿能较为主动地把困难告诉身边的人，寻求帮助。	幼儿能够寻求身边亲近的人帮助解决问题。
争论与辩驳	和别人有不同意见时，幼儿能够认真倾听和分析，能够大胆地表达自己不同的想法，并阐述理由。	和别人有不同意见时，幼儿能够倾听别人的观点，并能够大胆地表达自己不同的想法。	遇到不同意见时，幼儿能够倾听发表者的意见。
表演	幼儿在领会和理解艺术活动内容的基础上，通过动作、语言、表情、神态、姿势等，个性鲜明地创造艺术形象。	幼儿能够通过动作、语言、表情、神态、姿势等，较好地表现艺术形象。	幼儿能够通过动作、语言，表现一定的艺术形象。

表 6–3　儿童（综合）艺术学习方式观察评分表

姓名：__________　　年龄：__________

观察时间：__________　　观察者：__________

艺术学习方式评价项目	评　分	评注和观察
视听结合	1　3　5	
讨论	1　3　5	
提问	1　3　5	
回答	1　3　5	
模仿	1　3　5	
探究性操作	1　3　5	
记录	1　3　5	

续表

艺术学习方式评价项目	评　分	评注和观察
直觉体验 联觉学习 联想与想象 分工与合作 寻求帮助 争论与辩驳 表演	1　3　5 1　3　5 1　3　5 1　3　5 1　3　5 1　3　5 1　3　5	
观察时长：__________评分者：__________日期：__________		

表 6-4　儿童（综合）艺术学习方式评分汇总表

儿童代号	年龄	视听结合	讨论	提问	回答	模仿	探究性操作	记录	直觉体验	联觉学习	联想与想象	分工与合作	寻求帮助	争论与辩驳	表演	总分	评注与观察

观察总时长：__________ 评分者：________________ 日期：____________________

3. 学前儿童综合艺术课程环境的评价

课程环境评价不仅指的是对艺术课堂区域中的环境设计，而且指综合艺术活动中教师对儿童创造的可以促进儿童某一方面能力发展的意境设计评价，例如，美术活动中音乐意境的设计，在美术创作或者欣赏活动选用合适的音乐作品，目的是为了诱发儿童美术创作与欣赏的动机，活跃儿童的创作思维。

4. 元评价

所谓的元评价是借鉴元认知的说法，即将评价的评价称为元评价。台湾学者称为“后设评价”[①]，有些学者也称之为二级评价，主要是教育研究者或者教科所对课程评价再次做出评价的过程，如郡超云教授所论述的，“像一个具体的教育活动需要反思一样，评价也需要反思，也需要被评价”[②]。这是帮助教师优化课程评价体系的一种评价模式。

学前儿童综合艺术课程的元评价是指对学前儿童综合艺术课程评价的评价。具体包括对评价理念、评价目标、评价内容、评价标准、评价过程、评价方法等是否科学、合理的评价。元评价主要通过三角互证法、问卷调研法、现场诊断法、数据统计分析法等实证的方法进行。

（二）学前儿童综合艺术学习质量评价

艺术教育并非简单地教孩子们复制已知的答案或模仿传统的形式，而是展现具有独创性、复杂性和个性的作品[③]。儿童在完成一件艺术品时，需要关注材料的不同部分之间产生的联系。在实际的创作过程中，儿童需要在脑海中构思出创作的意象原型，然后通过“型塑材料”将意象原型展示出来。在此过程中，没有现成的规则遵循，儿童需要通过觉察意象的细微差别，根据事先的计划不断地进行调整。因此，创作过程可以锻炼儿童反思的能力，培养儿童的认知技能，使他们将学到的知识和经验应用到日常生活中。因而，儿童综合艺术学习质量评价也是学前儿童综合艺术课程评价的重要方面，主要从儿童作品评价、儿童审美能力评价、儿童发展评价三方面来进行。

1. 儿童作品评价

（1）儿童作品评价的内容。关于学前儿童艺术作品的评价方法有很多理论，其中罗恩菲尔德在《创造与心智的成长》一书中提到“在评量儿童的作

---

① 陈怡倩. 统整的力量——直击 STEAM 核心的课程设计［M］. 长沙：湖南美术出版社，2017：189.

② 鄢超云. 学前教育评价［M］. 北京：高等教育出版社，2010：269.

③ Eisner E. W. Why Standards May Not Improve Schools. *Educational Leadership Journal of the Department of Supervision & Curriculum Development*, 1993，50（5）.

品时，我们先要考虑一下，我们评量儿童作品的目的何在？是为了认识儿童的成长、经验、感情和兴趣吗？或者显示儿童的优点、弱点、创造能力，有技巧，或者缺乏技巧？换言之，去将他们分等级吗？”[①]罗恩菲尔德主张儿童作品评价应该关注两个方面：第一，艺术教育对儿童成长的影响。在艺术活动的过程中，评价作品的创作过程比作品本身更重要，教师要以发展的眼光看待儿童；第二，评价作品要试图了解儿童在创作中自己体验的意义，教师给予儿童信心与鼓励，让儿童觉得有成就感，所以评价作品必须根据它的个别价值来评价，这对儿童来说是至关重要的。另外，笔者还认为在评价儿童作品的过程中不仅要对作品进行横向的评价，更要注意把儿童的新作品与以往的作品进行纵向的对比，让儿童看到自己的进步和发展。

在作品实际评价中，还有一个问题需要关注，即评价艺术作品时，往往不会从始至终都使用鼓励性评价，也会使用一些批评性的评价。如何客观地使用批评性评价是当前大部分幼儿园教师所面临的问题，笔者认为任何评价只有能帮助教师更好地了解儿童，促进创作，才是有意义的评价。一线教师应该对儿童的发展、意图加以了解之后，才可以应用批评性评价。

（2）儿童作品评价标准。儿童作品评价设计有两个方面，一是针对儿童作品集的评价，例如记录与收集儿童个人作品，包括儿童在园所创作的作品，作品收集能够记载某些艺术能力水平的表现，同时作品也显示着儿童的成长（教师可以在评量后附成长评价）。二是教师把儿童艺术课程的作品用作教室展览或者艺术文化节时的布置。学前儿童教育心理认为儿童普遍只会关注自己的作品，对他人的作品并没有多大的兴趣，所以教师在挑选教室展览作品时要挑选能够表现儿童自己情感与经验的作品展出。怎么去辨认呢？如何才能做到不从成人欣赏的角度来判断？我们可以以视觉艺术评价表作为参考（见表 6–5）。

（3）艺术文化节展览的目标。主要目标有两个，第一是显示儿童作品的完成度，第二是配合某些教育目标，这两种目标对于教师和儿童都有极

① 罗恩菲德．创造与心智的成长［M］．王德育，译．长沙：湖南美术出版社，1993：43.

大的价值。展览与艺术文化节的参观对象不仅包括全校的师幼，还有家长，如何将家长的关注力转移到儿童的艺术能力及人格发展方面，具体细节如表 6–5：

表 6–5　儿童艺术作品评价（成长方面）

姓名＿＿＿＿＿＿　年龄＿＿＿＿＿　性别＿＿＿＿＿				
参考标准		少	适中	多
技巧的使用	色彩			
	人物			
	空间组合			
完成作品表现的努力程度				
情感成长	使用比较自由的线条和笔触 用色彩表达情感 画面完整，造型富于变化			
智慧成长	细节较多 画面色彩变化 画面出现与物体有关的事物			
美感成长	色彩敏感性 线条敏感性 形体敏感性 画面装饰性图案			
社会性成长	合作创作 主动组织合作			
创造性成长	抄袭模仿他人 画面内容独创性 表现方式不同 风格独树一帜			

（4）儿童作品的自我评价和作品互评。儿童作品的自我评价指的是儿童既是被评价的对象，又是参与评价者。在幼儿园阶段儿童已经形成了自我意识，教师可引导儿童进行自我评价，但是在评价的过程中教师要注意引导儿童主动参与评价，让儿童看到自己的进步之处。儿童评价自己或者他人的作

品或者活动，既可以促进儿童语言的发展，又可以促进儿童同伴间的相互了解，促进儿童自主性的发展。

儿童作品的自我评价内容包含了三个方面：一是作品内容的描述，二是主体情绪的表露，三是主体对自我表现的容纳程度。以下是儿童作品自我评价的案例。

在“解放军”主题绘画活动中，教师通过各种手段唤起儿童对解放军叔叔的经验，同时借助不同的通道帮助儿童建构对解放军叔叔新的认知和经验，在此基础上儿童用涂鸦的方式进行“解放军叔叔”的表达活动。教师通过儿童对作品的自评来了解，然后再给予相应的回应和支持。

图 6–8　解放军叔叔太空打怪兽

图 6–9　解放军叔叔抓坏人

2 名儿童对自己的作品发表了不同的评价。画图 6–8 的孩子说：“我画的解放军叔叔在太空里打怪兽，还有他的飞船，飞船上面都有那个警报。”（备注：这个儿童把自己对解放军叔叔的认知和对警察叔叔的认知结合了起来，还结合了自己的生活经验，想象、感性都表现了出来。）

画图 6–9 的儿童说：“我在书上看过解放军叔叔在抓坏人，坏人很害怕，他在向解放军叔叔求饶。”（备注：从儿童对自己的作品表达可以看出儿童对解放军叔叔的认知经验来源于书籍，同时基于自己已有的经验，对坏人进行了判别，“坏人很害怕”这句话说明了儿童的情感态度，对于好和坏的判断有了初步的认识，而且将这种情绪表现在了画面中，如图 6–9 中，坏人的嘴角是向下的，代表不开心，这对儿童来说意义重大。）

从儿童自我评价可以看出评价的过程就是对自己认知、经验、情感进一步梳理和明确的过程。因为儿童在作品表达的过程中可能是感性的、模糊的，但是基于自己的作品用语言表达出来的过程就是把原先内隐于认知框架的经验明确化的过程，对儿童发展具有很大的意义。

儿童互评是指儿童站在自己的角度去欣赏同伴的作品，并作出综合评价的过程。作品欣赏是基于欣赏主体自身的认知、经验和审美倾向，发表自己欣赏、质疑或批评的想法和态度。在作品欣赏的过程中有两个关键要素，一是总体感受，二是细节内容。总体感受评价主要是从作品的艺术效果出发，关注对作品的审美体验，是通过艺术层面进行的审美活动，包括色彩、线条、空间、关系等多方面的内容。以下是儿童作品互评的片段。

图 6–10 军衣上有红色肩章

图 6–11 涂色仔细

儿童 A：你的解放军叔叔颜色还有红色，红色的感觉很漂亮。（备注：图 6–10）

儿童 B：你的颜色涂得很仔细，每个地方都涂到了。（备注：图 6–11）

儿童 A：你的解放军叔叔长得好高啊。（备注：图 6–10）

儿童 C：你画的解放军叔叔颜色很绿，如果有其他颜色就更好看了。（备注：图 6–11）

儿童在初步总体感受的过程中最先抓住的是色彩，因为色彩最具冲击力，所以在总体感受过程中，最先留下的是对色彩的直观感受。艺术欣赏表达也是从色彩出发，然后过渡到线条、图形等其他艺术内容，最后关注细节内容本身，由此可见儿童在总体欣赏时基本遵从艺术层面出发的特点。

细节内容评价主要从画面的细节内容出发，结合自己的认知、经验、理解对同伴作品表达自己的想法、态度。细节内容意义重大，显示了不同年龄的特点，儿童的美感或技能通常落后于智慧的发展，因此在欣赏细节内容时儿童是基于自身认知、经验、情感进行欣赏，表达的是自己真实的认识经验、情感态度。此案例的儿童都是中班的孩子，到了大班后，儿童对于细节的掌控与表达将更加明显。

虽然儿童的作品欣赏完全从他们的主观出发，基于他们已有的认知、经验、情感、艺术审美进行欣赏，但是，儿童的认知、经验大多处于差距不显的阶段，因此在欣赏作品时能够对同伴作品产生更多的理解、共鸣，儿童之间更容易心意相通，在此过程中自然而然形成交往的机会，从而在相互交流、学习的过程中获得语言表达、艺术审美、社会交往等方面的发展。

作品评价是儿童进行自我分析与反思，获得经验积累和成长的重要载体。他们通过对自己的作品评价和对同伴作品的欣赏，从认知经验、情感态度、艺术元素等多个维度出发进行分析、欣赏和判断，这个过程是对自我表达进一步的梳理和提升，从而获得观察、审美、语言、交往等综合能力的发展。

2. 儿童审美能力评价

儿童审美能力评价主要从审美感受、审美欣赏、审美表达、审美创造几个方面进行，具体内容及标准见表 6–6，评分及汇总见表 6–7、6–8。

表 6–6　儿童审美能力评价标准

维度	指标	内　容	水平等级		
			高级水平（5分）	发展水平（3分）	初级水平（1分）
感受与欣赏	审美感受	C1 认识自然界及视觉艺术中事物的声音、形状、色彩、线条。			
		C2 感受到视觉艺术的造型、结构，以及音乐节奏、音色、旋律的规律与变化。			

续表

<table>
<tr><th rowspan="2">维度</th><th rowspan="2">指标</th><th rowspan="2">内　容</th><th colspan="3">水平等级</th></tr>
<tr><th>高级水平（5分）</th><th>发展水平（3分）</th><th>初级水平（1分）</th></tr>
<tr><td rowspan="3">感受与欣赏</td><td rowspan="3">审美欣赏</td><td>C3 能通过声音、形象等展现的过程，发现艺术作品细节之间的联系以及所表现的事物和主题的含义，理解艺术所要表达的思想情感内容。</td><td></td><td></td><td></td></tr>
<tr><td>C4 能够理解视觉艺术中的作品形象以及音乐与生活和劳动的联系。</td><td></td><td></td><td></td></tr>
<tr><td>C5 能运用视觉艺术中线条、冷暖色调对比及音色、旋律对比，表达相应的情感，并产生相应的联想。</td><td></td><td></td><td></td></tr>
<tr><td rowspan="2">表达与创造</td><td>审美表达</td><td>C6 能选择适合的艺术形式，如文学、音乐、绘画、装饰、雕塑等，或综合运用舞蹈动作、戏剧创作、角色扮演等方式，结合生活经验和想象，来表达自己对周围世界的感受、看法或想象。
C7 能创造有很多细节的复杂表征，并解释是如何用某种艺术元素（如色彩、线条、质地、形状）来达到特定效果的。</td><td></td><td></td><td></td></tr>
<tr><td>审美创造</td><td>C8 能运用新的艺术表现手法创造出与众不同的既美观又实用的艺术作品，美化生活，并从中获得愉悦的情感，享受到成功的喜悦。</td><td></td><td></td><td></td></tr>
</table>

备注：C1、C2、C3……表示三级指标的排列序号。

表 6–7　儿童审美能力发展观察评分表

姓名：______________　　年龄：______________

观察时间：______________　　观察者：______________

儿童审美能力评价项目	评　分	评注和观察
C1	1　3　5	
C2	1　3　5	
C3	1　3　5	
C4	1　3　5	
C5	1　3　5	

续表

儿童审美能力评价项目	评　分	评注和观察
C6 C7 C8	1　　3　　5 1　　3　　5 1　　3　　5	
评分者：__________ 日期：__________		
注：		

表 6-8　儿童审美能力发展评分汇总表

儿童代号	年龄	评价项目								总分	评注与观察
		C1	C2	C3	C4	C5	C6	C7	C8		

观察总时长：__________ 评分者：__________ 日期：__________

3. 儿童发展评价

儿童发展评价不仅仅关乎课程，还要捕捉儿童平时生活中的形影变化。儿童的形影变化就是指儿童发展的变化，即儿童发挥自己的主观能动性与环境交互，从而获得生活必需的能力和态度的过程。“在评价儿童发展时，要注意捕捉到儿童活动的真实意义，将之长期的记录积累下来”[①]，记录的积累是儿童评价的第一手资料，记录的方式可以多样化，在长期的记录中，教师一定能发现儿童成长的变化。下面介绍一种随机方格记录法，如表 6-9。

① 艾斯纳. 教育想象：学校课程设计与评价［M］. 李雁冰，译. 北京：教育科学出版社，2008：72.

表 6-9　儿童发展评价随机记录表

<table>
<tr><th colspan="8">随机方格记录法</th></tr>
<tr><td colspan="3">A. 身体健康</td><td colspan="5">A1 儿童在艺术创作时精力充沛，动作灵活协调
A2 持久专注，能够较长时间从事创作
A3 拥有健康的生活习惯和态度，充分运动和主动运动</td></tr>
<tr><td colspan="3">B. 与人的互动</td><td colspan="5">B1 体验自立行为带来的充实感
B2 主动与周围的人互动，爱身边的人，信赖身边的人
B3 具有社会生活所需要的生活态度与习惯</td></tr>
<tr><td colspan="3">C. 与身边环境的互动</td><td colspan="5">C1 亲近身边的环境，关心身边的自然环境
C2 主动与身边的环境互动，并融入到日常的生活中
C3 在对身边的事物进行思考时，逐渐丰富对事物的认识</td></tr>
<tr><td colspan="3">D 感性与表现</td><td colspan="5">D1 对美好事物有丰富的感知能力
D2 可以用各种表现形式来表达自己的感受与思考
D3 生活中想象力丰富并善于用不同形式表达</td></tr>
<tr><td colspan="3">E 出勤</td><td colspan="5">E1 教育天数（指幼儿园正常教学日总天数）
E2 出勤天数</td></tr>
<tr><td></td><td></td><td></td><td></td><td></td><td></td><td></td><td></td></tr>
<tr><td></td><td></td><td></td><td></td><td></td><td></td><td></td><td></td></tr>
</table>

以上随机方格表还需加以说明，下半部分方格为班级座位名册图，教师根据班级儿童的座位依次填入儿童的姓名，每个儿童一个方框，每天活动时教师可将儿童的行为记录下来，考虑到教师不可能关注到每一个儿童，所以教师可每天随机挑选记录，下次记录前对照前一天的记录，将未关注的儿童加以重点关注，循环一周后即可关注到每一位儿童。这种方法即使每一天不可能记录所有的儿童，但是在一段时间内也可以关照到每一个儿童，用这种方法可以记录和寻找儿童的成长、发育轨迹。儿童发展评价的目的不是对儿童进行等级的划分，而是观察记录一个时间区间内儿童个体发展的水平提升情况。

德国哲学家黑格尔曾经指出美是人类最早的老师。美的教育具有解放思想品质的功能，因为美没有规定的标准，它可以因人而异，而多元化学前儿童综合艺术课程评价可以为儿童的发展提供发现美的路径，让评价不再单一锁定在某一个方面。多元评价相结合的方式，带给教师和儿童的不仅是评价方法的指导和儿童的发展，更为学前儿童艺术教育课程的发展指明了方向。多元化评价方式强调在过程中评价，给儿童以真实的体验，关注儿童真实的需求，引导儿童真实地表达，转变了教师的儿童观、价值观。

以儿童为主体的评价，充分尊重儿童的思想和个性，让他们能真实地表达自我，不再以单一元素的体现为唯一的评判标准。同时，也将此作为教师主动去了解儿童发展状况的抓手，以分析儿童所处的发展水平，为艺术教育的深入开展提供依据。

儿童的发展不可能一蹴而就，因此艺术评价与儿童发展同步前进着，这是一个循序渐进的过程，其时间性、过程性显得尤为重要。在儿童艺术学习活动过程评价中，我们不仅需要放慢脚步，静待花开，也需要针对儿童个体的实际情况进行适宜的指导和帮助，让评价服务于儿童个体的发展需求，这就是过程评价在儿童发展中的最大意义。

实践篇

第七章　学前儿童综合艺术课程案例及评析

本章从奥尔夫音乐教育体系的含义，奥尔夫音乐教育在学前教育阶段的目标、内容与方法，以及学前奥尔夫音乐教育活动设计策略与步骤三个方面进行介绍，详细阐述奥尔夫音乐教育体系与学前综合艺术课程的契合与联系，并通过小、中、大班三个阶段以奥尔夫为主体的艺术综合课程教学案例设计与具体评析，使读者充分理解把握奥尔夫音乐体系核心思想及适龄化运用方法，助力学前综合艺术教育课程学习，提高学前儿童的艺术审美体验与艺术感知和创造能力。

第一节　以奥尔夫音乐教育体系为主体的综合艺术课程

卡尔·奥尔夫（1895—1982）是德国著名作曲家、音乐戏剧家、音乐教育家。“从1949年到1954年，奥尔夫在学校音乐教材的基础上编写了五卷本《学校儿童音乐教材》，教材中自始至终地贯穿了奥尔夫的音乐教育思想，即音乐是为孩子的，并且能唤起孩子的即兴和创造的潜在本能，并为孩子的自发需要而存在。”[①]这奠定了奥尔夫音乐教育思想的基础。之后的70年，奥尔夫音乐教育思想迅速在世界各国传播，成为最有影响力的音乐教育体系之一。奥尔夫音乐教育体系在20世纪80年代初引入中国，已成为中国当代音乐教育史上被广泛接受且较具影响力的外国音乐教育体系。

以奥尔夫为主体的学前儿童艺术综合课程，通过充分理解和把握奥尔夫音乐体系核心思想，将奥尔夫音乐教学法进行适龄化运用，充分发挥其原

① 李妲娜，等．奥尔夫音乐教育思想与实践［M］．上海：上海教育出版社，2011：22．

本性、即兴性、综合性、人本主义等特征，激发儿童对音乐的兴趣，以游戏化贯穿学前儿童综合艺术课程学习及审美体验，能够提高学前儿童艺术感知力、表现力及创造力等。

一、奥尔夫音乐教育体系的含义及特征

（一）奥尔夫音乐教育体系的含义

奥尔夫音乐教育体系的核心理念是原本性，“原本性的音乐决不只是单纯的音乐，它是和动作、舞蹈、语言紧密结合在一起的。它是一种人们必须自己参与的音乐，即：人们不是作为听众，而是作为演奏者参与其间。它是先于智力的，它不用什么大型的形式，不用结构；它带来的是小型的序列形式、固定音型和小型的回旋曲形式。原本的音乐是接近土壤的、自然的、机体的、能为每个人学会和体验的、适合于所有人的。”①

奥尔夫的教育理念提倡孩子应该在自然、原始的音乐素材中，通过节奏、肢体动作主动参与，综合运用，感知欣赏音乐，表达表现情感。他提倡音乐素材要质朴、单纯又能抵达人内心深处，要具有感染力和表现力。他还提倡原本性音乐只提取一些有关音响、节奏及旋律音乐的基本素材。这种原本性音乐在幼儿身上最能表现出来，儿童能在自然状态下运用节奏和肢体语言，展现个体的心理活动以及自由随性的感觉。

（二）奥尔夫音乐教育体系的基本特征

1. 即兴性

即兴是最古老、最自然的形式，也是最容易表现情感的形式。我国古代《毛诗序》：“言之不足故嗟叹之，嗟叹之不足故咏歌之，咏歌之不足，不知手之舞之，足之蹈之也。”上述描述足以可见即兴性在表达音乐情感时的独特魅力。奥尔夫认为，音乐教学中用即兴的形式表达音乐，可以将儿童潜能极大地激发出来，儿童在教师引导下体验音乐，即兴表现。奥尔夫提倡让儿童自主寻找与探索，让儿童自然地表达对音乐的理解、感觉、想象，进行即

① 李妲娜，等. 奥尔夫音乐教育思想与实践［M］. 上海：上海教育出版社，2011：24.

兴创作。儿童在感受与欣赏、表达与创造的过程中，得到充分的审美体验。

2. 综合性

根据记载，我国远古的音乐文化即具有歌、舞、乐互相结合的特点，这是音乐的萌芽时期，也是人类表达情感最直接、最发自内心的形式，将歌唱、演奏与形体动作、舞蹈合为一体，可见艺术自古以来即具有综合性。奥尔夫的音乐教育融合了音乐、舞蹈、美术、律动、乐器演奏、戏剧、即兴创作等艺术门类与表达手段，是一种综合性的艺术行为。在这种综合性艺术观的指导下，奥尔夫不仅教儿童唱歌，也教儿童演奏乐器，同时还结合自由朗诵、即兴舞蹈、戏剧表演、音画结合等方式进行艺术实践活动，鼓励儿童在活动中投入地创作、表演、欣赏、交流与评价。他认为这种创作、表演、欣赏三位一体，歌、舞、乐三位一体的综合教学是为了给儿童创造更加丰富、全面、综合的审美体验的机会。因此，将奥尔夫音乐教育体系运用于学前儿童综合艺术课程中，是非常必要且十分适宜的。

3. 参与性

奥尔夫所推崇的原本性音乐是一种人们必须自己参与的音乐，即人们不是作为听众，而是作为演奏者参与其中。因此，参与性也是奥尔夫音乐教育体系的一大特征。在音乐活动中，要为儿童创造交流分享与合作的机会，引导儿童愉快地参与互动，体验感知音乐艺术的美感，形成良性的自我意识。比如用各种乐器为音乐伴奏，一起有节奏地跺脚拍手，或者听到音乐自由选择同伴进行动作编创等，儿童参与性提高，兴趣增加，音乐教育的功能得到较高的体现。

4. 人本性

奥尔夫认为音乐教育首先是人的教育，通过音乐教育培养儿童的情感表达、想象力和创造力，体现了人本主义的教育思想。音乐教育中所得到的审美愉悦，是儿童生长最重要的因素。人本主义在奥尔夫音乐教育中占有重要地位，它以培养儿童的感知音乐能力、想象力与创造力为教育目标，通过多种音乐表达形式与方法，积极挖掘与发挥儿童潜能，让儿童在轻松愉快、创新自主的环境下体验感受。在幼儿园音乐教育中以儿童为中心，可以让儿童的潜力自由充分地发展，实践全人教育的目标。

5. 本土化

奥尔夫音乐教育还提倡本土化理念，提出“全世界各民族的音乐都有其自身的文化价值”的本土化原则。将奥尔夫音乐教育的理念与不同国家地区的音乐教育活动相结合，与当地本民族文化特点相融合，可以不断创造出适合本土的教学方法与内容。例如，幼儿园利用奥尔夫音乐教学法进行儿童古诗学习体验，在古诗韵律与节奏的结合中，儿童学习兴趣得到极大的提高，将不太容易理解的古诗，通过奥尔夫音乐游戏的形式感知和表达，儿童既学习了文学作品，又增强了音乐感知力。

二、学前儿童奥尔夫音乐教育的目标、内容与方法

（一）学前儿童奥尔夫音乐教育的目标

1. 注重儿童全面发展

奥尔夫音乐教育关注儿童整体人格的发展，强调培养儿童艺术学习的兴趣、艺术的感知体验、表现创作、交流合作等基本能力和人文素养的整体发展。学前儿童奥尔夫音乐教育活动可以充分利用儿童周围的生活经验、社会文化资源、民族民间文化等，引导儿童感知、体验，进行发现、探索式的学习，拓展儿童艺术视野，提高儿童综合艺术素养，激发儿童想象力与创造力，使每个儿童在学习中获得成就感。

2. 提高儿童审美能力

奥尔夫音乐教育体系将发现美、体验美、表现美作为其重要的培养目标，学前儿童通过奥尔夫教育将不同艺术学科融合，使音乐、美术、文学各领域的知识在活动中延伸和重组，实现感受体验、整合提炼、自主表达的目标，拓展了儿童对艺术的理解，提高了儿童的审美能力。

3. 培养儿童创造力

学前儿童音乐教育注重儿童创造力的培养，而奥尔夫音乐教学法中非常重要的目标之一就是培养儿童的创造能力。教师在开展奥尔夫音乐教学法时，可以鼓励儿童在即兴的基础上，开展综合性创造，从而促进学前儿童创造力的发展。在儿童欣赏音乐的过程中，教师可以结合儿童的理解、想象以

及感受即兴地做出动作，引导儿童从模仿到自我探索，创编自己的歌词或动作，或者是用语言、图画以及符号等将对该音乐的想象描绘出来，以启发和鼓励的方式，引导儿童去大胆地创作，积极探索，体验音乐创作的快乐。

（二）学前儿童奥尔夫音乐教育的内容

奥尔夫音乐教育体系的课程内容主要包括嗓音造型、动作造型、器乐造型三方面。[①]

1. 嗓音造型

嗓音造型可分为节奏朗诵活动和歌唱活动。其中节奏朗诵可以使用儿歌、民谣、诗歌等，亦可使用字、词、句，甚至还可以用一些象声词、音节等作为节奏活动的内容。例如：

×××	×××	×××	×××	×××	×××	××××	×××
小老鼠	上灯台	偷油吃	下不来	喵喵喵	猫来了	叽哩咕噜	滚下来

2. 动作造型

动作造型可以分为舞蹈、律动、戏剧表演、指挥和声势活动。其中，声势活动是一种简单而原始的身体动作，将身体作为乐器，创造性地发出各种有节奏声音的活动。最原始的四种声势动作就是拍手、跺脚、拍腿和捻指，体现了音乐全方位的要素，如旋律、速度、力度、情绪等。在教学过程中，可以将这些动作由易到难进行组合，层层递进，提高儿童创造性合作的能力。

3. 器乐造型

器乐造型指乐器演奏活动。这里所指的乐器指广义的乐器，包括专门的奥尔夫乐器、其他乐器、自制的乐器等。奥尔夫强调节奏是最基本、最重要的学习内容。

（三）学前儿童奥尔夫音乐教育的方法

1. 引导创作法

引导创作法是指教师秉承“教育应顺应儿童本性”的思想，向儿童提供

---

① 许卓娅. 学前儿童音乐与美术教育［M］. 苏州：苏州大学出版社，2001：56.

一些基本的材料（如简单的节奏、最基本的音调、最基本的动作等），儿童在教师的引导启发下逐步进行创作来进行音乐学习。模仿——探究——即兴表达——创作，由此完成其完整课程体系。

2. 集体综合法

奥尔夫音乐教育体系以集体教学为主，同时内容上体现综合性，给儿童创造交流、分享、合作的机会，提供全面、综合的审美体验机会。即兴在奥尔夫教学法中贯穿始终，而集体教学中需要团体即兴，这就要求儿童建立合作的意识，同时要为儿童提供集体合作创作音乐并分享创作经验的机会。集体教学体现了两个“三位一体”的综合性，即创作、表演、欣赏三位一体，歌、舞、乐三位一体。

总之，奥尔夫创造了一种理论和实践相融合的音乐体系，使儿童能够以最自然的方式进入音乐领域，并从中获得完整、全面的音乐体验。

三、学前儿童奥尔夫音乐教育活动的设计原则、步骤与策略

奥尔夫音乐教育体系适合儿童发展，尤其是3—6岁儿童，并已在幼儿园得到广泛应用。在综合性教学过程中，应关注如下原则。

（一）学前儿童奥尔夫音乐教育活动的设计原则

1. 主体性原则

主体性原则就是指儿童是活动的主体，教师和儿童相互配合。对学前儿童来说，主体性主要表现为自主性、活动性、探索性和创造性等。教师在进行奥尔夫活动设计与组织时，既要根据一定的教育目标要求和内容范围，在预测、分析儿童的学习需要以及年龄特点的基础上对教育活动进行必要的预设，同时要给教育活动留有足够的空间，结合儿童身心发展规律选择合适的内容与方法。教师可以结合儿童的前期经验、年龄特点去选择合适的素材，如儿童耳熟能详的故事、儿歌以及儿童游戏等，儿童更容易接受，进而能够有效激发儿童的学习兴趣，促进其身心的健康发展。

2. 综合性原则

首先，是音乐活动内容的综合，教师要将歌唱、律动、简单的打击乐演

奏以及音乐欣赏等，以一种有趣、有序的方式整合在一起，实现音乐、舞蹈、动作以及语言的相互融合，进而让儿童参与其中，提高学习的效率。利用一些音乐游戏，可以有效吸引儿童的注意力，激发其学习兴趣。其次，是音乐教育活动形式的综合。例如音乐故事与角色扮演相结合，组织幼儿扮演音乐故事中的不同角色，用奥尔夫乐器即兴创作角色主题音乐，同时用动作舞蹈表现角色特点，这样的活动充分运用戏剧、器乐、动作表达以及即兴创作等体现综合性；还可以组织幼儿进行综合艺术主题工作坊，比如以"四季"为主题，分别运用道具、乐器、朗诵、身体打击乐、绘画等表现春夏秋冬的四季变化，充分展现领域融合与艺术活动的综合性。

3. 发展性原则

儿童发展应该被看成一个有机整体，既强调儿童发展的主动性，又强调儿童各方面发展相互影响的必然性，儿童能够主动地观察、模仿、探索和表达，也能够主动地在这些艺术实践活动中展现其个性。教师为儿童提供自由表现的机会，鼓励儿童用不同艺术形式大胆地表达自己的情感、理解和想象，尊重每个儿童的想法和创造，肯定和接纳他们独特的审美感受和表现方式，分享他们创造的快乐。

4. 创造性原则

创造力不是一种可以学习和直接传授的知识，它是人类特殊的认识能力和实践能力的综合。因此，创造力教育应立足于儿童生活、学习的各个环节中进行，让儿童在活动中自主探索、主动操作、愉快表达、自觉交往，大胆用自己的方式去创造。

5. 审美性原则

奥尔夫音乐教育体系为教师挖掘出音乐、美术、舞蹈、语言、戏剧等艺术学科中存在的共同艺术因素，引导教师在教育教学中将艺术回归到人类本能的表达与体验中，运用艺术手法巧妙沟通、有机联系，使幼儿感知与发展创造力，建立对自我和世界的审美化认知。在儿童艺术教育活动设计中要把握好符合儿童年龄的审美特点，以审美感知的培养、审美情感的激发为出发点，在审美情境中促进儿童全面发展，提高儿童的审美感受力。

6. 开放性原则

儿童的发展是一个整体，要注重领域之间、目标之间的相互渗透和整合，在艺术教育活动中将各种不同领域的内容、不同的学习形式与方法加以有机的融合，将其作为一个互相联系而不可分割的完整体系。教育活动应在开放的学习环境下，促进儿童身心全面协调发展，而不应片面追求某一方面或几方面的发展，实行相对开放性的评价，以利于儿童主体性发展。

（二）学前儿童奥尔夫音乐教育活动的设计步骤

1. 活动背景分析

在设计教育活动时，首先要分析和研究教材，其次要分析教育对象。在教育活动设计的过程中，要思考儿童的年龄特点、儿童发展的差异性，所选择的教育内容要适合儿童的年龄特点和发展需要。在进行活动设计时要充分了解和分析自己当前所带班级儿童的先前学习经验、个性发展特点、已有认知水平和现实发展的需要，并在此基础上对教材内容进行相应的分析和调整。

2. 活动目标设计

活动目标是我们开展教育活动要达到的某种预期的效果，是组织开展教育活动的出发点和归宿，是教育活动设计与安排、教育活动组织与开展的基本依据，是教育活动选择内容、方法、进行教学效果评价的基本原则和范围。奥尔夫音乐教学活动以学习者为出发点，以儿童兴趣、生活经验为导向，引导儿童亲自参与，激发儿童创造潜能。

3. 活动策略设计

有了明确的活动目标，在设计时要考虑通过哪些教学方法和手段引发儿童的学习兴趣和动机，为儿童提供哪些材料，借助哪些教具学具，创设怎样的教学情境来帮助儿童主动构建经验，逐级完成教育目标，同时要考虑设计哪些相应的补充活动来满足儿童个性化学习的需要。活动策略设计从教学方法、教具材料、教学情境、拓展活动等方面入手。例如，将奥尔夫音乐教育融入儿童的日常活动中，将音乐教学与语言、节奏相结合等。

4. 活动评价设计

活动评价设计也就是活动目标的检测，帮助教师了解儿童达成活动目标的情况，有助于教师设计下一步的教育活动。活动目标的检测渗透在整个教学活动的过程中，对每一个层级的目标都应该有适当的检测内容，便于帮助教师在过程中随时了解儿童的发展水平和目标达成情况，为下一环节确定教学策略提供依据。

（三）学前儿童奥尔夫音乐教育活动设计的方法

1. 目标设定合理化

（1）情感目标。儿童通过奥尔夫音乐教学法对音乐、舞蹈、文学、戏剧等艺术语言表达自己的情感，体验作品的节奏、韵律等，对艺术活动感兴趣并积极投入。教师应掌握儿童音乐感知与理解表达能力发展之间的关系。

（2）学习过程发展目标。教师在教育活动中以过程为中心，从儿童获得知识、技能、情感及审美经验的目的出发构建目标，提高儿童探索问题、研究问题和创造性地解决问题的能力，充分发展儿童活动的主体性。

（3）认知与技能目标。教师首先应该审视活动的艺术知识技能，其次思考这些知识技能在作品中的审美含义，最后思考在何种程度上操作，才能使这些具有审美含义的知识技能对儿童产生有意义的挑战。

2. 内容选择综合化

教学内容综合化旨在培养儿童综合性思维能力。陈鹤琴先生认为，学前儿童对外界的反映是整体的，他们的思维也体现着综合性。可以通过节奏与语言结合、歌唱律动、乐器运用（即兴创作）、音美结合、音舞结合、游戏、戏剧等内容，发展儿童的思维能力。奥尔夫音乐教学提倡教学内容来源于生活，儿童耳熟能详的一些歌谣、绘本、声音等都可以带来较好的学习效果。奥尔夫还提倡以本民族本地区的音乐艺术文化为教学内容，可以将奥尔夫原本性音乐的理念与本民族艺术完美结合。

3. 教学策略多样化

奥尔夫音乐教学基本步骤为模仿、探究、即兴演奏与创造，顺应儿童学习迁移的规律和心理结构建构的规律，使新经验在联系已有经验的基础上巩固，并使儿童生理与心理结构功能不断获得新的完善和发展。

首先从符合儿童心理发展特点出发，为儿童创设适宜的教学氛围。《幼儿园教育指导纲要（试行）》指出："儿童艺术活动的能力是在大胆表现的过程中逐渐发展的。"儿童艺术活动作为一种情感交流的重要载体，需要让儿童在亲身参与体验与表达中认识艺术的重要性。教师要为儿童创设自由宽松的学习氛围，提供更多情感体验与表达的机会，鼓励儿童主动参与，大胆表现，积极体验。教师在教学活动中要设计适合的教学步骤，注重创新性和独特性。教师引导孩子观察自然和生活中的各种现象，在教学中加以综合运用，表达自己对艺术的感知与理解。孩子们按自己的意愿创编新的内容及表演动作，充分感受自主与成功的快乐。在奥尔夫教学中应注意递进式、螺旋式上升的教学策略，引导儿童由易到难，通过不同方式，多通道参与表达，反馈感受程度，在整体审美情境中让儿童获得全面发展。

4. 效果评价全面化

奥尔夫音乐教学活动评价分为过程性评价与结论性评价，从教学设计是否符合儿童发展水平和已有的经验，教师期望活动所达成的教育目标是否达成，活动的内容、材料和环境是否合理，活动过程中互动情况、儿童参与度、注意力等方面进行客观评价，尤其要关注教学过程是否体现了奥尔夫音乐教育对儿童音乐感知力、想象力、创造力的培养导向。教师应尽可能观察儿童，了解儿童，理解儿童，避免主观片面地设定儿童的发展需要，要具体化、全面化地评价儿童。

四、奥尔夫音乐教育活动案例及评析

（一）小班奥尔夫音乐教育活动案例及评析

1. 案例描述

《伊比呀呀》

1. 活动背景

律动活动是幼儿园音乐活动的重要组成部分，是培养儿童兴趣与音乐素质的重要载体。这节音乐活动的目的在于解决：如何使儿童创造力与音乐技能协调同步发展？如何在音乐集体教育活动中给予小班儿童充分的时间和空间？

《伊比呀呀》是一首朗朗上口的童谣。歌词中包含了“压、拉、推、扭”四种动作词语，同时音乐中这四种动作词语又以规律性的节奏出现，深受儿童喜爱。同时，本班幼儿对“巫婆奇遇记”的故事十分感兴趣，根据幼儿的兴趣点，采用音乐与故事相结合的方式，设计了这节教学活动。

2. 活动目标

（1）幼儿乐于参与音乐活动，体验游戏带来的快乐。

（2）幼儿初步感受音的“短短长”节奏，尝试用各种肢体动作进行表现。

3. 活动过程

（1）开始部分。

①幼儿听《伊比呀呀》音乐节奏自由做动作入场，感受音乐的长音和短音，尝试用肢体动作表现音乐的变化。

②故事导入，引出音乐。

师：森林里住着两只小巫婆，一只是奇奇巫婆，对什么事都好奇，另一只是跳跳巫婆，每天总是活蹦乱跳的。一天他们去森林里玩的时候，发现树上有一个特别好看的果子，有7种颜色，从来都没有见过。于是就想，这个果子能不能吃啊？你猜怎么样？

幼1：一下子把它吃了。

幼2：这个不能吃，妈妈说彩色的蘑菇就不能吃。

师：她说我要试一试。于是，就摘了一个尝了尝。你猜发生了什么事？她不知道这个有7种颜色的果子的名字叫爱睡果。你猜她吃完了怎么了？

幼：睡着了。

师：而且她还吃了一大口，昏昏沉沉地睡了好几年呢！可是，她的好朋友不知道她怎么了，看她一直睡呀睡呀，小巫婆的好朋友心情怎么样啊？她会干什么呢？

幼：去叫醒好朋友啊。

师：那我们听一听音乐，看看她的好朋友都对她做了些什么？

（儿童初步倾听音乐，感受音乐中的长音和短音）

（2）基本部分。

师：她的好朋友对她干了些什么？你都听到了什么？（关键性提问）

幼：压，拉，扭，推。

师：她的好朋友又拉她、又压她的，想把她怎么样啊？（叫醒）那你猜把她叫醒了吗？第一次，还真没有！那你听，她是怎么压的啊？（教师放慢速度进行演唱）

师：每次压的都一样吗？（关键性引导，教师再次演唱歌曲）

幼：不一样，有用力的压，还有轻轻的压。

师：那你听音乐第一次压了几下？第二次压了几下？（关键性提问）

幼：前面压了两下，后面压了一下。

师：前面两下压的声音是什么样的？（教师运用肢体动作表示"短短长"的节奏）

师：我们再来听一遍音乐。

（儿童再次欣赏音乐，进一步感受音乐中的长音和短音）

师：如果前面是短音的话，后面应该是什么？那如果后面是长音的话，前面是什么？（关键性提问）

师：如果要用短音和长音来唱这首歌可以怎么唱？

（儿童一开始还不能很好地用短音和长音来替换音乐中的四种动作词语，此时教师应给予儿童充足的时间，并通过肢体动作让儿童主动探索音乐中的短和长）

师：这次我们听着音乐，用小手指头点一点长音和短音，看看谁能把小巫婆点出来？

（第三遍欣赏音乐，感受音乐中的长音和短音）

师：这次小巫婆还是没有醒，你知道为什么吗？

师：其实，叫醒小巫婆是有解药的，要想把她拉醒、推醒，你要按照解药来做，让你压的时候你再怎么样啊？如果你不停地压，小巫婆能醒吗？（关键性引导）那看看谁能按照这个巫婆解药把她叫醒？

（儿童随音乐用各种肢体动作进行表现，感受音乐中的长音和短音）

师：那你猜猜这次小巫婆醒了吗？

幼：她醒过来了。

师：她还是没醒，其实，这个解药还有一个特别关键的地方，那就是你每次压、每次推、每次拉、每次扭的动作都不能一样。那你帮我想想办法好不好？刚才我们都是用手压的，那除了用手压，还能用哪里压呢？（关键性提问）

幼 1：胳膊肘和头可以压。

幼 2：膝盖可以压。

幼 3：可以用我的肚子和后背来试一试。

师：一下子就不同了，老师可要和你们学一学，身体有这么多不同的部位，除了用手、胳膊，还能用哪里呢？还有没有跟别人不一样的？（关键性引导）

幼 4：我要用脚，一下把她弄醒。

幼 5：不可以，如果用脚的话，你会伤害到小巫婆，她会哭的。

幼 6：我要用手腕和眼睛试一试。

师：除了压还有什么动作啊？那推可以怎么推？

师：请小朋友找一个没人的地方，摆一个巫婆的造型。现在就请你用身体的各个部位准备好，你想想用什么地方可以表示压、推、拉、扭呢？（再一次给予儿童思考的时间）

师：不管是压、推、拉、扭，你发现每次的声音都是……？

幼：前面是短短，第二次是长。短短长，短短长。

（3）结束部分。

延伸活动：欣赏音乐《造飞机》。

（案例提供者：北京明天幼稚集团　佟磊）

2. 案例评析

本节音乐集体活动有以下几点突出的优势：

（1）创设的音乐环境有效地激发了儿童参与音乐集体教育活动的兴趣。活动中，教师的故事引入呼应了孩子原有的兴趣，适度的、生活化的选材激发了儿童的学习兴趣。

（2）挖掘儿童的潜能，使其保持参与活动的积极性。教师巧妙地通过创编以及儿童教儿童来激发儿童的兴趣。如：教师在创造性表现环节鼓励儿童“一下子就不同了，老师可要和你们学一学，身体有这么多不同的部位，除了用手、胳膊，还能用哪里呢？还有没有跟别人不一样的？”

（3）教师根据儿童的学习特点，有目的地将文学、音乐、数学中的有关知识相结合，并且有意识地培养儿童乐于助人、勤于奉献的个性品格，用“叫醒巫婆”的音乐游戏调动了儿童参与活动的主动性和积极性，使他们乐于交流，敢于表现。

（二）中班奥尔夫音乐教育活动案例及评析

1. 案例描述

《小木工》

1. 活动背景

本学期幼儿园的木工坊活动开始了，孩子们都特别喜欢到木工坊去玩，在那里他们学习各种工具的使用方法，亲手制作玩具，发挥想象力，感受成功带来的喜悦。能否把孩子们如此感兴趣的活动作为音乐游戏中的经验呢？《3—6岁儿童学习与发展指南》指出：鼓励儿童在生活中细心观察、体验，为艺术活动积累经验与素材。因此我们设计了此次活动，将木工坊的活动融入到奥尔夫音乐游戏中，鼓励孩子们去大胆地表现和创造。

2. 活动目标

（1）儿童能够通过认真听音乐分辨出音乐中的两种不同音色和轻重音。

（2）儿童通过做木工的游戏用动作表现听到的节奏。

（3）儿童能够体会音乐合作游戏带来的快乐。

3. 活动过程

（1）开始部分。

儿童跟随老师听音乐《雨中的小花伞》进场。

（2）基本部分。

①谈话活动。

（出示图片，引出小木工的游戏）

师：我们在木工坊做过小飞机、跳芭蕾的女孩对不对？今天咱们有机会可以变身小木工，你想不想来试试呀？

幼：想！

②完整听音乐。

师：那我们来听一听做木工的音乐吧！小朋友们可要竖起耳朵仔细听啊！

（师放音乐，和儿童一起认真听音乐）

③引导儿童听辨音乐中的不同音，分辨两种并行的音色。

师：小朋友们听一听哪里有不同？

幼：小木工在敲钉子，小木工在磨砂纸，小木工在锯木头……

（听音乐的第一部分，引导儿童听出来两种并行的声音）

④尝试用动作表达音乐内容。

师：小朋友们想不想赶快来试一试呢？你们可以自己选择某一种声音，但是要注意听音乐，做个有节奏感的小木工。

（暗示儿童随音乐尝试做出相应动作，提醒幼儿跟上节奏）

⑤总结儿童有创造力的表现，激发幼儿自发的表现和创造。

师：刚才我看到一个小朋友敲钉子的样子特别好玩呢，还有一个小朋友磨砂纸的样子也特别有意思，请他们来前边试一下吧！

（邀请儿童演示，再次放音乐）

⑥引导儿童听音乐中的连续音。

师：听完这个，我们听一听这段音乐又是小木工在做什么呢？

（播放连续音的音乐，请儿童听辨并猜想）

⑦用动作表现音乐。

师：小朋友们觉得这是小木工在做什么呢？

（儿童回答）

师：小朋友们的想法都很有趣，其实这是小木工拿着尺子在木头上比着画线呢。我们跟着音乐来试一试吧。

（儿童随音乐表现）

⑧引导儿童听音乐中的沉重音并用动作表现。

师：接下来小木工又在做什么呢？我们来听一听。

（儿童听音乐并回答）

师：其实这是小木工起身搬木头。音乐里你觉得小木工搬木头时感觉是怎样的？是觉得沉重还是轻便？

幼：沉重。

师：木头很沉重，所以小木工搬的时候非常吃力，我们一起来试一试吧，要注意跟着节奏。

（让幼儿尝试各种方法来游戏，如儿童自己选择是站还是坐、空间位置等）

（3）结束部分。

再次进行游戏，总结儿童活动的表现，说一说今后需要注意的地方。

游戏延伸：儿童玩扮演小木工，制作木工房的戏剧表演游戏。

（案例提供者：北京市大兴区第十二幼儿园　张天佑）

2. 案例评析

本节《小木工》奥尔夫音乐教育活动符合儿童综合性、趣味性的学习需要。通过游戏的方式，将较难掌握的节奏、音色和小木工做活的肢体动作相结合，使幼儿在自主自愿、充满兴趣的过程中，感知体验音乐带来的愉悦，充分发挥了奥尔夫为主体的综合艺术活动在培养儿童音乐感知力、想象力与创造力方面的作用。

（三）大班奥尔夫音乐教育活动案例及评析

1. 案例描述

《卡门》（序曲）

1. 活动背景

《卡门》（序曲）这首音乐是法国作曲家比才于1874年创作的歌剧《卡门》的前奏曲，这里节选了音乐中的一个片段。开始呈现的快板主题生气勃勃、充满活力，表现了斗牛士英武潇洒的形象和斗牛场内兴奋活跃的气氛。由于它带有进行曲的特点，坚定有力的节奏和威武雄壮的曲调深受儿童喜爱。

本班幼儿已经具备了很强的音乐倾听能力和音乐记忆能力，并能将对音乐的感受与家庭生活、幼儿园生活、社会生活相互结合。而且，这个班的孩子具有很强的社会性发展以及小组学习的能力，他们能自发地形成无领导小组讨论，并根据同伴们的表演进行理性评价，为同伴提供建设性意见，另外，他们在小组学习过程中表现出主动参与、主动思考、主动协商等学习品质。根据孩子对音乐中特定音效的兴趣以及本班孩子的发展水平，我们结合维果斯基最近发展区和支架式教学理论，设计了此音乐活动，目的在于促进儿童主动有效地学习。

<table>
<tr><td>活动名称</td><td colspan="3">大班音乐活动《卡门》(序曲)</td></tr>
<tr><td>活动目标</td><td colspan="3">1. 喜欢参与欣赏活动，体验创作表演带来的快乐。
2. 感知乐曲中特定音效出现的规律，初步尝试小组创编律动，并随音乐大胆表现。
3. 学会与同伴合作、协商，共同完成任务。</td></tr>
<tr><td>活动重难点</td><td colspan="3">1. 重点：大胆地根据音乐的特性创编故事进行音乐表达。
2. 难点：感知音乐中特定音效出现的规律。</td></tr>
<tr><td>活动准备</td><td colspan="3">1. 物质准备：音乐、白板、投影等。
2. 经验准备：有随音乐创编故事情景的经验，有分组和表演的经验。</td></tr>
<tr><td>设计支架</td><td colspan="3">1. 本活动儿童最近发展区分析：本班幼儿对音乐有浓厚的兴趣，有一定的经验积累，听辨能力、动作表现力、语言表达能力发展较好。因此，在儿童多通道感知音乐特效音出现的规律后，撤走支架引导儿童独立学习、探究合作学习、分享交流学习。
2. 结合班级主题《特殊的讯号》，幼儿对特定音效有了相关经验，以及随音乐画图谱的经验。
3. 活动中通过多通道开放、游戏体验等多种支架的建构，使已有经验和教学活动之间的关系明晰化。
4. 设计原则：根据已有的学科知识经验和生活情景经验，进行知识迁移。</td></tr>
<tr><td>活动步骤</td><td>教　师</td><td>幼　儿</td><td>支架分析</td></tr>
<tr><td>提供经验支架</td><td>任务驱动，引导幼儿关注音乐中的特效音。
师：请你听一听音乐中有什么特别的声音？是用什么乐器演奏的？</td><td>“哐”的声音
“嚓”的声音</td><td>调动儿童的生活经验，为开展活动做铺垫。</td></tr>
</table>

续表

提供物质支架	问题驱动，引导儿童主动学习。 师：那个特殊的声音出现了几次？每次出现在第几拍？请小朋友到前面画一画，其他小朋友也随音乐用小手在纸上画一画。	幼儿积极踊跃地回答问题，纷纷要到黑板上画一画特定音效出现的规律。 其他幼儿在自己的座位上用 A4 纸随音乐创作个性化图谱。	提供学具，引导幼儿在出现问题或有疑问时，不盲目猜测答案，而是学习用有效的途径去解决问题，为后面创编情景律动做铺垫。
提供经验支架	幼儿集体验证同伴的图谱，教师引导幼儿进一步感应特定音效出现的规律。 师：我们一起来看看他们画的能不能帮我们解决刚才的问题。 师：带着没有解决的疑问请小朋友们跟老师一起来画一画音乐。哪个是特效音？特效音出现了几次？每次出现在第几拍？	幼儿发现同伴出现的问题后又随着教师进一步梳理图谱。 教师总结："斜线为特效音，短横线为非特效音，是固定拍。"	通过音画一体的方式，以多种感官引导幼儿进一步感应特定音效出现的规律，为后面随音乐分组创编情景律动做准备。
转换支架	播放全曲，通过玩"手、脑、耳"捉迷藏的游戏，减少学习中的困难。 师：听到旋律的时候数拍子，听到特效音时拍手。	幼儿根据音乐中特定音效出现的规律玩"手、脑、耳"捉迷藏游戏。	用肢体动作感应特定音效，减少后面环节中儿童学习的困难，以保持积极的学习动机。
提供游戏支架	关注和突破难点。 师：刚才玩游戏的时候，你发现有什么样的问题？	幼："叮"有时候是连着出现的，我们跟不上。 玩造型游戏：按照旋律节拍向前行走，当听到特效音时摆造型。	巩固特定音效出现的规律，进一步引导幼儿在听辨的基础上用具体的肢体造型表现抽象的音乐。
转换支架	迁移生活经验，分组创编情景律动，发展儿童的合作和想象能力，再一次激发儿童的学习动机，同时培养儿童欣赏自己悦纳他人的社会态度。 师：你觉得音乐讲了什么故事？或者说你觉得像你生活中的什么事情？	幼儿在听辨音乐的基础上，纷纷说出自己对音乐的理解和感受，并创编成小故事。	以最近发展区为空间，搭建儿童自主发展的脚手架，引导儿童从原有的知识经验和生活经验中"生长"出新的知识经验，促进儿童音乐素养持续发展，同时发展儿童合作学习、相互学习的品质。

续表

撤走支架	师：请6个小朋友一组，一起商量商量，你们要用肢体动作为我们演的故事，以及小组的负责人是谁，你们每个人的分工和任务，随后进行分组展示。 分享环节：小组演出完，要求小观众给予表演小组建设性的评价。（教师巡回指导）	幼儿自主创编出了：开车遇到摩托车、阿里巴巴与四十大盗、植物大战僵尸、超市购物、小猫钓鱼、淘气的嘟嘟采花等故事和情景律动。  	支架式教学在强调教师有指导的同时，还强调教师的指导成分逐渐减少，最后使儿童独立学习。将监控学习和探索学习的责任由以“教师为主”转为以“儿童为主”。
回归生活	活动最后，观看《卡门》（序曲）的视频。 师：今天这首给我们带来了很多快乐的乐曲叫《卡门》。	幼儿兴奋至极 	引导幼儿用善于发现美的耳朵去关注大自然、生活中美妙的声音，再次让儿童的音乐回归于儿童的生活。

（案例提供者：北京明天幼稚集团　佟磊）

2. 案例评析

本节教学活动的设计关键点在于教师提供的游戏支架（捉迷藏游戏），这是根据儿童的年龄特点来帮助儿童逐步理解和感受特定音效出现的规律。活动从给予任务驱动开始，关注音乐——音画一体——集体验证——教师梳理——上肢游戏——动态造型游戏，由浅入深逐步帮助儿童感受、体验、创造、个性化表达。转换支架的层次性使用恰到好处，主要分两层：一层，通过游戏的方式感应音乐特定音效出现的位置。二层，将抽象的音乐与儿童的生活经验相结合，通过开放式的提问，再现生活情境和创造想象，在原有基础上又增加难度，为后面撤走支架独立学习，做了很好的承上启下的作用。

教师能考虑到本班儿童的能力水平，关注到实际的学习情况，在适当的时机撤走支架，支持儿童的独立学习，策略到位。

在学习素养方面：在分组环节中，注重培养孩子探究创造学习和共同学习，主动将个人生活经验转换成表演动作，并在集体中观察和吸收其他人的创造性表演思路，引导孩子主动将上述经验重新选择加工成新的表演动作。孩子乐于分享观念、主意、策略和快乐。在点评环节，关注培养孩子的社会态度，能够积极地审视自己、悦纳他人。

在人格素养方面：积极关注孩子的交往和合作，并能够延迟满足，能收能放。

在音乐学科素养方面：儿童学习用肢体表演故事情景的方式来表现音乐的突出特点——特定音效“叮”，以及音乐的情绪。

第二节　以教育戏剧为主体的综合艺术课程

本节对戏剧的含义、儿童教育戏剧的特征和类型、儿童教育戏剧的设计步骤等方面进行了阐述，并重点呈现了小、中、大班教育戏剧的课程案例，并对其进行了评价。

一、儿童教育戏剧的含义

戏剧是一门以角色表演为中心，通过演员扮演角色并运用语言、动作、姿态、表情等表演故事情节，来反映社会生活、刻画人物形象的舞台艺术。它是一种综合性的艺术，融合了文学、音乐、美术、舞蹈，以及造形、灯光、服饰等各种艺术成分，通过视觉和听觉给人美的享受和启迪。

儿童教育戏剧是将戏剧方法与戏剧元素应用在教学或社会文化活动中，让儿童在戏剧实践中达成学习目标和目的。教育戏剧的重点在于学习主体参与，从感受中领略知识的意蕴，从相互交流中发现可能性以及创造新意义。

二、儿童教育戏剧的特征和类型

（一）儿童教育戏剧的特征

1. 主题鲜明、浅显，题材生活化

儿童教育戏剧选用儿童所熟悉的社会生活题材，其中蕴含一个浅显而鲜明的主题以及符合儿童理解水平的道理。题材通常取自儿童的现实生活，以儿童为主人公，或取自儿童独特的幻想世界，以拟人化的人物间接反映儿童生活，具有儿童特征的角色形象，如爱吃甜食不刷牙的小熊、不认识自己妈妈的小蝌蚪、贪吃懒做的小黑猫、勤劳而忙碌的小蜜蜂等。

2. 戏剧冲突具有趣味性和游戏性

高尔基说游戏是儿童认识世界的方法，也是他们认识世界的工具。儿童教育戏剧不仅在内容上大多反映、表现了儿童的游戏活动，而且在艺术形式上也具备儿童游戏的特点。儿童教育戏剧的演出，实际上就是一种经过组织的、具有戏剧艺术特点的高级游戏（在儿童教育戏剧中，也有一些是由成人演出给儿童观赏的，但主要是由儿童自己演出的。）

儿童教育戏剧中出现的戏剧冲突必须符合儿童的年龄及心理特征，符合他们的接受能力和审美趣味。情节充满儿童情趣，只有一条主线，而且十分鲜明，往往以儿童能理解的真假、善恶、美丑之间的矛盾对立作为戏剧冲突。幼小儿童的注意力容易分散，儿童教育戏剧往往设置悬念（但不宜多），创造出热烈紧张的氛围，这样能自始至终地吸引住小观众。

3. 戏剧语言具有动作性、儿童化和口语化的特点

儿童教育戏剧不可能有大段的对话和独白，因此它的语言特别要求形象化和动作化，且简短、形象，甚至常常用大幅度的、夸张的动作去表现人物的思想情绪和性格，让幼小的观众一听就明白，留下鲜明而深刻的印象。

4. 戏剧形式具有丰富性和综合性

儿童教育戏剧由众多不同艺术形式汇集而成，是最具儿童特征的儿童文学样式之一。从个体来看，一出儿童教育戏剧往往混合运用语言、音乐、舞蹈、木偶等多种艺术手段；从文体来看，儿童教育戏剧可以是儿童诗表演、

儿童故事情境的表演、童话的戏剧创作；从情境创设来看，儿童教育戏剧兼有古代传统皮影、木偶、戏剧服饰道具、现代话剧的舞台布景，以及高科技产品如激光、动漫等。

（二）儿童教育戏剧的类型

儿童教育戏剧的类型，从场幕结构分，有多幕剧和独幕剧；从题材内容分，有现实剧、童话剧、科幻剧、历史剧；从表演形式分，可以分为儿童话剧、儿童歌舞剧、儿童木偶剧、故事表演、皮影戏以及儿童动画片等。

1. 儿童话剧

（1）手段：台词、表情、动作。

（2）形象：拟人形象——童话剧；人物形象——生活剧。

（3）特点：篇幅短，内容浅，以台词、动作为主。

2. 儿童歌舞剧

儿童歌舞剧是以歌唱和舞蹈为主要表现手段，辅以少量台词的小型歌舞剧。其中，以歌舞剧形式表现童话内容的又称作童话歌舞剧。

（1）手段：唱歌和舞蹈。

（2）形象：动物拟人形象——童话歌舞剧；人物形象——生活歌舞剧。

（3）特点：载歌载舞，气氛热烈。

3. 儿童木偶剧

儿童木偶剧是由儿童演员操纵木偶来表演故事内容的一种戏剧形式。它是以玩具为基础，将游戏的形式与戏剧的表现手段综合到一起，因此特别受到儿童的喜爱。依据木偶形体和操作技术的不同，木偶剧又分为：

（1）布袋木偶。制作简单，容易操作，广泛运用于幼儿园教育活动中，中大班孩子能操作表演。

（2）杖头木偶。制作和操作比布袋木偶复杂，形体较大，醒目，表现力强，也可运用于幼儿园。

（3）提线木偶。制作和操作较为复杂，难度大，幼小的儿童难以把握，适合儿童观赏。

木偶剧是我国民间传统戏剧的表现形式。当代木偶剧表演有了新突破，出现了演员与木偶同台，木偶剧与音乐剧相结合的木偶音乐剧。

4. 故事表演

故事表演是在儿童学会复述故事的基础上，由教师组织、指导儿童参加的一种演出活动。表演以分角色诵述为主，适当配合动作和表情。故事表演对服装、灯光、布景等舞台设置不作什么要求，每位小朋友都可以扮演角色，因此随时随处都可以演出。例如，《三只蝴蝶》《拔萝卜》等故事表演。

5. 皮影戏

皮影戏是人通过操纵用兽皮或纸板做成的人物、动物剪影来表演故事内容的一种儿童教育戏剧。

（1）工具：兽皮（驴皮）或纸板，灯光，纱幔等。

（2）手段：表演配以音乐和演唱。

（3）特点：我国独创的一种民间艺术，也是一种图案艺术。显示角色的侧面影像，有影无形，给人朦胧、雾里看花的感觉。

6. 儿童动画片

儿童动画片是儿童戏剧文学艺术与美术和现代传媒技术相交融的一种新样式。它善用紧张惊险的情节，艺术而夸张的造型，诙谐幽默的语言和超现实、极富想象力的创意表现故事情节，是儿童最喜爱的影视剧作品。例如，《宝莲灯》《孙悟空三打白骨精》《米老鼠和唐老鸭》《机器猫》等。

三、儿童教育戏剧的设计步骤

（一）儿童作品的改编

1. 选择恰当的原作

（1）贴近幼儿生活、符合幼儿思维能力和心理特征。

（2）适宜在有限的时间、空间表演。

（3）人物不要太多；场景布置不要太复杂；舞台布置和变换要容易；情节和语言有一定反复。

（4）主题健康活泼。

2. 进行再创作

（1）忠实原著，保留故事主题和大致情节。

（2）依据戏剧冲突设计角色台词、动作和舞台提示。

叙述性语言的使用。通过设计演员的台词，直接向观众传递故事背景、人物内心想法和情感等信息；或通过设计旁白（独白），深入挖掘人物行为、动作背后的内心世界；或串联剧情，引导观众情绪，使观众理解剧情的发展和人物关系的变化。

对话性语言的使用。通过设计角色对话，展现人物性格特点，构建人际关系，使角色栩栩如生；通过对话的节奏、语调和内容的设计，营造紧张、幽默等氛围，增强戏剧的感染力和表现力。对话性语言需整齐、押韵，简短易记。

（3）为角色设计典型化的戏剧动作，如角色上下场、行动路线以及表现角色情感的舞台提示，同时穿插必要的游戏、歌舞。

3. 让幼儿成为表演的主人

（1）语言表达的指导。指导幼儿利用声音扮演故事人物，学习通过语气、语调、语速的变化来表现角色的情感和态度。

（2）动作表情的指导。指导儿童用恰当的身体动作、手势、面部表情等表现角色的心理等。

（3）鼓励孩子创造性表演。启发儿童在没有道具、场景的环境中进行虚拟动作表演，鼓励儿童自己设计场景或者改变原来戏剧脚本的某些情节、台词和表演。

（二）儿童教育戏剧的创作

1. 选择适合儿童接受和欣赏的题材

题材要具有儿童视角，符合儿童的审美趣味。

2. 用戏剧的文本样式构思

注意考虑特定的情景、场景；场幕的交替；故事的发展脉络要清晰；注意考虑舞台布置、服饰造型、音乐配置、剧场气氛的营造等。

3. 紧紧抓住情节发展与矛盾冲突

儿童教育戏剧要有头有尾地叙述整个事件过程；故事情节要求高度集

中，叙事方式浓缩、趣味、跳跃，忌讳冗长、沉闷、徐缓。儿童教育戏剧的开头要说明故事发生的时间、地点，交代主要人物及人物关系；中心事件发生之前的先行事件也要在开头说清楚。

4. 运用戏剧台词塑造人物形象

戏剧的文体语言大致分为三类。

（1）台词。台词指剧中人物的口头语言，以人物之间的对话为主，以个人独白、旁白为辅，是剧本构成的主体，是戏剧最重要的表现手段。人物台词在叙事的时候能体现鲜明的人物个性，这就要求在人物台词上下功夫。人物台词要求：一是动作化，戏剧是语言的艺术，更是动作的艺术，儿童不喜欢静态的大段说唱。二是个性化，语言要展现人物的个性，能解决矛盾冲突，表现人物命运。三是艺术化，语言要准确生动、悦耳上口、幽默俏皮。四是口语化，符合特定语言环境，简洁、干净，说得自然、贴切，听得明白、有味。

（2）提示语。提示语是非剧中人物语言的叙述语言，供欣赏阅读或演员使用剧本时阅读理解之用，观众不能听到“它们”。使用提示语，可以在开幕前交代场地布置、时间季节、人物角色等；在人物出场后，提示语可以对人物情绪、动作、上下场进行说明。

（3）画外音。画外音是在台词和提示语之外，编者有意插入的语言，用于交代情节、人物，起穿针引线的作用，是偶尔使用的一种舞台辅助性语言。画外音不宜多用，否则可能会中断线索，打乱结构。

四、儿童教育戏剧课程案例及评析

（一）小班戏剧课程案例及评析

1. 案例描述

戏剧表演《小兔乖乖》

1. 活动背景

《小兔乖乖》的故事对于不少小班儿童来讲已经耳熟能详，孩子们特别喜欢在表演区扮演小白兔和兔妈妈。孩子们模仿的兴致和热情让教师意识到这是开展一场戏剧表演的绝佳机会。戏剧表演可以调动儿童的感官，如视觉、听觉等，启发儿童的情感意识，能带给儿童极大的乐趣，同时戏剧表演有助于儿童学习表达自我、认识和理解世界。通过最初的场景布置到道具的准备，再到带领儿童选择角色进行表演，让儿童了解完整的戏剧表演过程，并且喜欢上在观众面前表演、展现自己，激发儿童表现美的热情。正如《指南》所言，儿童艺术领域学习的关键在于充分创造条件和机会，在大自然和社会文化生活中启发儿童对美的感受和体验。戏剧表演《小兔乖乖》希望能为孩子创造这样的条件和机会，同时教师根据游戏阶段给予儿童不同的指导，提高儿童戏剧表演游戏的质量。

2.活动过程

（1）如何搭建《小兔乖乖》的舞台？

戏剧表演少不了场景的布置，那如何搭建一个《小兔乖乖》的专属舞台？该从哪里入手呢？老师问孩子们："你们见过的舞台是什么样的呢？"有的孩子说舞台是高高的，有的说舞台很漂亮，有的说舞台上有人表演。老师问："你们希望《小兔乖乖》的舞台搭成什么样子？"孩子们没了主意。于是老师先问孩子们："大家想想《小兔乖乖》的故事发生在哪里呢？"乐乐说："是在大森林里。"老师又问森林是什么样子。"森林有很多的大树""有很多的叶子""有小鸟""有好多动物"……这一下唤起了孩子们对森林情景的记忆。老师接着问："那大家觉得可以选用班级里的哪些材料制做一个森林背景呢？"有孩子说："我们可以用大纸，画一片大大的叶子，给它涂上绿颜色。"在孩子们表达出具体的操作方法后，老师带动孩子们一起把想法转变为行动。大家一起找来纸和KT板，老师画出各类叶子的形状，孩子们为叶子涂上颜色，和老师一起把涂好的叶子裁出形状。孩子们兴奋地把剪好的绿叶一片片贴在白板上。就这样戏剧表演的舞台背景做好了。果果手舞足蹈地宣布：

“看，大森林！”引来了好多小朋友围观。老师说刚才还有小朋友提到森林里有小动物，于是有孩子跑去娃娃家，把猴子、长颈鹿这些毛绒玩具拿了过来，说：“它们是小白兔的好朋友。”

大森林的背景做好后，一下就有了舞台的感觉。为了进一步激发孩子们表演的欲望，也使孩子们更容易融入到表演当中，显然需要进一步丰富舞台。老师问孩子们：“在《小兔乖乖》的故事里，小兔子们住在哪里呢？”“家里！”孩子们积极地回应着。“那你们希望咱们怎么搭小兔子的家？也可以看看咱们班有没有什么材料可以搭小兔子的家？”果果找来一块地垫说这个可以搭小兔的家。不过大家路过的时候一不小心碰到就会倒，有孩子提出质疑：“大灰狼一推就倒了。”于是大家继续想办法。琪琪指着娃娃家的小帐篷说：“我想用那个。”其他小朋友也觉得这个主意不错。老师提醒大家：“那我们去跟娃娃家的小朋友借用一下吧。”于是在老师的带领下，孩子们成功地把娃娃家的帐篷借来做小兔子的家。

但舞台的搭建没有到此结束，在后来的表演过程中，不时有其他小朋友被这边的热闹吸引，走到“舞台”上来观看或搭话，表演总被打断。面对这个问题，老师问孩子们：“有没有什么办法，可以让别人知道这个地方是《小兔乖乖》的舞台？表演的时候只有小兔子、大灰狼、兔妈妈这些演员可以在上面，而观众可以在舞台外面观看，但不能走到舞台上。”有孩子又想到了地垫，建议用地垫围起来。老师鼓励孩子们试试。地垫立起来后，孩子们的身子被挡住大半截，站在外面的观众看不到大家的表演了。大家又开始想新的办法，左左跑到建筑区拿了三四块积木过来拼在一起，其他小朋友见状也来帮忙拿积木，不一会，舞台就圈出来了。

（2）没有人愿意演大灰狼，怎么办？

小朋友们开始选角色，不过大家都说想要演小白兔，没有人想要演大灰狼。一位小朋友来向老师求助：“老师，没有大灰狼怎么办？”

老师请孩子们说说为什么不愿意演大灰狼，孩子们说：“大灰狼太坏了”“大灰狼长得太吓人了”……“那小朋友们都不想演大灰狼，怎么办呢？”老师问道。有的小朋友赶紧说“那就不要大灰狼了。”但是其他小朋友急了，“没有大灰狼不行，这不对。”“没有大灰狼怎么演啊？”对于小班儿童来说，他们眼中的“大灰狼”是坏人，而自己是好人，所以不愿意扮演“坏”角色。面对这一事先预想到的情景，老师对孩子们说：“我想要表演大灰狼，因为我觉得大灰狼说话的样子和走路的姿势都太有趣了，我想要模仿模仿，而且大灰狼有一根独特的大尾巴哟。”说着老师把准备好的大灰狼的尾巴拿了出来，还捏着鼻子说了几句大灰狼的台词，这一下子吸引了大家的兴趣。这时，小丁大声说：“我想演大灰狼！”老师也很是惊喜，表扬小丁愿意接受挑战，也请其他小朋友一起为小丁的勇气鼓掌。

（3）怎么区分角色呢？

孩子们自发地从区域里找来道具装扮自己，有的找了小兔子的头饰，有的找了花环的头饰，有的找了大灰狼的手偶。老师向“兔子们”提出一个问题：“你们的头饰上都有小兔子，那谁是兔妈妈，谁是兔宝宝呢？”一个孩子说：“我是兔妈妈，我头上有兔子和花呢。”老师指着另一只“小兔子”的头饰说：“可是她头上也有小兔子呀。”孩子们不知怎么区分兔妈妈和兔宝宝了。紧接着老师又问：“大家想想，兔妈妈出门干什么去了呢？”左左说：“兔妈妈给兔宝宝买菜去了。”“那你们想一想，妈妈买菜要拿什么？”老师继续问道，只见果果跑去拿了个空盒子，接着把几片绿色的纸卡放在里面，说：“这个是兔妈妈的篮子，里面还有菜呢。”这样孩子们通过丰富的道具学会了区分角色。

（4）怎么演好大灰狼？

大灰狼的扮演者小丁上场后，孩子们忍不住笑起来，小瓜说：“小丁怎么像一只小羊，不像一只大灰狼。”老师问为什么？果果说：“小丁一点都不吓人。”于是老师邀请孩子们又一起看了一遍《小兔乖乖》，着重请孩子们看大灰狼走起路来是什么样子，大灰狼的表情是什么样的，大灰狼敲门时说了什么。观察过后，老师鼓励小丁再次扮演大灰狼，小丁演得比刚才大有进步。为了让小丁更能融入情景，老师播放了一段大灰狼入场的背景音乐《彼得与狼》的片段。“小白兔”们都竖起耳朵听这段音乐，小丁也喜欢跟着这段音乐出场。在后面的表演中，小丁每次都要求播放这段音乐，他也一次比一次更像大灰狼。在活动区游戏分享环节，老师为了鼓励小丁，特意请他又表演了一遍大灰狼，他的表演获得小朋友们的热烈掌声。

除了从动画里学习观察、通过音乐帮助孩子融入情景外，教师还通过亲自参与示范的方式协助儿童扮演好角色。一天，园里的甜甜老师来参与孩子们的戏剧表演，孩子们邀请甜甜老师扮演大灰狼。甜甜老师生动形象的表演一下子把孩子们带入了情景当中。表演结束后，老师问孩子们觉得甜甜老师演的大灰狼怎么样。左左笑着说：“甜甜老师演的大灰狼太凶猛了，我都害怕了！”教师生动的表演同样激发了儿童的表演欲望。

（5）我也想演兔妈妈怎么办？

小丁每次都扮演大灰狼的角色，有一天他说不想演大灰狼了，他说想演兔妈妈。游戏停了下来，花花说：“你是男孩子，不能演兔妈妈。”其他兔宝宝也表示赞同。小丁有点着急了，看来他确实不想再演大灰狼了。老师问孩子们：“我们要尊重小丁不想再演大灰狼的想法，但是他又不适合演兔妈妈，那我们能不能为小丁想一个好办法呢？”花花想了想说，“男孩子只能演爸爸。”老师问小丁：“你愿意演爸爸吗？”“嗯，我演兔爸爸。”不过问题来了，没有了大灰狼怎么办？这次没有新的小朋友愿意扮演大灰狼。孩子们又来向老师求助，老师鼓励孩子们说：“大家一起商量商量，看能不能想出好的办法。”左左说：“我可以来演一会儿，但是不要一直演。”老师一边鼓掌一边说：“太好了，我们的表演可以继续了！”看到老师对左左的鼓励，果果也表示自己愿意演，最后两人决定轮流扮演大灰狼，游戏得以继续。孩子们在自己制作的舞台上，在自己选的角色里，个个演得兴致勃勃。

（案例提供者：中国科学院第三幼儿园
赵振梅　高丹宁　刘娜　朱玉妹）

2. 案例评析

（1）该案例中的戏剧表演游戏，对于儿童语言能力的发展、社会性发展等都有积极促进作用。有研究表明，经常进行表演游戏活动的儿童对故事情节的理解能力显著高于其他儿童。[①] 本案例中所选的《小兔乖乖》这个故事通俗易懂，生动有趣，易于儿童理解、模仿及表现，符合小班儿童年龄特点。儿童在理解故事的来龙去脉的同时，还通过表演过程中的对话情景促进了语言表达能力的发展。另外，在促进儿童社会性发展方面，正如案例中所展现的，教师给予儿童充分交流的时间和空间，引导孩子们去尝试分配角色、走出表演区去其他区域寻求帮助、互相协商、制定规则等，在解决这些问题的过程，儿童逐步认识到他人的不同观点，逐步学会协商合作，这都有助于儿童社会性的发展。

（2）该戏剧表演案例中教师注重对儿童表演性、创造性的指导。表演性是戏剧表演游戏的主要特征之一，但如果教师一味地要求儿童表演逼真的效果，会让儿童紧张。在本案例中，当儿童表演大灰狼不那么像的时候，教师能够耐心地给儿童充分的时间去探索角色的形象特征，从动作、表情、语言等角度和儿童共同总结归纳，激励儿童一次次地尝试。教师还为儿童创造互动分享的机会，使其更多地感受到来自同伴的认可和鼓励，也再次激发儿童的表演兴趣，促进游戏的持续。另外，教师的参与表演，进一步提高了儿童的表演水平及表演的积极性。

表演区是激发儿童积极表现与创造的表现性活动区。在本案例中，教师对儿童创造性的指导也体现在多方面。如教师在表演区提供的空盒子、彩色

---

① 井卫英，陈会昌．关于游戏与儿童发展的思考［J］．学前教育研究，2002（4）：3.

纸片这些非结构化或低结构化的材料，被儿童当作菜筐、蔬菜使用，这样的材料更有利于激发儿童的想象力，促进儿童自主游戏。因此教师在游戏指导过程中，不要让区域、材料束缚住孩子的游戏，这样才能更好地培养孩子的创造力。

（3）教师的关键提问，影响着儿童戏剧表演游戏的质量。教师的提问是为了引发儿童的思考，推动游戏向更高层次开展，从而提升游戏质量。本案例中，在儿童缺乏戏剧表演经验的情况下，教师不是简单、直接地告诉儿童如何去做，而是通过多样的提问方式指导儿童，如“大家想想《小兔乖乖》的故事发生在哪里呢？”“那你们想一想，妈妈买菜要拿什么？”“那我们能不能为小丁想一个好办法呢？”这些看似随意的问题背后都是教师教学能力的体现，值得借鉴。提问前教师应该思考以下问题：我提问的时机是否恰当；我提的问题是否在儿童的最近发展区内，并能推动儿童游戏的进展；我的语言表述是否准确到位，易于儿童理解；我该用什么样的语气提问；我提出的问题是否具有思考价值；我的问题对于儿童来讲是否具有启发性、发散性、针对性等。

（二）中班戏剧课程案例及评析

1. 案例描述

《小叮当快递员》

1. 活动背景

网上购物方便了我们的生活，取快递也成了我们每个家庭的日常，孩子们在幼儿园里也常谈起妈妈在网上给自己买礼物和帮忙取快递的话题。孩子们在户外活动时，经常能碰到来给幼儿园送快递的快递员叔叔。孩子们出于好奇，就收集了一些问题，专门去采访了快递员叔叔：叔叔，你们都要去哪里送快递？你们为什么穿着同样的衣服？快递车里面能装多少个快递？遇到快递车都装不下的快递怎么办……孩子们通过采访了解快递员的工作内容后，也想当快递员玩送快递的游戏，于是快递员的戏剧表演游戏就由此展开了。

《小叮当快递员》戏剧表演游戏是由真实的社会现象引发的，因此本游戏更加注重环境创设的真实性，游戏情节按照儿童的想法设计，游戏的材料由儿童根据情节需要选择和制作。孩子们在准备和开展游戏过程中主动将生活和游戏相结合，设计了很多道具和有戏剧性的环节，为游戏增加了很多真实的体验。在游戏过程中孩子们也遇到了很多问题，如小朋友们都想当快递员，想当顾客的人却很少，送快递时在路上耽误的时间太多，舞台设计不够美观，表演不够有趣等，于是，我们就围绕着这些问题，不断寻找解决方法，完善《小叮当快递员》戏剧游戏。本游戏的目的是让儿童在游戏中学会寻找工具和材料，学会主动思考和自主解决问题，在游戏中感受为他人服务的乐趣，收获丰富的生活经验，感受身边职业的不同特点，了解社会的基本运作方式。

2. 活动过程

（1）怎么把教室布置成游戏场景？

要开一个快递公司，那我们需要做哪些准备？安安说："快递公司一般会堆放着很多大大小小的快递。"于是孩子们从家里带来了各种各样的快递盒子，带来后全都摆放在地上显得乱糟糟的，有的小朋友就提议："快递站的快递都摆放得整整齐齐的，我们把这些快递盒子都收到一个柜子上吧。"孩子们在整理快递盒的过程中，还主动给快递柜贴上了标志，将快递按照体积大小进行分类收纳，完美地解决了快递摆放问题。

游戏场景的设定还包括商场。孩子们把表演区当作商场的服装区，把益智区当作商场的玩具区，另外，还找来了一些可以用来打包的袋子和纸盒。如何区分商场和快递公司呢？孩子们把商场设置在了舞台的左侧，快递公司设置在了右侧，中间空出来的部分作为马路，这样也腾出来了表演的空间。

在这个布置场景阶段，工作量比较大，每个场景的设计都需要小朋友们来合作完成，于是根据孩子们的兴趣分成了三个小组，分别是“商场场景道具组”“快递场景道具组”“影音道具组”。每个小组的分工不同，商场场景组负责收银台的设计，服装和玩具的整理与摆放；快递场景组负责搜集、整理快递盒，设计、粘贴小叮当快递公司的标志；影音道具组负责寻找适合不同环节的背景音乐和视频，灯光舞美设计等。由于中班的孩子们识字量少，上网搜索配乐比较困难，老师就提供了一些歌单，孩子们在这些歌单里选择比较合适的音乐。

（2）如何确定小演员？

一个好的戏剧表演，一定少不了小演员的出色表现。老师和孩子们共同确定了表演中必须存在的几个人物角色——快递员、线下和线上的顾客、售货员、路人等。在分配角色时又遇到了一个问题，想当快递员的小朋友远远超过了快递员的实际需求人数。孩子们都想当快递员，这可怎么办呢？

糯米：“谁平时取快递取得多谁当快递员，因为他接触快递员多，会更熟悉快递员。”贺宸：“谁更强壮谁就当快递员，快递每天送快递很辛苦的，强壮一点的才能胜任。”点点：“可以用海选的方式，之前我参加过话剧《白雪公主与七个小矮人》的海选。”经过商量，孩子们都赞同点点的建议，最终决定用海选的方式选出演得好的小演员，这种方式最公平，也最能保证演出的效果。在海选时每个小朋友可以报名两个角色，小演员自由设定情境，以人物角色的身份展开1—3分钟的表演，剩下的小朋友作为观众，按照表演水平进行投票，得票数高的小演员确定为最终的角色人选。海选的时候还出现了票数一致的情况，这时候就由老师设定一个情境，两个小演员来进行合作表演，最后由观众再一次投票，票数多的获胜。

（3）如何让每个角色有特点，表演活起来？

为了让角色的形象更贴合实际，方便观众区分快递员和售货员，孩子们还给小叮当快递员设计了工作服、名片、快递车等道具，给售货员设计了服装和工作证。刚开始排练时，部分小演员们有些拘束，肢体动作不够丰富，台词说得也不是很自然，作为观众的小朋友们鼓励了他们，也积极提出自己的想法，帮助小演员找到人物角色的特点，小演员们也及时地听取观众们的建议，改善讲台词的语气，丰富自己的肢体动作，让自己的表演更加生动。为了让每一个人物角色都有自己的特点，让观众看得更有趣，我们就根据小演员的性格设定了角色说话和行为的风格，如玩具区的售货员甜美可爱、爱笑、说话温柔；服装区的售货员热情开放、说话声音大；快递员大林毛手毛脚，还爱说口头禅“好嘞！”“大事不好了”。

（4）快递寄出的流程是怎样的？

当顾客网上下单后，物品是谁来负责包装，又是怎样寄出的呢？园园：“快递的商品不能直接送给顾客，得装在盒子里。”小宝：“还可以装在袋子里，不怕压的都可以装在袋子里。”老师：“谁来负责打包这个工作，是快递员还是商场的售货员？”对于这个问题，孩子们产生了争论，为了弄清楚快递寄出的流程，孩子们又去咨询了快递员叔叔。萌萌：“原来是售货员负责把顾客买的商品挑出来，选择合适的包装打包好，然后打电话让快递员来取的呀。”铭铭：“快递员还会检查一下包装，然后再贴上快递单，上面会写着收件人的地址和电话。”

为了让更多的小观众们了解快递寄出的流程，我们在表演中设计了这样的一个环节：

第一位顾客朵朵，她想在网上选一个灯笼作为生日礼物，寄给好朋友小俊。（顾客网上下单）

售货员乐乐接单后，不断地尝试为灯笼选择合适的包装。第一次，他在一些快递盒子中找到一个方方正正的袋子，但是其他小伙伴提醒他灯笼用袋子装会被压坏的；第二次，他选择了一个包装箱，尝试放了一下灯笼，感觉有点小；第三次，他依旧选择了箱子，并且和第二个箱子做了比较，这一次他成功了。售货员乐乐把盖子盖好后，用平时的窄胶条，尝试把箱子粘住，但是胶条太细了，于是她横着粘了很多条。包装好后，乐乐便打电话给快递员大林，让他帮忙把快递送出去。（售货员尝试三次，最终选择合适的包装方式打包）

快递员大林来了之后看到售货员乐乐包装的箱子依旧不牢固，就用宽胶带重新粘结实，记下了收件人小俊的姓名、电话、住址，贴上快递单带走了。（快递员接单、检查包裹、贴上快递单）

（5）怎样做一个不会迷路的快递员？

我们的收件人分布在班级教室和幼儿园的各个角落，快递员怎样才能快速找到收件人的位置并把快递送过去呢？孩子们在初期排练时，也会遇到配送路线不熟悉的问题，于是想出了绘制地图的办法。为了将孩子们遇到问题和解决问题的这个过程体现出来，我们在表演剧本中，让快递员大林扮演了一位急性子、爱迷路的快递员。

大林是负责收件人小俊家这个区域的快递员，由于他刚加入小叮当快递公司，对配送路线不是很熟悉，难免会绕远或者走错路。不出所料，这次大林给小俊送快递的时候又走错路了，情急之下只好求助路人，路人看他大汗淋漓的样子，帮他出了个主意——绘制配送区域地图。于是，大林暗暗下定决心要绘制一张配送地图，将附近的每个小区、每栋楼、每个门口都进行清楚的标注，有了这份地图，他就能够快速配送附近小区的订单，再也不怕迷路了。

大林是一个很有特色的快递员，扮演快递员大林的小演员通过慌慌张张的语言、大大咧咧的肢体动作让表演更加生动，人物形象更加突出。另外，最后大林听取他人建议，下定决心绘制地图的情节设计，让我们看到了大林的改变，也感受到了角色心理和性格的变化。这样的设计不仅让孩子们体验到戏剧中产生冲突和化解冲突的过程，还丰富了孩子们的情感体验，表现出了戏剧丰富的情节和审美内涵。

（6）怎样保证快递准确无误地送到顾客手上？

送快递的最后一步就是顾客签收快递，怎样才能保证快递准确无误地送到顾客手上呢？孩子们说可以询问顾客的姓名和电话，检查和快递单上的预留信息是否一致，一致后让顾客在快递单上签字，这样就能证明快递是送到了顾客本人手上了。但在生活中快递员送快递时还会遇到顾客家里没有人的情况，遇到这种情况怎么办？孩子们共同商讨解决办法：顾客不在家时，可以打电话联系他商量下一次送快递的时间，或者经顾客同意把快递放在家门口等他回来后签收。

“小俊在家吗？您的快递到了，请签收一下。”大林跟小俊核对了他的姓名和电话，让小俊在快递单上签上了字，这样大林完成了他今天的第一个配送任务。第二个配送任务是给阳光小区的田阿姨送快递，田阿姨刚好不在家，大林第一次遇到这种情况，大林的同伴可可说：我想了两种解决办法，一是明天再给田阿姨送，二是把快递放在田阿姨家门口等她回来后签收。于是大林就听取可可的建议，打电话询问了田阿姨。大林成功地完成了今天的前两个配送任务，又继续投入到了忙碌的工作中了。

在这个戏剧表演中，有两名收件人，第一个收件人小俊在家，第二个收件人田阿姨不在家，这两种情况能让孩子们直接感受到快递员面对突发情况时的正确处理办法，让孩子们意识到，在快递没有送到顾客手上之前，都要认真对待，牢记快递员的职责。

（7）如何将视频和音乐融入到整个戏剧表演中？

在《小叮当快递员》的戏剧表演中，我们用到了很多配乐，如在开场环节，快递员们一大早就开始忙碌了，这时的背景选择的是太阳初升的图片，配乐选择的是早上人们互道早上好的轻松音乐；快递员大林在马路上配送快递时，选择了街头车水马龙的配音；在快递员迷路焦虑时配上了节奏紧张的音乐；将快递送到收件人家里时，配上门铃声和敲门声等。戏剧表演是以表演为中心，音乐在戏剧表演中起的是辅助作用，挑选合适的配乐能为整个戏剧表演增添不少色彩，具体的音乐要服从于戏剧表演的整体，根据表演活动的需要，充分发挥音乐效果，让表演更生动，让剧情更精彩。

（案例提供者：中国科学院第三幼儿园

邹庆红　刘婉婷　李幸子　陈津）

2. 案例评析

本案例遵循了真实性、自主性和启发性的教育原则，让儿童在游戏中收获生活经验，感受身边职业的不同特点，在表演中提高他们的形体表现力和语言表达能力。在戏剧表演中儿童能够灵活地将生活中获得的经验进行迁移和分享，他们会考虑到配送安全和配送效率等真实的问题，在这个过程中，教师与儿童共同讨论交流，教师不断启发儿童寻找解决问题的方法。在整个戏剧表演中，表演的流程大致分为以下五个重要环节。

（1）搜集材料，共同创设戏剧场景。在设计游戏场景时，教师最初提供了玩具柜，但并没有给玩具柜贴任何的标志提醒儿童进行分类摆放，后来儿童在整理快递时发现，可以在玩具柜上贴一些标志，将大小不同的快递分类摆放。这是孩子们在场景布置过程中自己发现并解决了问题，同时这也说明了处于这个阶段的孩子，已经慢慢开始具备主动解决问题的意识。因此在准备环境和材料的过程中，教师要引导儿童对遇到的问题加以分析，多方面地去寻找解决的办法，培养他们的观察分析能力，提高他们自主解决问题的意识。

（2）角色分配。这是孩子们参与游戏、融入游戏的重要步骤，角色的分配有利于培养儿童的积极情感，也能让孩子们在游戏中更有参与感和使命感。在角色游戏中，要鼓励儿童设身处地以角色的身份去思考，去参与游戏。教师还可以鼓励儿童去体验不同的角色，这样可以让儿童在不同的角色中，了解社会行为规范，发展社会交往能力，逐渐摆脱以自我为中心的意识。

（3）快递的寄出流程。中班的儿童一般只了解快递员送快递和顾客收快递的过程，对前期物品包装、商家发货等流程并不是很熟悉。包装物品、寄出快递这个情节的设计可以让儿童感受到完整的物流过程。这个年龄段的儿童已经具备基本的表达和记录能力，能够用图画、数字和符号进行一些简单的记录，因此，可以让儿童在参考真实快递单的基础上，自主设计快递单。

（4）快递的配送环节。游戏中快递的配送是耗时最长、最有参与感的环节，也是孩子们完成快递配送任务的重要步骤。在这里设计了绘制配送地图的环节，方便每一位参与的儿童都能将快递准确地送到目的地。快递员大林这个角色的设计能让儿童充分感受到人物的形体表现力和情节的起伏，给儿童带来丰富的情感体验。

（5）快递的接收流程。在最后快递签收环节，增加收件人不在家等情节的设计，能让整个戏剧更加有冲突感。面对突发状况，快递员的灵活应对，能够给孩子带来更多生活上的启发，以后在生活中遇到类似情况时也能轻松应对。

（三）大班戏剧课程案例及评析

1. 案例描述

《牙医 VS 牙细菌大作战》

1. 活动背景

（1）儿童兴趣。

大班孩子大多数都到了换牙期，根据孩子们现阶段的生理特点及兴趣，班级开展了主题活动“我们的查牙故事”，孩子们在主题活动中积累了丰富的与牙齿有关的经验，如黄牙、龋齿的预防方法，刷牙的正确方法，牙齿细菌产生的原因等。在主题活动后期，孩子们想用自己的方式展示查牙中的发现与收获，其中有几个小朋友爱表演，想用表演的方式宣传保护牙齿的重要性。经过前期讨论，孩子们确定了表演的内容，并起了有趣的名字“牙医 VS 牙细菌大作战”。孩子们在进行前期表演准备的时候，遇到了一些问题，如演员多，服装少，怎么办？没有牙刷道具，没有细菌工具，怎么办？表演场地太小怎么办？等等。孩子们围绕这些问题，制订解决问题的计划，寻找方法，分工合作，为顺利演出做好准备。

（2）前期经验。

- 儿童了解表演中的角色的特点，如牙医生的服装、牙细菌的主要来源等。
- 孩子们自发创编了“牙医 VS 牙细菌大作战”表演内容。
- 考察服装制作裁缝店，为制作衣服积累相关经验。

2. 活动过程

（1）解决“小演员不够”的问题。

在“查牙”主题活动中，有一部分小朋友想用表演的方式宣传保护牙齿的重要性，于是孩子们三五成群自发地成立了表演团，并为表演团起了有趣的名字，叫“牙医 VS 牙细菌大作战”表演团。

刚开始，女孩子都愿意参与表演，男孩子不大热衷表演，表演团中没有男孩子的身影，但在表演的过程中，对于牙细菌的角色女孩子都不是很感兴趣，便打起了男孩子的注意。

可馨：“我们四个女生分别去找一个男生，看看他们愿不愿意。”

王欣雅：“那他们要是不愿意怎么办？”

暖暖：“我们跟他说这个表演特别有意思，把他们拉过来。”

可馨：“我们跟他说牙细菌可威武了，可以拿着刀作战。”

王欣雅：“男孩子就喜欢打打闹闹的，他们应该会喜欢吧。”

一番交流后，女孩子们便开始分头行动，可馨把正在玩乐高的多多拉到了表演区（多多平时很热心，女孩子提需求的时候，多多一般不会拒绝），王欣雅找来了在植物角观察植物的王重懿（他平时喜欢到拼插区拼各种枪，长大的愿望是当特种兵，一听说表演中有对打的内容，二话没说就跟了过来），暖暖也成功找到了热心的昱昱。男孩们本来是抱着帮一次忙的心态参与表演，但在帮忙的过程中，发现这个表演剧很有意思，里面有细菌与牙刷打架的场景，有旁白对话的场景，这些男孩们都很喜欢，纷纷表示愿意加入到这个表演剧中。表演团随着三名男生的加入正式成立啦。

（2）解决“表演道具不合适”的问题。

在表演彩排的时候，扮演牙细菌的小演员会将身体上的糖果、残渣等图片粘贴到牙齿背景板上，扮演牙医生的小演员去取下这些图片的时候，发现图片被粘贴得很牢固不方便取下来，如果用劲取的话，图片就会被撕碎，也会导致表演不流畅，出现中断现象。在表演游戏结束后，孩子们小组进行总结的时候，暖暖用总结单画出了这个问题，并和小组的成员进行了讨论。孩子们根据生活中的经验想到了一些方法。

方法一：照片粘贴的时候用劲小点。

方法二：将照片先进行塑封，“我看老师之前就用塑料膜塑封过美工区墙上的照片，我还帮忙剪过，很坚固”。

方法三：可以换个胶，双面胶太粘了，而且取下来很费劲，可以用固体胶。

方法四：固体胶很容易干，或者用蓝丁胶，美工区还有海绵胶。

到底哪种方法更适宜呢，教师没有给出答案，而是让孩子们都去试一试，然后再选出最佳方案。在教师的鼓励和支持下，孩子们便开始分头行动，她们想到的第一个搜索区域是美工区，但美工区只有固体胶，想用蓝丁胶的王重懿和想用塑封方法的暖暖于是向班里的老师寻求帮助，在老师的引导下，王重懿和多多一起去其他班级寻找蓝丁胶，暖暖在老师的陪同下带着照片和塑料膜到办公室用了热塑机塑封。当孩子们都找到了解决“照片贴取不方便”的材料后，一一做了尝试，结果发现固体胶贴上去也不容易撕下来，而轻轻粘上去的照片容易掉下来，不牢固。用蓝丁胶很容易取和贴。

这时候有的孩子又提出一个问题：“我们彩排的时候总是需要贴和取，虽然蓝丁胶很好用，但照片是纸做的，也很容易坏呀。”暖暖举起手中塑封好的照片，灵机一动：“我知道啦，把蓝丁胶粘贴到塑封好的照片后面，不就可以了？”孩子们纷纷点头同意，经过再次尝试后，孩子们发现塑封后的照片表面光滑，用蓝丁胶固定塑封的照片是最易取和贴的，也是保护照片的最佳方法。

（3）解决“表演服装不够”的问题。

孩子们在表演的时候想根据自己的角色穿上相应的服装，比如牙医想有件医生服装，牙细菌小演员想有件细菌服装。班级查牙爱心诊所有牙医的服装，孩子们跟角色区的小朋友商量后，借来了四件医生服装，但牙细菌的服装还没有着落。经过协商后，孩子们决定自制自己喜欢的牙细菌服装。围绕“选择用什么材料做牙细菌服装？”以及“如何装饰牙细菌服装？”等问题，孩子们进行了小组交流和讨论。

王欣雅：衣服应该是黑色的，龋齿就是黑色的。

王重懿：衣服上可以装饰与牙细菌有关的，巧克力、糖果、食物残渣，这些都能产生牙细菌。

刘知远：可以用亚麻布纱巾来做衣服，用海绵纸、皱纹纸做装饰。

孩子们根据前期在主题活动中积累的牙细菌的相关经验表达自己的想法，将之前制作走秀服装的经验进行迁移。此时，教师肯定了孩子们的想法，鼓励孩子们按照自己的想法和同伴一起制订小组计划进行尝试。

小组成员确定服装制作计划后，便开始分工寻找材料，制作牙细菌服装。刘知远负责找材料，暖暖和王重懿负责绘画、裁剪、粘贴装饰图案（糖果、巧克力、碳酸饮料等），多多、昱昱、王欣雅和可馨一起合作裁剪，缝合服装。

在制作服装过程中，多多和昱昱对于裁剪衣服的方法产生了分歧。多多想比划着衣服小样的大小，画出完整的衣服轮廓，再裁剪；而昱昱想用衣服小样画出一半轮廓线，然后对称裁剪出另外一半。两个人争执不下，因为衣服的制作需要两个人相互配合才能完成，第一次合作制作衣服的任务没有顺利完成。

在游戏结束后，我和全班小朋友围绕“到底谁的方法能做出衣服”

讨论起来。有的孩子同意多多的办法，认为画的大小一样，只要按照画线裁剪就可以了。有的孩子同意昱昱的方法，觉得对称剪节约时间，也能剪出一样的服装。根据孩子们的想法，老师们为孩子们准备了充足的材料（无纺布、剪刀、画笔）进行了一场“制作服装比赛”。多多找来了自己的帮手瑶瑶和楚楚，昱昱也不示弱，找来了擅长裁剪的糯米帮忙，经过一番激烈的较量，两组都能裁剪出衣服的样式，但孩子们发现对称剪法用的时间短。虽然多多的方法在“比赛”后没有胜出，但为了节约小组制作服装的时间，多多愿意接受同伴的建议，最终也选择用对称裁剪的方法制作牙齿细菌服装。

裁剪后，孩子们打孔进行缝合，制作完成后，还在同伴身上比一比，看看是否合适。经过小组计划，同伴分工、合作，牙细菌的服装在小组同伴的共同努力下成功完成啦。

随着表演内容和人员的加入，班级表演场地不足以支持儿童的表演，于是孩子们打起了二楼会议室的主意，经过讨论和实地考察，确定了布置需要的材料。孩子们分工布置表演场地，制作观众入场券、观众座位标志贴，确定表演时间等宣传工作。就这样，经过了两周的时间，“牙医 VS 牙细菌大作战”表演团准备工作终于完工。

（案例提供者：中国科学院第三幼儿园
李杨木子　刘素芳　康晓敏　刘颖）

2. 案例评析

（1）活动来源于真实问题情景，儿童兴趣浓厚。

儿童在戏剧表演准备中，遇到很多真实的问题，如查牙工具不合适，服装道具不够，场地有限等。教师追随儿童的想法，鼓励儿童一次次地尝试自己解决，在成功解决问题后儿童获得了巨大的成就感和满足感。从起初剧场小演员不够的问题，到中期服装制作中遇到的问题，再到如何布置场地的问题，孩子们不停地探索，乐此不疲，这正是源于真实情景的游戏。

（2）采用开放式的提问，支持大班儿童自主思考和解决问题。

《3—6岁儿童学习与发展指南》中指出在保证安全的情况下，支持儿童按照自己想法做事；或提供必要条件，帮助他们实现自己的想法。在本次游戏中，儿童遇到不同问题的时候，教师鼓励儿童先按照自己的方法试一试，再寻找同伴认同的最适宜方法。如服装如何设计？装饰怎么粘贴牢固？道具如何固定等一系列的问题没有难倒孩子们，孩子们能够尝试多种办法去解决遇到的问题。

（3）促进同伴学习，尊重大班儿童学习方式，合作和分工更加明确。

在儿童遇到困难的时候，让孩子们互相倾听同伴的想法，相信儿童之间可以合作完成，教师没有直接介入儿童的游戏，也没有干预儿童的想法。教师用“都去试一试”等适切的语言给予肯定和鼓励。

在游戏中教师鼓励儿童根据小组计划，和组员商量各自的任务，并分头行动，遇到问题的时候一起想办法解决，例如在解决服装不够的问题时，小组成员一起制订小组计划，有的儿童找材料，有的儿童搞装饰，有的儿童合作制作服装，符合大班儿童共同学习的特点。

（4）教师学会退位和隐身。

儿童在游戏时，教师的介入并非越多越好。教师在介入儿童游戏的时候要尊重儿童的意愿，帮助儿童获得新经验，提升游戏水平。游戏应从儿童的生活中来，在真实的问题情景中让孩子们成为游戏的主人，使儿童能够主动学习和经验建构。

本案例中的游戏是主题背景下的游戏，孩子们有非常充分的查牙经历，同时在上一个主题活动“多彩的服装”中也有自制服装的经验，因此游戏过程中尽管遇到很多问题，但教师作为观察者，退位到儿童的后面，支持儿童的想法并鼓励儿童自己解决，这样有利于儿童建构完整而系统的经验。当孩子们遇到困难自己解决不了的时候，教师用开放式的问题，如你们打算怎么做？哪种方法最适宜？激发儿童深度思考。当儿童能自主解决问题的时候，教师再次退位，给予儿童充分的时间和空间进行探索。

第三节　以优秀民间传统艺术为主体的综合艺术课程

我国是一个民族大国，拥有五十六个不同的民族，各个民族别具特色，传统文化各不相同。民间传统艺术是我们中华民族五千年文明、文化的精华，是我国国民性格最原始最纯真的精神载体。为了将我国本土传统艺术的根基更好地传承下去，需要把我国民族民间艺术融入到教育教学中去，特别是在幼儿园进行民间传统艺术的熏陶，培养儿童对民族传统文化的兴趣，这将对民族民间文化艺术的发展传承起到无法替代的作用。

一、优秀民间传统艺术的含义

（一）民间传统艺术

民间艺术是指由那些没有受过正规艺术训练，但掌握了既定传统风格和技艺的普通老百姓所制作的艺术、手工艺和装饰性装饰物。一个国家或地区均可能产生出一种典型的民间艺术。①

民间艺术是针对学院派艺术、文人艺术的概念提出来的。广义上说，民间艺术是劳动者为满足自己的生活和审美需求而创造的艺术，包括民间工艺美术、民间音乐、民间舞蹈和戏曲等多种艺术形式；狭义上说，民间艺术指的是民间造型艺术，包括民间美术和工艺美术各种表现形式。按照材质分类，有纸、布、竹、木、石、皮革、金属、面、泥、陶瓷、草柳、棕藤、漆等不同材料制成的各类民间手工艺品。它们以天然材料为主，就地取材，以传统的手工方式制作，带有浓郁的地方特色和民族风格，与民俗活动密切结合，与生活密切相关。一年中的四时八节等岁时节令、从出生到死亡的人生礼仪、衣食住行的日常生活中都有民间艺术的陪伴。按照制作技艺的不同，又可以将民间艺术分为绘画类、塑作类、编织类、剪刻类、印染类等。从创

① 拉尔夫·迈耶，史蒂文·希恩．最新英汉美术名词与技法辞典［M］．清华园B558小组，译．北京：中央编译出版社，2008：132．

作者的角度看，民间艺术是以农民和手工业者为主体，以满足创作者自身需求或以补充家庭收入为目的，甚至以之为生计来源的手工艺术产品。从生产方式看，民间艺术是以一家一户为生产单位，以父传子、师带徒的方式世代传承的。从功能上看，它包括侧重欣赏性和精神愉悦的民间美术作品，也包括侧重实用性和使用功能的器物和装饰品。作品的题材和内容充分反映了社会大众的审美需求和心理需要，造型饱满粗犷，色彩鲜明浓郁，既美观实用，又具有求吉纳祥、驱邪避害的精神功能。

（二）幼儿园的民间传统艺术

1. 剪纸

幼儿园的传统剪纸活动是指在幼儿园中为了传承传统文化，从儿童对剪纸活动的兴趣和内在需要出发，在充分渗透传统文化背景的前提下，结合儿童的年龄特点，以纸和剪刀或刻刀为活动对象，在教师的有效引导下而开展的促进儿童审美及多元智能全面发展的手工操作活动。

2. 歌谣

作为中华民族优秀的传统文化，民间歌谣很好地反映了地域民族物质和精神风貌，体现了特定民族的思维和生活方式，具有浓郁的地域和民族文化色彩，对儿童具有重要的文化价值和教育价值。

3. 戏曲

幼儿园的戏曲活动是旨在通过整合戏曲元素与戏曲资源，以戏曲为媒介来促进儿童在体能、认知、情感等多方面发展的教育形式，对促进儿童个体发展、传承中华戏曲文化及丰富幼儿园教育内容有着重要意义。幼儿园戏曲教育既包括显性的戏曲教学活动，又包括所有含有戏曲元素的隐性教育活动，如环境创设、区角游戏、一日生活等。

4. 泥塑

泥塑是用黏土捏制成各种形象的一种古老的民间手工艺。它以泥土为原料，手工捏制成形，以人物、动物为主，用泥土制成再进行彩绘的艺术品（也有纯泥土制成的）。传统泥塑的题材非常丰富，主要有各类寓意吉祥的动物、人物等，还包括历史故事、神话传说、民俗事项、戏曲、小说传奇中的形象。当代人们在进行泥塑活动时并不仅仅以泥土为原料，科技的发达使人们制作泥塑有了更多样的选择，现在人们利用橡皮泥、太空泥、雪花泥、纸粘土、水晶泥、蚕丝泥、冰山泥、魔力散沙等新型材料来进行泥塑活动。

二、民间传统艺术融入儿童生活的重要意义

（一）有利于非物质文化遗产的保护和传承

当前由于受全球一体化及西方文化的影响，我国许多民间传统艺术在青少年中的影响力越来越小，宝贵的民间传统艺术面临失传的危险。如何使儿童了解民间传统艺术、热爱民间传统艺术是艺术教育面临的重要课题。幼儿园作为教育的启蒙阶段，开展民间传统艺术的相关课程，有助于使儿童从小受到中国民间传统艺术文化的熏陶，这对于我国民间传统艺术及非物质文化遗产的保护、继承、发扬具有重要的现实意义。

（二）有利于建立儿童的民族自豪感和民族认同感

中华文化源远流长，在漫长的历史长河中占据着世界文明的巅峰。近代以来，由于受到西方文明的冲击，中华传统文化一度被冷落。伴随着中华民族的伟大复兴，世界各民族之间的交流增多，中国传统文化在全世界范围内逐渐受到重视，越来越多的外国人开始热爱并学习中国文化。我国的民间传统艺术是中华民族在几千年的历史长河中经过世事沧桑的考验、筛选之后而保存下来的优秀文化结晶。在幼儿园开展民间传统艺术教育有利于提高儿童的民族自豪感，增强儿童的民族自信心，激发儿童的爱国热情。

（三）有利于促进儿童审美意识的提高

民间传统艺术中的生活工具、日常用具，比如家具、剪纸、小物件的摆设，甚至是衣物中的扣子、装饰纹样、女性的装饰用品等，往往都体现了我国几千年来普通大众对美的追求和朴素的审美观念。民间传统艺术教育能增强儿童对朴素自然美感的认识与体验，是回归自然、认同中国传统文化的最佳途径，是对儿童进行美感教育和民族精神教育的最好素材。

三、适合学前儿童的民间传统艺术的类型

（一）剪纸

传统剪纸艺术涵盖的内容极为广泛，浓厚的中华民族特色蕴含在各种精彩的传统剪纸艺术作品之中。幼儿园应利用好这一文化载体，通过开展传统剪纸教学，利用好现有的各项资源，要选择儿童熟悉的民族文化资源，而且是儿童能够理解并感兴趣的。如果传统剪纸教育内容难以理解或较复杂的，从儿童自身的理解和年龄特点考虑，为提升儿童学习的积极性，在实际中可以把其色彩、技法等方面特色保留下来，实施简易化处理，使教学内容能够与当前的生活相互适应，以培养儿童的学习兴趣。①

（二）儿歌

流传的民间儿歌大多反映了儿童的日常生活和游戏娱乐，其数量众多。按儿歌的内容可将它们分为四类。一是游戏儿歌，是儿童伴随游戏时吟唱的歌谣，包括运动游戏中的伴诵儿歌，也包括语言游戏中的绕口令、颠倒歌、笑话歌、问答歌等。二是教诲儿歌，是对儿童进行行为道德规范、行为规则、人际交往礼仪规范等教育和启迪的儿歌。三是生活情趣儿歌，是根据儿童生活经验和兴趣创作的，培养儿童在生活中发现美、感受美的情趣，扩大儿童的生活知识面，开启儿童智力的儿歌。四是劳动情趣儿歌，是以劳动为主要内容的儿歌。儿歌富有节奏感和韵律感，对培养儿童审美情趣和音乐节奏感、韵律感有重要作用。

（三）戏曲

1. 京剧

清代四大徽班陆续进京，将徽剧与汉调、秦腔、昆曲的曲调及表演方式相融成为“京调”，自成一派，蓬勃发展，最终成为闻名世界的中国国粹——京剧。京剧综合了文学、表演、音乐、武术、脸谱等多个方面，经由民间艺人及表演艺术家的长期实践，形成了一套独具特色的程式化体系。京

---

① 张玉．幼儿园传统剪纸活动的现状研究［D］．扬州：扬州大学，2018：43．

剧唱腔委婉，念白有韵，并融入武术技巧，表演精致细腻，虚实结合。京剧以其唱、念、做、打四大表现手法，生、旦、净、丑四大行当，以及红、黑、蓝、绿、白等各色脸谱为特色，位列中国戏曲三鼎甲“榜首”，是最具代表性的戏曲剧种。经典剧目有《霸王别姬》《空城计》《贵妃醉酒》《四郎探母》等。

2. 越剧

越剧是继京剧后中国第二大戏曲种类，是国家首批非物质文化遗产。越剧起源于浙江绍兴，在绍兴戏的基础上汲取了昆曲剧种的特色。越剧以唱为主，通常是“才子佳人，以歌抒情”，曲调优美婉转、圆润流畅，常用的伴奏乐器是长笛、越胡、古筝等典型的江南丝竹乐器。越剧表演既借鉴了昆曲优美的舞蹈化身段、京剧的程式化动作，又吸收了话剧以真实、细致的手法刻画人物形象的特点，故而形成了写实与写意相结合的风格。经典剧目有《梁山伯与祝英台》《红楼梦》《西厢记》等。

3. 黄梅戏

黄梅戏起源于湖北黄梅县，流行于安徽一带，旧称“采茶戏”或“黄梅调”。黄梅戏的唱腔分为花腔和平词两大类。花腔曲调欢快明亮，轻盈律动，带有质朴的生活气息和浓郁的民歌色彩；平词曲调委婉悠扬，常用大段叙事的方法，使故事在曲中娓娓道来，以曲抒情，十分有感染力。黄梅戏的伴奏乐器最初几乎只用打击乐器，即黄梅戏中所谓的“三打七唱”，后来逐渐发展到以高胡作为主要乐器，辅之以西洋乐器。另外，黄梅戏中对歌或对舞的形式十分常见，这使得黄梅戏的演唱灵动活泼，富有趣味性。黄梅戏的经典剧目有《天仙配》《女驸马》《打猪草》等。

4. 评剧

评剧起源于清末的华北地区，在河北地方小曲“对口莲花落”基础上演化而成，旧称“平腔梆子戏”，俗称“唐山落子”或“蹦蹦戏”。评剧以唱为主、以说为辅，节奏活泼，吐词清晰，唱词简单直白、浅显易懂，表演朴实无华，具有浓厚的生活气息和乡土气息，呈现的戏剧主题多是人民的现实生活。评剧较其他四大剧种出现得较晚，不过百年历史，正因如此，评剧具有更强烈的现实性和批判性。著名的评剧选段有《小二黑结婚》《刘巧儿》《杨三姐告状》等。

5. 豫剧

豫剧起源于河南，是以河南梆子为原型逐渐发展而来。与越剧和黄梅戏这两种较为婉约的南方戏曲种类相比，豫剧带有典型的北方文化色彩，唱腔铿锵有力、抑扬顿挫，曲调简洁明快，语言清晰明了，节奏鲜明强烈，表演恢宏大气。豫剧塑造的人物往往刚柔相济、气血阳刚、热情奔放，形象立体鲜明，情感浓郁强烈。豫剧的故事除以现实生活为题材外，还有很大一部分取材于历史小说和演义，如三国戏、包公戏、杨家将和岳家将等，情节通常有头有尾，矛盾尖锐，戏剧冲突明显，层次分明。著名的豫剧剧目有《春秋配》《花木兰》《穆桂英挂帅》等。①

（四）泥塑

泥塑艺术经过几千年的文化积淀，在自身的发展过程中，形成了许多极具地方特色和艺术魅力的品种，如天津的“泥人张”、北京的“兔儿爷”、江苏惠山“大阿福”、凤翔泥塑、河南浚县“泥咕咕”、河南淮阳“泥泥狗”、济南“兔子王”、广东大吴泥塑、山东高密的“叫虎”“叫鸡”、湖北黄陂泥塑、贵州黄平泥哨等。

民间泥塑一直以来都崇尚生殖和吉祥，泥塑身上长久流传的图案也蕴含着祖先世世代代的人生理念和寄托，通过对泥塑的欣赏可以唤起人们对自己族类的历史怀念，体验到与先祖的情感联系。泥塑的构图圆满和谐，具有旺盛的生命力，造型上圆润统一，能表现出我们民族文化心态的稳定特征，反映劳动人民即使身在痛苦中依然乐观、在贫困中渴望富贵、在劣境中渴望解脱的艺术人生观，表达了人们对理想化生活的追求，它蕴含了人们对生命的敬重与渴望。②

---

① 翟迎旭．幼儿园戏曲教育的现状、问题及对策研究［D］．济南：山东师范大学，2019：20.

② 牛闻婷．幼儿园传统泥塑教学的现状、问题及对策研究［D］．济南：山东师范大学，2018：23.

（五）民族民间舞蹈

中国民间舞蹈艺术与民间绘画艺术、民间剪纸艺术、民间戏曲艺术等共同构成了我国民间传统艺术，均为优秀民间传统艺术的珍宝。同时，民族民间舞蹈是民族传统文化的组成部分，它们不但是传统艺术的体现，同时也是一个国家、民族传统文化与内涵的呈现。

民间舞蹈艺术源远流长，在5000年前的新石器时代就已产生，经历代发展，传承至今，其种类因地域而别，内容十分丰富。不同地域、不同民族具有不同的文化背景，因而产生不同风格特点的民间舞蹈。

从儿童时期起，对不同地区的民间传统文化及民间传统艺术有所接触，通过潜移默化的渗透，对于培养儿童的人文素养和民族精神及家国情怀都至关重要。儿童对民间舞蹈的接触和学习可以渗透于日常生活中，因为儿童爱动爱跳的特点突出，“手之舞之足之蹈之”，在生活环境中去“动”去“舞”，传统民间文化自然浸润其中。

四、学前儿童民间传统艺术课程的设计步骤

（一）了解儿童发展需求

为提高幼儿园艺术综合课程资源开发的有效性和适用性，教师应当对不同年龄阶段儿童的特点甚至相同年龄段不同个体的特点进行深入了解和分析，积极关注他们的生活环境和文化背景，全面分析并以此规范课程资源的选择、实施与评价。幼儿园教师应当根据社区优势、幼儿园特色以及儿童的发展需要来选择包含本地特色的民间传统艺术作为支撑儿童发展的艺术综合课程资源。

（二）搜集、整理民间传统艺术资源

教师可以通过多种方式收集资源，比如请教民俗专家、民间艺人，深入民间艺术、文化、风俗保存较好的地方进行采风，去图书馆、上网查阅相关资料，走访专家，等等。并非所有的民间传统艺术都可以作为幼儿园艺术综合课程的资源，教师在深入挖掘民间传统艺术课程资源的前提下，还须对资源进行筛选、整理，在这个过程中应遵循生活化原则、审美

性原则以及适宜性原则，从而保证所选择的课程资源贴近儿童生活，能够很好地满足儿童的兴趣需要，促进儿童的身心发展，体现对儿童的教育价值。

幼儿园可根据每位教师的专业特长与所执教班级情况进行合理分组，并指派教研领头人，组成教研团队，建立儿童艺术教育名师工作坊等，并成立儿童艺术教育家长委员会，充分利用社会资源，共同开展民间传统艺术教学研究。

（三）开发课程方案

以《幼儿园工作规程》和《幼儿园教育指导纲要（试行）》为指导，综合考虑时代和社会对儿童成长、发展的期望和要求，遵循儿童身心发展的特点，在众多民间传统艺术活动中筛选出最典型、最有代表性，与儿童日常生活经验相接近的、能为儿童所接受并有益于儿童健全人格形成的民间艺术活动内容，将传统的民间艺术渗透到幼儿园艺术教学实践中。

以民间传统艺术为主的艺术综合课程设计应包含以下几个方面：开发利用的基本理念，基本目标，实施细则；开发利用的组织与计划；相关资料的收集与整理；开发利用的具体方案等。在确定好具体方案后，教师需要按照方案逐步实施，幼儿园可通过课程理论培训以及专家讲座等形式为教师提供帮助和支持。如果在方案实施过程中出现问题，教师还须查找出原因并不断进行补充和修正，从而完善课程资源开发利用方案。

（四）内容模块的实施

由于幼儿园现实状况、课程结构、教师能力与水平以及课程资源本身等因素的影响，幼儿园艺术综合课程中民间传统艺术内容模块的具体实施方式是多样化的，可以主题活动的形式将同一类型或相互关联的民间传统艺术分成多个主题，形成一定的活动系列，并按每一系列来组织教育教学活动，其实施包括按课程资源预设主题、建立主题网络、开展主题活动三个步骤。师生可以一起根据预设的主题，采用头脑风暴的方法将与主题相关的民间传统艺术发散出来，建立起主题网络。当然，建立起的主题网络并非一成不变，可以根据儿童的兴趣和需要做适当修改和调整。最后，教师可以根据幼儿园的实际情况以及儿童的身心差异来组织实施主题活动。

五、民间传统艺术课程案例及评析

（一）小班民间传统艺术课程案例及评析

1. 案例描述

《漂亮的彩泥面塑》

1. 活动背景

最近，从家长分享的照片中发现，班里孩子们最近在家里参与面食制作的活动非常多，帮奶奶揉面，帮妈妈包饺子，用面团捏出各种各样的小作品。既然孩子们这么感兴趣，"彩泥面塑"又是传统民俗艺术之一，那我们就去深入了解有关"彩泥面塑"的起源、功能和制作方法，准备开展彩泥面塑活动，满足孩子们的兴趣，锻炼孩子们的动手能力、创造力，同时也是对民间艺术的传承。

2. 活动过程

（1）活动的由来。

孩子们喜欢玩揉面团、捏彩泥的游戏，由于小班孩子们的生活经验有限，于是问题产生了：什么是彩泥面塑？有没有更漂亮、更有创意的捏法？需要什么材料？为什么要有"彩泥面塑"？是干什么用的？几经讨论，孩子们最后决定好好了解一下彩泥面塑的来源、功能和制作方法以及需要的材料。

（2）活动开始阶段——初步了解彩泥面塑。

老师需要去收集丰富的有关彩泥面塑来源的资料，并把它们转化为小朋友能听懂的语言，讲述给小朋友们听，或者用动画的形式展示给小朋友，告诉他们早期的"面人"就是用面粉加彩后捏成的各种小型人物或事物，是能吃的。

关于制作面塑需要的材料，可以请儿童根据自己的生活经验谈一谈。有的儿童说："面塑肯定得用面！""也许还能用到我们玩彩泥的模具、滚子和小刀。”“我看视频还发现，有的面塑有各种各样的颜色，我们还要用水彩笔涂色。”

孩子们结合自己的经验，表达着自己观察到的可能会用到的材料。孩子们还提到了彩泥模具、竹签、小刀等。竹签可以说是面人制作过程中的骨架，面塑大部分都是在竹签上完成的，塑料刀来压衣物和人物的纹路，等等。

（3）实地考察阶段——与面塑手艺人交谈，了解彩泥面塑的基本特点。

为深入了解彩泥面塑的特点，孩子们在父母的带领下，特意前往一位原来从事过民间面塑的手艺人的家中，进行面对面的学习和交流：

图 7–1　初步跟学一些捏的手法

孩子们很高兴和民间面塑人交流，了解面塑的制作过程，比如面塑结构是怎样连接到一起的、要怎样和面作品不容易干裂，等等。

通过学习和交流，孩子们了解了面塑的制作原理和注意事项。

（4）亲自动手操作。

首先是和面。这里涉及水和面的比例问题，水放多了，面团不成形；水放少了，容易干裂。孩子们通过多次尝试，终于和出了软硬适中的面团。

其次是画面塑设计图。在区域活动时，萱萱拿着他的画对我说，这是他画的面塑。“以后我想捏一个这样的造型”，他的这一举动倒是提示了我，是直接上来就捏还是先设计图纸？孩子们对这个问题都有自己的看法。琪琪说：“先画吧，不会捏就浪费面了，姥姥说要珍惜粮食。”还有的小朋友说：“我不会画，我想直接捏面塑。”桐桐一直都喜欢以管理者的身份跟小朋友说话：“你可以回家和爸爸妈妈一起设计。”为了不浪费面粉，孩子们决定先画设计图，有父母的参与和引导，孩子们的设计图果然有惊喜。

最后是制作面塑。琪琪、涵涵、阳阳三个人根据自己的设计图开始了面塑创作，琪琪眼神茫然，也不动手，突然哭起来说：“太难了，我不会。”原来是琪琪和爸爸设计出的造型太复杂了，无从下手。这时旁边的麻花小朋友已经借助模具做出了一个五角星形状的面塑，看着麻花手里的五角星面塑，琪琪说：“我也想用模具，我想做一个爱心面塑。”在老师的肯定和鼓励下，琪琪重新拿起纸笔，小心翼翼地画出了一个有些歪歪扭扭的爱心的面塑造型。

因为面是白色的，做出来的作品没有颜色，孩子们用丙烯给作品上色，每次上完色孩子们满手都是颜料，每次洗完手都伸着小手对老师说：“看，老师，手上还有颜色。”老师问小朋友：“咱们每次涂完色之后都会弄到手上，还有些不好洗，咱们有没有什么好的方法，在给面塑涂色时不弄到手上？”晴天说：“可以带个手套！”但手套太大不好用。有一位家长提议可以找一些废旧小物品当作小支架，把面塑放在支架上，给面塑的四周涂颜色时，只需要挪动支架，颜料就不会弄到手上了。第二天小朋友们都在家中找了一些小物品，比如茶杯盖、厚纸板等，放在面塑底部当作支架，试验了一下，效果确实要比直接用手拿着面塑涂色好得多。

（5）人物故事讲述。

一段时间后，孩子们捏出了一个个他们喜欢的神话故事、历史故事中的人物形象，还有生活中的好朋友等，生动可爱。孩子们对自己捏出

图 7-2　琪琪重新设计的“爱心”造型

的面人特别自豪，他们对着面人形象，主动和同伴讲述有关的故事，并根据自己的喜好创编新的故事情节。

（案例提供者：北京市密云区第二幼儿园
张子帅　高媛　于秀艳　杨树）

2. 案例评析

孩子们在真实的情境中去实践、探索，在发现问题、解决问题的过程中，在教师的耐心引导下，儿童学习了技能和技巧，有了审美的创造。

当儿童发现图纸太难、面人不好捏，而同伴的面塑作品是用模具做出来的，简单又好操作，此时，儿童并没有放弃，而是主动选择重新设计一个造型。对于小班儿童来说，借助模具要比自己设计复杂图案完成面塑更符合他们的年龄特点。

之后，教师鼓励孩子们摆脱模具，自己创造一些常见的简单的面塑造型，有时他们没有好的想法和思维狭窄时，教师引导孩子们观察周围的一些简单的物品，帮助他们分析物品的形状，把物品分解开来，有了思路之后，儿童创作起来就更加容易了。

从最初了解面塑的基本常识，到设计面塑图纸，再到解决捏面塑遇到的各种问题，这种问题解决的科学探究过程与艺术创作巧妙结合，使儿童获得了理性逻辑思维与感性形象思维的协同发展。而面塑艺术表现的一个个人物形象，都有自己的故事，如唐僧、三国人物形象，对这些人物形象的解读和故事创编，使得儿童把艺术和文学有机结合，赋予艺术以文化的内涵。

（二）中班民间传统艺术课程案例及评析

1. 案例描述

《神奇的扎染》

1. 活动背景

扎染是中国一种古老的纺织品染色工艺，有着悠久历史，起源于黄河流域。据记载，早在东晋，扎结防染的绞缬绸已经有大批生产。当时的绞缬产品，有较简单的小簇花样，如蝴蝶、腊梅、海棠等；也有整幅图案花样，如白色小圆点的“鱼子缬”，圆点稍大的“玛瑙缬”，紫地白花斑酷似梅花鹿的“鹿胎缬”等。在唐代，绞缬的纺织品更为普遍，“青碧缬衣裙”成为唐代时尚的基本式样。

扎染显示出浓郁的民间艺术风格，1000多种扎染纹样是千百年来历史文化的缩影，折射出民情风俗与审美情趣，与各种工艺手段一起构成富有魅力的织染文化。2006年，扎染技艺经国务院批准入选《第一批国家级非物质文化遗产名录》。这种传统民间艺术如何更好地得到传承和发扬，是值得思考的问题。我们组织开展扎染活动，是为了让孩子能够了解扎染的历史，传承扎染文化。

国庆假期后，在一次集体教育活动中，我们与儿童一同欣赏了关于欢度国庆的视频，在视频中孩子们看到了美丽的扎染布条，鲜艳多彩，随风飘动，孩子们不约而同地说“好漂亮”。班级的赵老师参加了“十一”的舞蹈演出，于是将舞蹈的扇子带到了班级中。孩子们非常喜欢，纷纷围了上去，你一言我一语地说着，“哇！这个也太漂亮了，让我摸摸。”“老师，我也想要一个！”“这个扇子像彩虹一样，好美啊！”《幼儿园教育指导纲要（试行）》指出每个儿童都有热爱美好事物的天性和学习艺术的潜能。我们要丰富儿童对周围生活的认识，为儿童提供接触和观察生活中各种不同事物的机会，启发儿童大胆地用自己喜欢的方式进行艺术表现和创造，富有个性地表达自己的情感和体验。扎染是中国民间传统而独特的染色工艺。为了让孩子们亲身体验中华传统文化的魅力，中班的小朋友们开启了扎染世界的奇妙探索之旅！

2. 活动过程

（1）体验摸索，激发兴趣。

一天孩子们吃完午点火龙果后，发现擦嘴的纸上会留下粉红色的痕迹，孩子们提出来想试一试，用粉色的红心火龙果皮做出来的染料，能不能染色。

图 7–3　幼儿尝试用各种材料染色

晨晨：“我觉得粉色的火龙果皮做出来的染料当然是和火龙果一样是粉颜色的呀！”

欣欣：“紫甘蓝的汁，颜色可不是紫色喔，而是蓝色呢！我们来试试呗，看看到底是什么颜色。”

说着孩子们将吃完的火龙果皮收集好，放入榨汁机中。

萱萱：“快看啊，火龙果的皮出了好多粉色的汁，真好看！我们一起试试能不能染色。”

孩子们动手进行着色，发现火龙果的汁真的能将布染成粉色。

小宇："我还想试试蔬菜和其他水果，看能不能做出不一样的染料？"

图 7-4　幼儿挤出水果汁

琪琪："紫甘蓝的汁就很好看，它里面的汁是蓝色的，可以做青花瓷的花纹。"

小雨："如果用植物的根、叶子做染料，要用软软的、叶片很厚、叶肉很多的那种，捣碎了，或者用榨汁机就可以吧。"

（2）对如何"染"的探究。

孩子们在见到漂亮的扎染扇子后兴奋地开始讨论。

琪琪："这个扇子，怎么做的？真漂亮！"

佳佳："涂色呗，跟彩笔的颜色一样，画上去！"

牧心："我家有更好看的，还有花纹呢，是妈妈旅游买回来的，回头带给你们看看。"

彤彤："我家也有，蓝色的包包。"

老师："既然这么多小朋友家里都有，那我们把家里这样的物品都带到幼儿园来，我们一起分享一下吧！"

第二天，孩子们把家里有关扎染的东西都带到了幼儿园，有裙子、扇子、包包、围巾等。大家都非常开心。果果给我们带来了不一样的惊喜，他分享了假期和爸爸妈妈一起去古北水镇游玩时，园区里也有这样漂亮的扎染布，还向我们展示了照片。具有浓郁中国民俗气息的色彩和图案，带给孩子们视觉上美的享受与冲击，更激发起了他们探索的欲望，孩子们在连连惊叹之余，也纷纷议论起来，这是怎么做的？

萱萱：“我猜是用白布画上颜料做成的吧。”

涵涵：“把白布先画上花纹，然后再染上颜色。”

浩浩：“是用刷子刷上去的吧。”

鹏鹏：“肯定是蘸上颜料，然后缝在布上。”

孩子们纷纷给出了自己的猜测和理由，老师鼓励孩子们按自己的想法明天来幼儿园试一试。

家长也纷纷参与进来，帮助孩子收集扎染的物品，并通过在网络上搜索相关资源等途径鼓励孩子学习。第二天操作的时候，老师按照孩子们的意愿，分成了彩笔组、颜料组、水果组等，各组分别以自己的方式来“染”色。彩笔组两个小朋友画到一半时，感觉比较枯燥乏味，他们看到别的组将布放到染料里面，他们也突发奇想，把彩笔兑上水，再把布放进去，这样布也染上了颜色，颜色有些浅，孩子们就接着往水里加彩笔颜色，看到布成功上色后，他们很开心。

颜料组也完成了任务，他们是最快的一组，小朋友特别骄傲，可是等晾干后，他们发现染色的布有点硬硬的，遇水会掉色。

花和树叶组染上的颜色太浅了，风干后都快不明显了。

水果组什么颜色都有，红色，紫色，黑色。太阳晒过后，染布出现褪色。而这一褪色，又让孩子们有了新的发现，他们在原有的基础上又染一次，这也为后期的复染奠定了基础。

操作时，大家自觉地分成冷染和热染。冷染的小朋友很成功，点到哪里哪里就染上了颜色，速度也比较快，每位小朋友都有作品。

热染组的孩子们分工合作，成功地将布染上了颜色。热染组在家长的协助下，开始煮颜料，中途遇到了困难，停下来上网寻找答案。热染组小朋友做了很久，兴趣不减，可是并没有出成果。

最后，教师请小朋友们一一发言，大家骄傲地介绍着自己的做法，并且都认为自己的方法是最棒的。家明问："老师，我们的布怎么没有花纹啊？"孩子们又开始了激烈的讨论，并回家与父母一起查看资料。第二天大家就带着自己准备好的东西来到幼儿园。

（3）对"如何扎"的探究。

①游戏法。通过查阅资料，孩子们知道了只有通过"扎"以后，才能产生花纹。民间扎花的方法多种多样，对儿童来说，最基本和简单的扎花方法，就是用捆扎的方法来制作出丰富的图案。如何用形象化的联想引发儿童动手"扎"的兴趣呢？通过前期的探索与尝试，老师发现"包珠子"的方法适合儿童操作，就是将儿童游戏中用的小串珠、塑料雪花片等包裹在棉布里，用皮筋缠绕扎紧，然后进行染色，染色后会出现深浅不一、形状各异的环形花纹。但是孩子们对于绕皮筋的技能还需要多次尝试，才能较好地掌握。于是教师引导儿童想象：被包裹在白布里的小珠子看起来像什么呢？儿童的好奇心被调动起来，有的说像棒棒糖，有的说像小蘑菇。教师趁势引导说："好啊，我们今天来玩个游戏，用雪花插片变棒棒糖，用小珠子变小蘑菇，看谁变得又快又多。"这样，在游戏的气氛中儿童争先恐后参与扎花，边操作边和同伴交流，"我包了一个大大的棒棒糖""我种了好多小蘑菇"，等等。孩子们的思路一下就打开了，不再拘泥于皮筋和夹子，开始将班里能用的都拿了过来，拼插玩具、松塔、石头、木头，等等，连扫地用的扫把都用上了。也正是这种游戏形式让儿童扎出了创意丰富的独特纹样。

图 7–5 "包珠子"扎花的方法

②验证法。儿童在多次操作过程中不断积累扎染经验，但是零散的操作经验需要及时地提取和整理，才能形成较为稳定的可迁移的新经验。如在扎染的过程中，儿童发现用“包珠子”方法产生的环形花纹大小、形状会有不同，细心的儿童还会发现，用皮筋缠绕捆扎的地方产生的花纹也是有变化的，有的环形花纹很粗，有的很细，会出现一圈一圈的图案。另外，在卷折扎花时，儿童发现自己只用一根皮筋捆扎了一圈，但染色后却出现了好几道线形花纹。儿童的这些发现都是非常有价值的，正是扎染中需要提升的操作经验。于是，教师特意安排了一次比较实验，儿童两人一组，用相同的制作方法完成扎花、染色的程序，接着在拆解前教师引导儿童相互观察自己和同伴的捆扎情况，尤其要细致地观察皮筋捆扎时的疏密变化和布料的折叠方法，再引导儿童根据自己的扎染经验，猜测可能出现的花纹是什么样的？在布料的什么位置？然后再一圈一圈地拆解皮筋，观察所产生的纹理效果，花纹的位置变化。最后，请儿童一组一组地展示自己的作品，根据花纹的差异来分析两人在折叠、缠绕时的不同做法。这样一来，儿童就很清楚地知道了，如果扎花时皮筋一圈一圈缠绕得很紧密，就会出现一圈粗粗的环形花纹，而皮筋缠绕时每一圈都有空隙的话，就会出现许多圈细细的环形花纹。再有，如果把布料卷折了一次进行捆扎，就会出现两条线形花纹，而卷折两次捆扎，就会出现四条线形花纹，卷折的次数越多，出现的花纹就越密集。

③添加法。教师鼓励儿童首先确定中心花纹或主要扎花方法，当儿童完成后，再引导儿童利用剩余的布料继续创作，用开放的过程丰富儿童的创作。如有的儿童想设计一个太阳的图案，太阳有一圈光芒，下面是大海，海上有一道道的波浪。在实际扎花的过程中，当他捆扎出太阳和波浪后，发现周围的布料还剩余很多，于是，他给太阳又增加了两圈光芒，在波浪的空隙中又添加了许多的小泡泡，这样一来，作品图案变得丰富起来。还有的儿童并不确定要扎什么样具体的图案，就用包珠子的方法来捆扎许多的圆形花纹，先用大珠子，都捆扎满以后，又用小珠

子在空隙中来捆扎，直到剩下的空隙再也包不下一个珠子。这时，教师引导儿童改变方式，用棉线将这件半成品随意地缠绕成团，染色后拆解开来，发现大珠子变成了一朵朵的花朵，小珠子变成了小花苞，而最后棉线的缠绕使得背景产生了深浅不一、朦胧晕染的效果，整幅作品看起来就像是山野上盛开了一片烂漫的花朵，产生了意想不到的效果。这意外的收获是扎染活动中常有的惊喜，也是扎染活动吸引儿童的特别之处。

④情境法。当儿童较熟练地掌握基本的扎花方法后，就可以鼓励儿童自己尝试进行有目的的设计制作了。我们结合儿童的生活和游戏活动等，设计了一系列游戏活动，为儿童营造了一个开放、真实的创作空间。我们在美工区和角色区增加了“我是小小设计师”和“小小模特秀”的扎染情境设计，在区域活动中投放了多个衣架，未经过扎染的白色围巾、半袖，以及小椅子、假发、饰品等材料。伴随着悠扬的音乐声，走秀活动开始了。“设计师”可以根据“客人”的要求进行装扮，衣架上的围巾、衣服等都是未经装饰的白色。教师引导儿童讨论：“怎样能让客人变得更漂亮？更能吸引客人？”“用什么样的色彩更能让人觉得舒服、轻松？”经过充分的讨论和场景的提示，儿童很快就进入创作情境之中，自由选择不同形状的白色衣服、围巾、头巾等进行扎染制作。

⑤图示法。我们的图示主要有两大类，一类是花纹的示意图，如圆形花纹、菱形花纹、线形花纹等，另一类是扎花方法和位置的示意图，如中心扎、四角扎、对边卷折扎、对角卷折扎等。这些方法是伴随儿童在扎染活动中的经验发展而来的。首先，在欣赏扎染作品时，教师引导儿童整体欣赏作品的形与色，例如，这幅作品的图案是什么样的？上面有哪些好看的花纹？这些好看的花纹在什么位置？是怎样组合的？然后让儿童进行讨论，画出整体图案的示意图；接下来，引导儿童共同讨论“这些花纹可以用什么方法扎出来？”于是就产生了扎花方法的示意图，通过图示，儿童能很清楚地了解扎花的基本方法以及可能出现的花纹之间的关系，儿童根据作品和图示的对照，自己总结出：中心扎，能在布

的中间出现花纹；四角扎，能在布的四个角出现；对边卷折扎，能出现直线花纹；对角卷折扎，能出现斜线花纹等。孩子们在学会了扎染方法后，他们有了自己独特的创新，将扎染的布料做成衣服、头饰，并出现了围巾、包包、靠垫等好多新奇有趣的扎染作品。

（4）穿着自己扎染制作的衣裙开展服装秀活动。

孩子们特别喜欢自己制作的服饰，他们想穿给其他班的弟弟妹妹、哥哥姐姐看。于是“服装秀”活动开始了，他们学习走T台的舞步和身姿，选择自己认为合适的音乐，随着音乐节奏走步。

（案例提供者：北京市密云区第二幼儿园　周鑫　王丹聪）

2. 案例评析

（1）在观察扎染艺术品的过程中感知美。

在活动之前，首先，让儿童欣赏扎染艺术品，感受扎染的独特魅力，感受到蓝底上生百花的自然朴素与清清雅雅，毫不张扬但又充满人性色彩。其次对扎染做介绍，让儿童了解其发展的文化背景，使儿童充分感受扎染在生活中的用处，了解它不一样的艺术美，从而激发儿童学习情趣和学习动机，促进儿童主动去探究新知。

（2）在自主探究扎染材料的过程中理解美。

丰富的材料让儿童具有较强的可选择性。儿童通过对花、叶、水果、蔬菜等的颜色的自主搭配探索扎染颜色，掌握了冷暖色、复染、固色、调色等方法。这里让儿童在艺术实践活动中理解、感悟科学的知识和方法，也让孩子们有更多的机会去接触新鲜事物。儿童在自由想象、大胆探索、合作交流、勇敢创新的过程中，对艺术活动背后的文化理念亦有了更深的理解。

（3）在亲手制作与表现的过程中创造美。

从成人的视角去探索扎染都是先“扎”再“染”，可是对孩子们而言，首先是视觉冲击，也就是颜色，所以孩子们首先考虑的问题是“如何染”。孩子们在探索染的过程中遇到好多的问题，教师在充分尊重孩子的基础上，鼓励他们自己想办法解决问题，让孩子们快乐做事。

在探究“如何扎”的过程中，孩子们通过多种探究方法，在游戏中不断提升自己的创造性。扎染活动的成功很自然地让孩子们进入下一环节——进行服装创作和节目表演。儿童尝试用自己扎染的布料裁剪、设计、制作好看的衣裙，并通过自己的表演展示给其他人看。整个过程很好地培养了儿童的社会交往、动手操作等能力，儿童的艺术表现力、想象力、创新力、语言表达能力等都得到了提升。

（三）大班民间传统艺术课程案例及评析

1. 案例描述

《我们一起来造纸》

1. 活动背景

十月我们开展了“祖国妈妈，我爱您”主题活动，儿童了解了我国古代的四大发明，对造纸术特别感兴趣，翻阅了去年哥哥姐姐用自制纸张制作的图书，于是儿童开始探究关于造纸的起源、材料、方法等一系列问题。

2. 活动过程

依据儿童的兴趣，教师在区域里投放了造纸工具，还有去年大班孩子制作的纸张，给孩子们提供探究的材料。

孩子们开始讨论，纷纷发表自己的看法。豆豆说：“我知道造纸术，是用树皮煮呀煮，最后造出了纸。”阳阳说：“要把树皮捣烂，晾晒……”看着孩子们讨论得这么激烈，教师拿出了去年大班小朋友造纸用的工具和利用碎纸造出的纸，并且他们还在纸上画画、记录，装订成了一本书。孩子们看到后兴趣更浓了，迫不及待地想试一试，于是，造纸活动拉开了序幕。

（1）废旧纸张怎么变成纸浆？

孩子们看了造纸的步骤图：先把碎纸浸湿变成纸浆，然后把纸浆倒在过滤网框上，晾干水分，然后就做好了。于是，孩子们开始探索怎么把碎纸变纸浆。

图 7–6　儿童用榨汁机制作纸浆

有的说："我把纸撕得碎碎的，再放水浸湿，这样纸浆就做好了。"有的说："我把纸先浸湿了再撕，就变成纸浆了。"孩子们用自己的方法去尝试，也会尝试别人的方法，大家沉浸在做纸浆的乐趣中。

经过一段时间的尝试后，有孩子提出："撕纸太麻烦了，要弄很久，能不能快一点？"有孩子说："我们要用一种高科技，能快速地把纸变成纸浆。"还有孩子提议："要不我们用榨汁机试试，妈妈在家就用榨汁机把大块的胡萝卜变成了胡萝卜汁。"于是，教师找来了榨汁机，孩子们将碎纸扔进榨汁机里，十几秒后，碎纸变成了纸浆，大家拍手感叹：好神奇呀！

（2）怎样让纸张平整均匀？

前几次纸浆做好后，孩子们都是直接把纸浆倒在网框上，后来他们发现了问题。毛毛说："我倒的纸浆总是堆在一起，晒干后，有的地方纸浆厚，有的地方没有纸浆。"伊伊说："美工区的滚刷能把颜料刷均匀，要不我们用滚刷试试？"于是区域活动时，伊伊和毛毛开始探索他们的新方法。毛毛将杯子里的纸浆倒在网框上，伊伊用滚刷尽量将纸浆刷均匀，还提醒毛毛："你倒的时候，别倒在一个地方，每个地方都倒点纸浆，这样就好了。”两人认真地研究和操作，其他小朋友也不时过来看看，听他们讲解。做完几个网框后，他们将纸浆放在室外晾干，期待自己的劳动成果。

晾干后，看着自己的劳动成果，毛毛说：“我还是感觉有些地方厚，有些地方薄。”伊伊说：“要不我们再想想其他办法，多试几遍。”阳阳说：“我看了李子柒造纸的视频，她把网框放在水里，再把纸浆弄均匀了，然后再捞起来。”于是孩子们再次动手试验。毛毛将盆里装上水，阳阳将网框放在水面上，伊伊倒纸浆。三个孩子专注地忙碌着，还不时交流几句。然后，阳阳将网框端出来，毛毛赶紧用托盘接着，这样水就流在托盘上了。阳阳说：“看，这样是不是很平整？”三人将网框拿到室外晾晒，又用同样的方法做了好几个。下午，孩子们看着网框里的纸浆变干了，而且表面平整，兴奋得都来摸一摸，想在纸上画一画。

（3）怎样制作五颜六色的纸？

前几次孩子们都是用废旧白纸进行试验，现在孩子们掌握了造纸的方法，他们又提出了新的问题：怎样制作彩色的纸？

大家开始发表自己的观点，有的说：“在纸浆里加点色素，就变成彩色的了。”有的说：“加点颜料，应该也能变成彩色。”有的说：“白色的碎纸造出了白纸，是不是红色的碎纸就能造出红纸，蓝色的碎纸就能造出蓝纸？”“我们每天都剪纸，剪纸盒里有各种颜色的碎纸，我们试一试吧！”

于是孩子们从剪纸盒里挑出了红色的碎纸，榨汁机转动后，他们发现纸浆变成红色的了，大家好开心。然后他们用同样的方法，用网框过滤纸浆，晾干后，真的造出了红色的纸。接着他们又造出了黄色、粉色、蓝色、绿色等各种颜色的纸，大家用自己造出的纸进行绘画，内心充满了喜悦。

有一次，孩子们又突发奇想：怎样才能造出五颜六色的纸，就像七色花那样漂亮？

有的说："我们把各种颜色的纸浆倒在一起，就能变成五颜六色了。"接下来，孩子们开始打各种颜色的纸浆。他们发现，就像玩颜色碰碰碰一样，蓝色纸浆和黄色纸浆倒在一起，就变成了绿色，但是所有彩色的纸浆倒在一起，最后变成了紫黑色。虽然五颜六色的纸没有造出来但是发现了颜色的奥秘，大家又开始思考。

图 7–7　儿童在水里用网框抄纸

一次，涵涵用网框捞出了红色的纸浆，但是一不小心把其中一处纸浆弄破了。伊伊将杯子里蓝色的纸浆水倒在破洞处，这样破洞就修补好了。伊伊又在网框其他几处倒了一点蓝色纸浆，这些地方也变成蓝色的了。伊伊兴奋地说："我知道怎样做五颜六色的纸了，我们在做好的网框上，再倒点其他颜色的纸浆就行了。"孩子们欣喜于自己的发现，纷纷尝试不同颜色的纸浆。豆豆在蓝色纸浆上倒了几处白色纸浆，立马有蓝天白云的意境了。同时，孩子们发现用杯子倒纸浆时，纸张会不平整，容易出现窟窿。孩子们也找到了解决的方法，即倒纸浆的杯子低点倒，哪儿纸薄就倒哪儿。

彩色纸晾干后，像扎染的一样，颜色鲜艳特别漂亮，孩子们满脸都是成就感。

（4）废纸利用，我们在行动！

孩子们的造纸热情越来越浓，班上的碎纸很快都用完了。有的说："我们去别的班借点纸吧，他们也有剪纸盒，里面肯定有很多碎纸。"有的说："我们可以给每个班发个倡议书，让他们把废旧纸收集起来，别扔了。"有的说："我们也让弟弟妹妹来参加造纸，这样他们就记得收集废纸了。""我们给每个班做一个废纸收集盒，就像咱们班的一样，告诉他们来造纸的时候把废纸也带过来。"

于是，孩子们开始分工，一部分孩子利用酸奶盒做废纸回收盒，并且贴上了他们画的倡议书；一部分孩子利用区域时间邀请别的班孩子一起来参加造纸，耐心地给他们讲解造纸步骤和方法，还将造好的纸送给他们。在孩子们的努力下，每个班都有了废纸收集盒，里面有剪纸剩下的碎纸，还有其他不用的废纸。他们用实际行动提升了全园的环保意识。

（案例提供者：北京市密云区第二幼儿园　王玫　罗爽　魏晓丹　孟立平）

2. 案例评析

（1）传统文化普及到幼儿园。

《幼儿园教育指导纲要（试行）》里提到"要引导儿童实际感受祖国文化的丰富、优秀，激发儿童热爱祖国的情感"。"造纸术"是中国的四大发明之一，在幼儿园开展造纸活动，能让孩子了解、热爱中华优秀传统文化，形成文化积淀，使其受益终生。

（2）环保意识深入童心。

在造纸活动中，孩子们利用剪纸后剩下的小碎纸制作纸浆，通过亲身体验制作再生纸，了解了废纸的回收利用过程，树立了废纸再利用的环保意识，并用自己的实际行动去当环保小卫士，带动全园节约用纸、废纸再利用。

（3）优秀的学习品质值得肯定。

在造纸活动中，我们能看到孩子们优秀的学习品质和认真的探索精神。活动中，儿童能不断地发现问题、与同伴合作解决问题，发展了动手操作能力和社会交往能力。孩子们从手动撕纸到用榨汁机快速制作纸浆，从制作薄厚不均的纸到制作平整光滑的纸；从制作单色纸到制作多色混合的纸，他们认真总结每一步的方法，直至最后的成功。最后，孩子们还主动充当讲解员，帮助弟弟妹妹们学习造纸的步骤和方法。

第四节　聚焦幼小衔接的综合艺术课程

儿童从幼儿园进入小学是其人生的关键阶段，幼小衔接教育是目前国内教育领域中的重点工作。教育部《关于大力推进幼儿园与小学科学衔接的指导意见》中明确要求："遵循儿童身心发展规律和教育规律，深化基础教育课程改革，建立幼儿园与小学科学衔接的长效机制，全面提高教育质量，促进儿童德智体美劳全面发展和身心健康成长。"《义务教育课程方案和课程标准（2022 年版）》中也强调"注重幼小衔接。基于对学生在健康、语言、社会、科学、艺术领域发展水平的评估，合理设计小学一至二年级课程，注重活动化、游戏化、生活化的学习设计"。

然而，当前幼小衔接教育课程缺乏统一的规划和指导，幼小衔接工作面临着严峻的问题，幼儿园在其中扮演的角色比例过重，加之部分家长担忧过度、自主加压、盲目从众，使幼儿园大班在努力以"送一程、再送一程"的态度向小学衔接的过程中，极容易向幼儿园教育"小学化"的方向偏离。

因此，合理规划幼小衔接课程，建构科学的"幼小衔接"课程体系十分必要。通俗而言，即幼儿园致力以"送一程，再送一程"的态度向小学靠近，小学也要以"接一站、再接一站"的观念给予幼儿园助力，通过科学的双向靠近，搭建幼小过渡的阶梯。

一、幼小衔接的含义

幼小衔接是指幼儿园与小学教育的双向有效衔接。教育部发布的《小学入学适应教育指导要点》以促进儿童身心全面适应为目标，围绕儿童进入小学所需的关键素质，提出身心适应、生活适应、社会适应和学习适应四个方面的内容。同时，教育部《关于大力推讲幼儿园与小学科学衔接的指导意见》也明确提出"全面推进幼儿园和小学实施入学准备和入学适应教育，减缓衔接坡度，帮助儿童顺利实现从幼儿园到小学的过渡""树立科学衔接的理念，大班下学期要有针对性地帮助幼儿做好生活、社会和学习等多方面的准备，建立对小学生活的积极期待和向往”。

总体上，从内涵的角度来看，幼小衔接是指幼儿园和小学教育理念上的传承、教育方法上的对接，是幼儿园与小学的“双向”衔接，需要幼儿园与小学两大主体的共同协作，使幼儿园孩子进入小学后各方面表现出良好的连续性和持续性。幼小衔接是为孩子未来可持续发展夯实基础的关键桥梁。

二、聚焦幼小衔接的综合艺术课程框架与课程地图

由于幼儿园和小学一、二年级的儿童都处于形象思维为主、逻辑思维初步发展的阶段，因而以形象思维为主的综合艺术教育在幼小衔接中起到重要的作用。在幼儿园中，艺术教育是幼儿教育的重要组成部分，是培养幼儿创造性和想象力、提高幼儿审美能力的重要渠道；在小学，艺术教育同样重，能够加深学生对文化、艺术等方面的认识。6—8岁儿童喜爱唱唱跳跳、写写画画、剪纸、玩黏土、雕塑创作等，这也是此阶段儿童表达自己对周围世界的认识和情感的主要方式。因而，通过综合艺术课程的开发和实施，可以促进幼儿顺利从幼儿园过渡到小学的学习，既符合儿童的认知思维特点，又顺应儿童身心发展的阶段特征。在幼小衔接综合艺术教育中，要注重课程目标、内容与方法的衔接，引导幼儿逐步适应小学的学习要求，让幼儿愉悦地度过过渡期。

幼小衔接的综合艺术课程框架和课程地图从目标、内容、实施与评价等角度，提出了幼小衔接的具体要求，呼应了从课程教学入手推进幼小衔接的号召，为学前和小学教育工作者探讨从课程教学的设计与实施的角度支持幼儿过渡提供了方向性指导。

（一）构建幼小衔接课程目标体系和儿童综合艺术学习的课程框架

幼小衔接课程目标体系和儿童综合艺术学习的课程框架以《关于大力推进幼儿园与小学科学衔接的指导意见》《小学入学适应教育指导要点》等文件的精神为主要依据，结合《3—6岁儿童学习与发展指南》的领域学习目标和任务内容，确定总目标（一级目标）后，将一级目标逐级分解。结合幼儿教育五大领域内容（健康、语言、社会、科学、艺术）与小学一年级课程内

容要求，可将一级目标分解为语言与阅读、数学与逻辑思维、科学与探索、社交与合作、创造与表达、规则意识与学习习惯、情绪情感、身体素质和运动能力八个方面的二级目标，每一项二级目标的成果指向都是“达到入学的要求”。为实现这八方面目标在具体课程中的有效落实，又需要进一步分解形成三级目标（也是评价幼小衔接课程质量的重要指标）。在形成三级目标后，还应确定学习成果的具体表现，以此指引课程内容的划分和学习关键点的确定。

在这种统一的目标和标准下，教师可以更明确地知道在幼儿园和小学阶段应该教授哪些知识和技能，以确保幼儿的学习路径没有中断，更好地为幼儿规划教学（见表 7–1）。

表 7–1　幼小衔接课程目标体系和儿童综合艺术学习关键点

一级目标	二级目标	三级目标（包括学习成果的具体表现）	儿童综合艺术学习关键点
促进幼儿身心全面准备，帮助幼儿逐渐适应学校的学习和生活，实现幼小科学衔接	1. 语言与阅读	1. 培养良好的听力理解能力，能够理解日常对话和简单故事。 2. 提高口语表达能力，能够用简单句子表达自己的需求和观点。 3. 培养基础的阅读能力，能够识别并读出常见的汉字和简单句子，通过观察插图理解故事的情节。	对文学故事、诗歌、歌谣中的内容、节奏、音乐、修辞方法和意蕴的理解；绘本阅读中的读“图”和读“字”。
	2. 数学与逻辑思维	4. 学习基本的数学概念，如数的认知、数的加减等。 5. 培养对数字的理解和敏感，能够进行简单的计算（10 以内的加减法）。 6. 发展逻辑思维能力，尝试解决简单的数学问题和逻辑推理题。	熟悉和掌握音乐节奏与节拍或舞蹈动作的快慢、长短或建筑造型的错落有致；对故事情节的预测与推理；对画面中人物、角色，以及景物的数量、远近、大小的认识与比较。
	3. 科学与探索	7. 探索科学世界，激发对自然和科学的兴趣。 8. 进行简单的科学实验和观察，提高观察力和问题解决能力。 9. 了解基本的科学原理，如植物生长、物体运动等。	在外部观察或实验的基础上，通过戏剧表演、角色扮演等，进一步理解和体验植物生长、物体运动等的变化过程。

续表

一级目标	二级目标	三级目标 （包括学习成果的具体表现）	儿童综合艺术 学习关键点
促进幼儿身心全面准备，帮助幼儿逐渐适应学校的学习和生活，实现幼小科学衔接	4. 社交与合作	10. 融入集体，培养良好的合作和分享精神，学会与他人共同完成任务。 11. 培养基本的社交技能，如待人接物有礼貌、会倾听和尊重他人等。 12. 开展团队活动，培养团队合作和沟通能力。	排练、预演、合作演出。
	5. 创造与表达	13. 鼓励创造性思维，提供绘画、手工制作等艺术表达的机会。 14. 培养表达自己观点和情感的能力，包括口头表达和书面表达（符号和图表形式表达）。 15. 激发想象力，鼓励创意和独立思考。	续编或创编故事；创意绘画、雕塑；自制绘本；合作创编歌词、歌舞以及戏剧的情节等，并用适当的方法记录。
促进幼儿身心全面准备，帮助幼儿逐渐适应学校的学习和生活，实现幼小科学衔接	6. 规则意识与学习习惯	16. 培养遵守规则和纪律的意识，引导理解公平、正义和责任等价值观。 17. 培养良好的学习习惯，如按时完成作业、认真听讲、整理书包等。 18. 发展自主学习的能力，包括自我组织、自我监控和反思等。	设计戏剧的矛盾冲突或道德故事中的两难情境，促进独立思考。
	7. 情绪情感	19. 喜欢学校的学习、生活环境。 20. 能调节控制自己的情绪，并对学习保持积极快乐的情绪，愿意尝试自己解决生活中遇到的困难和问题。	观看影视、戏剧；通过角色扮演、绘画等体验和表征情绪。
	8. 身体素质和运动能力	21. 精细动作发展协调灵活，能熟练使用常用工具。 22. 喜欢参与多种形式的体育活动；养成坚持参加体育锻炼的习惯。	通过绘画、剪裁、粘贴等美工活动发展精细动作；以游戏和艺术的手段设计儿童喜爱的体育锻炼形式。

（二）绘制聚焦幼小衔接的综合艺术课程地图

明确了目标、成果表现和儿童综合艺术学习的关键点后，可借助课程矩阵这一工具对幼小衔接综合艺术课程进行模块化建构，并确定逻辑关系和关键学习点，从而绘制出课程地图，给实施者以清晰的明示，见图 7–8。

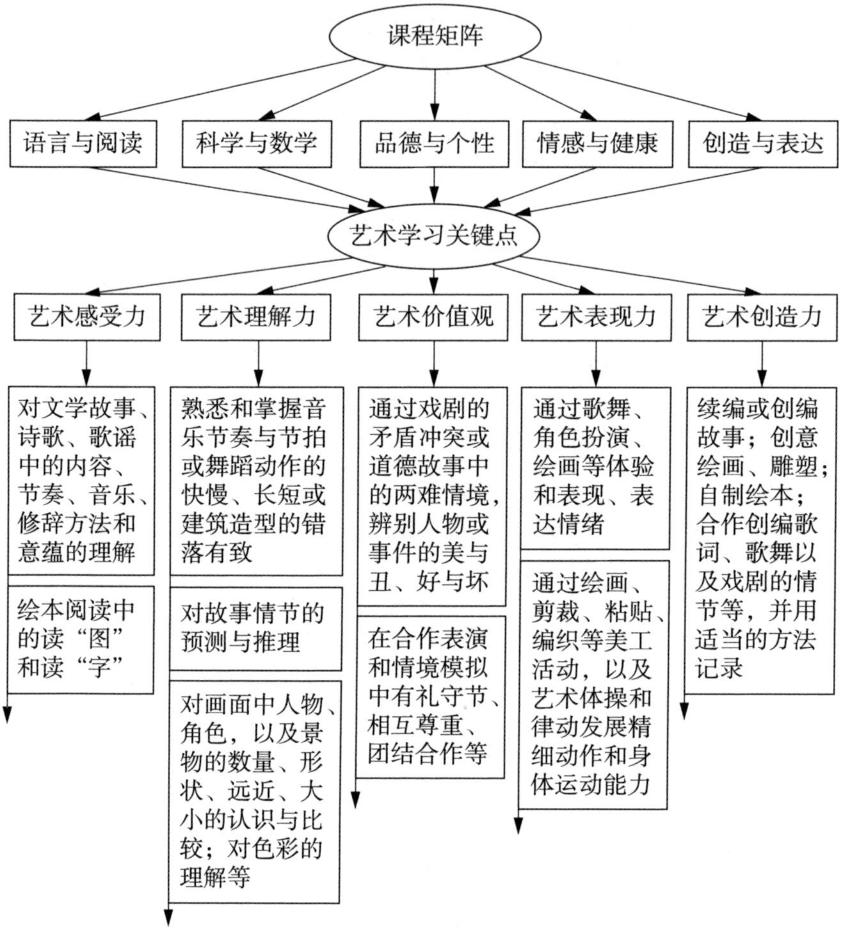

图 7–8　聚焦幼小衔接的综合艺术课程地图

三、聚焦幼小衔接的综合艺术课程的设计与实施

小学课程与幼儿园课程差异很大，小学以教师传授为主的教学模式不同于幼儿园以游戏教学为主的自由活动方式，因此幼儿园的入学准备和小学的

入学适应教育应首先从课程有序有效的衔接着手。

（一）解决知识断层和割裂问题，适宜衔接

幼儿园时期侧重培养兴趣，小学阶段注重素质教育，幼儿园时期的经验累积、知识储备难以应对小学的学科数量和知识难度，幼儿难以快速进入小学生规矩分明的角色，这是幼小顺利衔接的现实障碍，可通过如下综合艺术课程中对学习对象的“从浅识到深知——艺术知识实景化”和“从零碎到整体——艺术内容跨界整合”的现实处理解决这一困囿。

1. 从浅识到深知——艺术知识实景化

以往幼儿园或小学的传统教育中，在传授艺术技能时只专注于当前的知识点而不关注知识的背景。如幼儿园教师在教授新疆舞蹈《采果子舞》时，老师手把手地示范给幼儿看手腕怎么翻的动作，并不联系翻手腕的动作是由新疆人民采摘葡萄的劳动动作美化后产生的，这里，知识与生活经验是脱节的，这是浅识。教师可以把舞蹈内容和新疆人的饮食生活习惯以及生产种植情境相结合，让儿童理解采果子舞是新疆人眼看着自己劳动丰收的成果，载歌载舞表达自己喜悦心情的一种方式。还可以让幼儿观看影视作品，看葡萄丰收后人们身穿节日盛装载歌载舞的情景，获得切身的感受和体验。在这个过程中，孩子们不仅学会了舞蹈动作，也了解了舞蹈艺术来源于生产劳动、来源于生活，了解了新疆人民的文化传统及生活习俗，这是深知。这种从浅识到深知的过程，有益于儿童成长性思维习惯的形成，有利于儿童知识的自然衔接。

2. 从零碎到整体——艺术内容跨界整合

以往的学前教育领域，虽然理论和政策文件都强调幼儿园现行的健康、语言、社会、科学、艺术五大领域课程需相互渗透，相互补充，共同促进儿童发展，但是由于理论和文件并未具体说明五大领域课程如何相互促进，相互补充，所以在实践中教师们缺乏领域内容相互渗透的教学技能、策略和方法，小学更是如此，语文、数学、科学、品德与社会学科更是各自独立，自成体系，造成了儿童认知的狭隘和知识的割裂。综合艺术课程内容中，儿童对音乐、舞蹈、美术、数学、科学知识整合的学习，有利于培养儿童系统性

思维，使儿童能够在进入小学后，懂得统整与融合的必要，促使他们能够很好地适应周围的环境，更快地适应小学的学习。

（二）解决学习主动性问题，有效衔接

有效衔接的关键是站在儿童的立场，把儿童作为主动的、有能力的学习者，顺应并释放儿童的天性，促进儿童主动适应小学的学习与生活。有效衔接对于教师来说，是能够看见儿童成长的规律，看见儿童的内生力量，看见儿童认识世界的方式，看见儿童未来努力的方向。

聚焦幼小衔接的综合艺术课程要解决的根本问题是帮助儿童从“走向适应”到“通往适合”。“适应”是指学习者根据环境和学习的需要，调整自我，以达到与环境平衡的心理与行为的过程。“走向适应”即通过幼小衔接综合艺术课程的情境过渡，实施教学（课程）干预，解决新生入学适应性的问题。“走向适应”的过程要防止“强制适应”，力求“柔性适应”，不求“同步适应”，容许“延迟适应”。“通往适合”即通往适合的教育，通过幼小衔接综合艺术课程的设置与实施，关注教育（教学）的节奏，营造适合儿童学习和生长的和谐教育生态，促进儿童主动、积极地学习发展，实现其对小学学习生活的适合，乃至今后对未来生活的适合。

1. 儿童与课程相互关照，释放天性

儿童认识世界的方式是整体的，儿童参与社会生活的方式也是整体的，这一特点决定了课程整合的必要性和科学性。综合艺术课程设置需打破学科壁垒，引入“主题统整”的概念，用“学习任务群”的方式设置综合艺术课程内容模块，以生动灵活的方式重组课程资源，开发课程内容，以学科融通、立体建构的主题课程，促进儿童学以致用、综合发展。

每个幼儿都是独一无二的个体，他们在发展速度、兴趣爱好等方面存在差异。因此，在聚焦幼小衔接的综合艺术课程设计中，教师要充分考虑幼儿的个体差异，为他们提供个性化的支持和指导。例如，对于动手能力较强的幼儿，教师可以为他们提供更多的手工制作活动；对于语言表达能力较强的幼儿，教师可以为他们设计更多的口语表达训练。最后，构建多元化的评价体系。传统的评价方式往往以考试成绩作为唯一标准，这不利于儿童的全面

发展。在幼小衔接阶段，教师应该构建多元化的课程评价体系，关注儿童在学习态度、兴趣、习惯等方面的表现，尊重幼儿的天性，培养幼儿的思维和人格。

2. 课程与环境审美呼应，生长情意

小学新入学儿童仍以具体形象思维为主，通过创设具有美感的、与课程内容相关的物理环境，运用艺术的手段与形象的环境语言，为幼儿创设温暖美好、具体可感的学习生活情境，以此与审美的、愉悦的综合艺术课程体系相互映照，吸引儿童见而忘忧、思而忘怖，进而生出愉悦的、审美的情感，引领儿童主动适应小学的学习生活。如：入学初期，小学可创设与幼儿园相近的班级环境，可借鉴幼儿园准备游戏材料的经验，根据学习需求为儿童提供可直接操作、亲身体验的材料，拼图、七巧板、积木、折纸等，吸引儿童主动参与各项活动。允许儿童适量携带自己喜欢的图书、玩具，增强心理安全感。儿童作为校园环境的审美主体，在审美实践中需求得到满足，能缓解入学焦虑，促进情意的生长，逐渐适合小学的学习与生活。

（三）解决教学方式迥异问题，自信衔接

1. 游戏活动与课堂教学融会贯通

小学入学适应的主阵地是课堂。幼儿园可提前让幼儿了解小学的学习环境。大班下学期，可尝试游戏活动和课堂教学相互渗透，在游戏活动中逐渐加大知识学习的权重，让儿童了解并掌握课堂学习的程序和规范。在小学一年级的课堂教学中，需遵循儿童身心发展规律，注重教学内容的生活化，充分联系生活，立足儿童经验，构建以儿童活动为基点的课堂，设置儿童喜闻乐见的情境化、游戏化、生活化的教学任务，采用以儿童为主体的探究性、体验式教学手段，使儿童在游戏中玩味（学习与欣赏），玩索（思考与探究），玩绎（迁移与拓展）。如在一年级语文《口耳目》教学时，创设“找朋友”的游戏情境，在绘画口、耳、目和情境表演的过程中激发儿童主动认字、写字的兴趣；设计“小动物拔河”的游戏情境，让儿童在参与拔河比赛的过程中切身体验并认识数学符号“>、=、<”，并培育情感、启迪智慧、提升能力，使其顺利适应小学生活。

2. 教学与学习过程生动有趣

小学教师往往“谈玩色变”，但“玩”恰恰是儿童最感兴趣的事情之一。小学教师最需要修炼的教学基本功是让儿童在感受趣味学习（玩）的同时，潜移默化地接受各学科知识启蒙。综合艺术课程把艺术的直观和感觉训练引进学科启蒙教育，将学习内容融入游戏情境之中，促进儿童多感官协同参与，增加趣味性的同时提高学习效率，真正寓教于乐。如美术课《彩线连彩点》，让儿童找找身边的点和线；音乐课《ta 和 titi》用游戏来学习四分音符和八分音符的节奏，让儿童用身体姿势和动作来体验音符的长短；观察说话课《美丽的操场》，带孩子在操场上边看、边画、边玩、边说，在玩中进行语言训练；行为训练课《书包的一天》，在一天的生活情境中培养儿童的动手能力与生活能力。

总之，采用趣味化的教学方法和艺术课程资源有助于确保幼儿园和小学之间教育的连贯性和无缝衔接。生动形象的多媒体技术和游戏化教学方法有助于创造更具吸引力和互动性的学习环境，儿童通常对新颖的技术工具和有趣的游戏化元素感兴趣，通过在教学中引入这些元素，可以激发儿童的学习兴趣，使幼儿更积极地投入到学习过程中。这种积极性有助于缩小不同学段间的差距，使过渡更加平稳。

四、聚焦幼小衔接的综合艺术课程案例及评析

（一）聚焦幼小衔接的幼儿园大班综合艺术课程案例设计及评析

1. 案例描述

《小学的一天》

1. 活动背景

大班下学期，幼儿快要幼儿园毕业了，他们对自己即将进入小学感到既好奇、期待，又有些忐忑不安，经常有孩子谈论将要去 ×× 小学的话题。基于此，教师设计并实施了本次教学活动。

2. 活动过程

（1）情境导入。

幼儿阅读绘本《小学的一天》，教师提问：“你们看到绘本中小学生的一天是怎么度过的吗？”

幼儿根据自己在绘本中获得的信息回答：“他们要上课，有课间活动”“他们要整理书包和文具，课堂上要认真听老师讲”“还要做早操，锻炼身体”……

老师：“这是我们在书中看到的，你们想不想去亲身体验一下？”

幼儿（兴奋地）：“想！”

老师：“去小学之前，我们需要做哪些准备呢？”

幼儿讨论：“要背上书包，书包里有书本和文具盒，这是写字要用的”“要穿上整洁干净的衣服，轻便的鞋子”“要带上跳绳、毽子，课间活动时好拿出来玩”……

（2）具身体验。

教师联系附近小学，和小学教师（班主任）协商幼儿在小学一天学习和生活的流程；组织幼儿前往小学，带领幼儿在小学度过一天。

（3）戏剧表演。

①幼儿准备好书包、书本、文具等，把自己在学校学习生活一天的情景表演出来。幼儿按照兴趣自愿分组。

静物表演组：幼儿自行讨论，合作扮演桌椅、黑板、操场边的大树、花草、教学楼等。

人物表演组：幼儿自行讨论，合作扮演老师、小学生（小队长、值日生、班长、学习委员）等。

②幼儿讨论设计表演情节、动作和语言（包括角色对话和旁白），教师巡回指导。

③幼儿尝试合作表演，教师和同伴点评。

（江苏省扬州市江都区育才幼儿园　陈彧）

2. 案例评析

本案例的情境导入环节，让幼儿通过阅读其喜爱的绘本，了解小学生一日生活。同时，教师在引导幼儿绘本阅读的过程中，通过对绘本中一些简单文字的认读，对绘本图像意义和文学知识的关联，发展了幼儿想象、解释、表达能力，促进了幼儿进入小学的认知和经验的准备。

本案例的具身体验环节，让大班的幼儿扮演一天小学生的角色，使其进入真实的学校进行“角色体验”，体验小学生在校一天的生活，使他们对小学生的学习任务、学习过程、学习状态有了切身的了解。人正是由于对陌生的、未经历过的或未知的事物才会产生忧虑和恐惧，而“小学的一天”课程正是帮助幼儿把未知变成已知，把陌生变成熟悉，从而缓解了入学焦虑。

本案例的戏剧表演环节，让儿童通过合作表演把自己的亲身经历用语言台词、姿态表情、行为动作等表现出来，在调动回忆的基础上更加深了对小学学习和生活的体验与理解，在提升儿童表达能力的同时，发展了儿童的情绪情感、社会交往等多方面能力。

（二）聚焦幼小衔接的小学一年级综合艺术课程案例设计及评析

1. 案例描述

《动物世界多奇妙》①

1. 活动背景

喜欢小动物是许多孩子的天性。在小学低年级教材中，有许多与动物有关的内容。其中，一年级上册语文教材中与动物有关的课文就有5篇。白马小学依据新课标要求及实际学情，开发出《动物世界多奇妙》这一跨学科主题课程，并围绕这一主题，设计驱动性任务，研发出走近动物、探究动物、展示动物三项系统活动，为促进幼小衔接奠定基础。

① 王小敏. 幼小衔接：跨学科主题课程的实践探索［J］. 河南教育（基教版），2024（03）：61.

2. 活动过程

（1）设置驱动性任务。

任务一：走近动物。在主题课程开启后，教师采用儿童喜欢的方式“走近动物”，为其拓宽语文学习资源。比如，音乐课上，教师带领学生演唱《音乐中的动物》，让学生在美妙动听的音乐旋律中感知动物；通过节奏律动、创编歌词、探索声响、合作演唱等环环相扣又层层递进的唱游方式引导学生深刻地感受音乐；欣赏乐曲《动物狂欢曲》，通过不同音色、音调、旋律、节奏表现，理解不同动物的特性和行动方式；在了解音乐 ABA 三段体的基础上，体验音乐内容、情感表达与乐段变化之间的关系。美术课上，教师带领学生用不同形状的树叶制作有趣的动物图画，请学生依次展示作品、介绍作品，丰富学生的动物知识。课外时间，教师组织家长带领学生走进动物园观察动物，让学生在课堂上通过表演、演讲等形式介绍自己喜欢的动物，为后续学习做准备。

任务二：探究动物。教师借助视频动画《雪地里的小画家》带领儿童进一步学习。一是观察梳理，字词归类。出示会写会认的字，让儿童尝试分类识记。二是图文结合，梳理信息。提出“雪地里都来了哪些小画家？”等问题，引导儿童看图读文，提取信息。三是深入学习，思考发现。借助“这些小动物是怎样画画的？你有什么新发现？”等问题，引导儿童深入读文、思考，感受大自然的奇妙。四是关联阅读，说说异同。安排儿童自主阅读《比尾巴》《谁会飞》等，联系《雪地里的小画家》说说异同，帮助学生发现动物在外形和行动方式上各有哪些特点。完成以上四个环节后，教师为儿童布置创编新版《雪地里的小画家》等作业，让其在细致观察中发现动物特点，了解科学知识，在合作分享中学会沟通交流，并进行仿写练习，有效提升儿童的综合素养。

（2）宣传推广。

任务三：展示动物。开展主题成果发布会，教师组织学生展示图文并茂的动物儿歌新编作品和动物故事，让学生在自评的基础上相互评价。学生以组为单位，各派一位代表在班级里作展示。教师将每个学生的作品汇编制作成班级读本《奇妙的动物》。此外，学生还可以将自己的动物介绍视频进行配音，发至学习群，大家相互观看、评价。这不仅丰富了学生对动物的认知，更促进了他们的语言表达能力与思维能力的提升。

任务四：戏剧表演。根据儿童兴趣，开展“动物狂欢节”戏剧表演活动。在教师的支持与帮助下，儿童自主创编脚本，自制服装道具，创设舞台背景，分配角色，设计冲突情节，邀请演员，排练和预演，自主设计演出海报等。

2. 案例评析

跨学科主题式综合艺术课程可以让学生观察更细致、思维更活跃、表达更生动。跨学科主题式综合艺术课程需从儿童的生活出发，基于幼小衔接，巧定学科融合点，设置有挑战性的任务，建立评价反馈机制，促使儿童将幼儿期所获得的经验、技能和当前的学习相结合，促进知识的整合和新旧经验的联系，从而切实促进深度学习的真实发生，实现儿童全方位的发展。

总之，我们秉持“园校双向走进”的理念，以综合艺术课程的创新设计与实施为抓手，通过多方合作，建立了幼儿园教育和小学教育连接的课程桥梁，在促进儿童全面发展的基础上，实现了从幼儿园到小学的自然衔接、顺利过渡。

参考文献

1. 阿瑞提．创造的秘密［M］.钱岗南，译．沈阳：辽宁人民出版社，1987.
2. 马斯洛．存在心理学探索［M］.李文湉，译．昆明：云南人民出版社，1987.
3. 苏珊・朗格．艺术问题［M］.滕守尧，译．北京：中国社会科学出版社，1983.
4. 戴维－玻姆．论创造力［M］.洪定国，译．上海：上海科技出版社，2001.
5. 滕守尧．审美心理描述［M］.成都：四川人民出版社，1998.
6. 冯建军．生命与教育［M］.北京：教育科学出版社，2004.
7. 马秋帆．梁漱溟教育论著选［M］.北京：人民教育出版社，1994.
8. 杨伯峻．论语译注［M］.北京：中华书局，1980.
9. 祁海文，徐幹．“美育”概念的最早提出者［J］.长白学刊，2002.
10. 成容．王守仁童蒙教育思想对小学音乐教育的启示［J］.艺术评论，2018.
11. 蔡元培．蔡元培全集（第三卷）［M］.杭州：浙江教育出版社，1997.
12. 张援，章咸．中国近现代艺术教育法规汇编［M］.上海：上海教育出版社，2011.
13. 俞玉滋，张援．中国近现代美育论文选［M］.上海：上海教育出版社，1999.
14. 华中师范学院教育科学研究所．陶行知全集（第二卷）［M］.长沙：湖南教育出版社，1985.
15. 吴梦非．美育是什么［J］.美育，1920（2）.
16. 聂振斌．蔡元培文选（注释本）［M］.天津：百花文艺出版社，2006.
17. 朱光潜．西方美学史［M］.北京：人民文学出版社，1963.
18. 教育部．中国教育年鉴（1949—1981）［M］.北京：人民教育出版社，2014.
19. 瞿葆奎．中国教育改革［M］.北京：人民教育出版社，1991.
20. 滕纯．美育实施之我见［J］.美育，1987（3）.
21. 李田．美育，是“美学”方面的教育［J］.教育研究，1990（11）.

22. 滕守尧．艺术与创生［M］. 西安：陕西师范大学出版社，2003.
23. 屠美如．学前儿童艺术综合教育研究［M］. 北京：北京大学出版社，1997.
24. 许卓娅，孔起英．幼儿园艺术、健康和社会教育［M］. 南京：南京师范大学出版社，2010.
25. 李丹．儿童发展心理学［M］. 上海：华东师范大学出版社，1986.
26. 王懿颖．创造力与幼儿艺术教育［D］. 北京：北京师范大学，1997.
27. 罗恩菲德．创造与心智的成长［M］. 王德育，译．长沙：湖南美术出版社，1993.
28. 皮亚杰，英海尔德．儿童心理学［M］. 吴福元，译．北京：商务印书馆，1980.
29. 彼得罗夫斯基．普通心理学［M］. 龚浩然，等译．北京：人民教育出版社，1981.
30. 克雷奇，等．心理学纲要（下册）［M］. 周光庚，等译．北京：文化教育出版社，1981.
31. 邱明正．审美心理学［M］. 上海：复旦大学出版社，1993.
32. 杨波．艺术通感的生理——心理学发生探源［J］. 喀什师范学院学报，2003（3）.
33. 岳东生．漫谈通感［J］. 修辞学习，1994（5）.
34. 谭德晶．通感的两个基本类型［J］. 文艺研究，1995（4）.
35. 邱明正．审美心理学［M］. 上海：复旦大学出版社，1993.
36. 陈宪年．论中国诗与中国画的融通［J］. 文艺理论研究，1995（4）.
37. 莫里斯・梅洛－庞蒂．知觉现象学［M］. 姜志辉，译．北京：商务印书馆，2001.
38. 边霞．儿童的艺术与艺术教育［M］. 南京：江苏教育出版社，2006.
39. 林崇德，杨治良，黄希庭．心理学大辞典［M］. 上海：上海教育出版社，2004.
40. 姚思源．中国当代学校音乐教育文选［M］. 上海：上海教育出版社，2000.
41. 许卓亚，吴绍萍．开放型课程在行动［M］. 南京：南京师范大学出版社，2005.
42. 刘健，支娜，张颖，等．2—3 岁婴幼儿绘本选择偏好影响因素分析［J］. 学前教育研究，2016（7）.
43. 孔起英．体验——儿童审美发展之必须［J］. 学前教育研究，2010（10）.
44. 孔起英．儿童审美心理研究［M］. 南京：江苏教育出版社，2004.
45. 葛晓东．学前儿童的审美心理结构与教育策略［J］. 学苑教育（教师教育），2012（3）.
46. 边仕英．幼儿审美心理发展的特点与教育策略［J］. 西昌学院学报（社会科学），

2009（2）.
47. 陈晓芳. 儿童科学和艺术整合学习活动设计与指导［M］. 北京：北京师范大学出版社，2021.
48. 林崇德. 发展心理学［M］. 北京：人民教育出版社，1995.
49. 黄海澄. 美学原理［M］. 长沙：湖南人民出版社，1988.
50. 刘兆吉. 美育心理研究［M］. 成都：四川教育出版社，1993.
51. 谢秀丽. 学前儿童美术教育——原理与应用［M］. 重庆：西南师范大学出版社，1997.
52. 贝内特 · 雷默. 音乐教育的哲学［M］. 熊蕾，译. 北京：人民音乐出版社，2003.
53. 李雁冰. 重塑教育评定——艾斯纳的课程评价观初探［J］. 全球教育展望，2000（1）.
54. 马云多. 教育鉴赏及其可能：艾斯纳的观点［J］. 教育评论，2014（1）.
55. 王玫. 以课程美学探究取向发展通识教学创意［J］. 通识教育与多元文化学报，2011（8）.
56. 王磊. 审美文本观照下艾斯纳课程美学蕴意探究［J］. 外国教育研究，2014（10）.
57. 刘登荣. 艾斯纳艺术教育研究［M］. 台北：水牛出版社，1986.
58. 埃里奥特 · W · 艾斯纳. 教育想象：学校课程设计与评价［M］. 李雁冰，译. 北京：教育科学出版社，2008.
59. 冯加渔. 教育鉴赏与教育评论：课程评价的美学观照［J］. 江苏教育研究，2010（19）.
60. 王泓丹. 多元化学前儿童艺术教育课程评价研究［D］. 西安：陕西师范大学，2019.
61. 王坚红. 学前教育课程评价［M］. 北京：人民教育出版社，2010.
62. 向海英. 学前教育课程创生研究［D］. 济南：山东师范大学，2012.
63. 朱晓梅. 以班级为基点的幼儿园课程评价［D］. 昆明：云南师范大学，2007.
64. 陈旭梅. 0—3 岁亲子园课程评价的研究［D］. 太原：山西大学，2015.
65. 陈怡倩. 统整的力量——直击 STEAM 核心的课程设计［M］. 长沙：湖南美术出版社，2017.
66. 鄢超云. 学前教育评价［M］. 北京：高等教育出版社，2010.

67. 李妲娜，等．奥尔夫音乐教育思想与实践［M］. 上海：上海教育出版社，2011.
68. 方少萌．奥尔夫音乐教学法实用教程（第二版）［M］. 上海：复旦大学出版社，2016.
69. 井卫英，陈会昌．关于游戏与儿童发展的思考［J］. 学前教育研究，2002.
70. 拉尔夫·迈耶．最新英汉美术名词与技法辞典［M］. 清华园 B558 小组，译．北京：中央编译出版社，2008.
71. 张玉．幼儿园传统剪纸活动的现状研究［D］. 扬州：扬州大学，2018.
72. 刘贺佳．基于民间歌谣的幼儿园艺术课程资源开发利用研究［D］. 长沙：湖南师范大学，2010.
73. 刘蕊．艺术模仿说理论下的武术起源与发展研究［D］. 苏州：苏州大学，2016.
74. 牛闻婷．幼儿园传统泥塑教学的现状、问题及对策研究［D］. 济南：山东师范大学，2018.
75. 翟迎旭．幼儿园戏曲教育的现状、问题及对策研究［D］. 济南：山东师范大学，2019.
76. Hubbard E. M. Neurophysiology of synesthesia. *Current Psychiatry Reports*, 2007.
77. Grossenbacher P. G. & Lovelace C. T. Mechanisms of synaesthesia：Cognitive and physiological constraints. *Trends in Cognitive Sciences*, 2001.
78. Ward J.，Huckstep B. & Tsakanikos E. Sound–colour synaesthesia：To what extent does it use cross–modal mechanisms common to us all? *Cortex*, 2006.
79. Simner J.，Glover J. & Mowat A. A Linguistic determinants of word colouring in grapheme–colour synaesthesia. *Cortex*, 2006.
80. Galton F. Visualised numerals. *Nature*, 1880.
81. Richard E.Cytowic，synesthesia：phenomenology and neuronsychology，A Review of Current Knowledge. *PSYCHE*, 1995.
82. Cretien van Campen. Synesthesia and Experimentation. *PSYCHE*，3（6），November 1997.
83. Eisner，E. W. Help or Hindrance? *School Review*, 1967.
84. Eisner，E. W. Toward a More Adequate Conception of Evaluation in the Arts. *Art Education*, 1975.

85. Eisner E. W. Why Standards May Not Improve Schools. *Educational Leadership Journal of the Department of Supervision & Curriculum Development*, 1993.

86. Elliot W., Eisner. Does Experience in the Arts Boost Academic Achievement? *Art Education*, 1998.

87. Eisner E. W. The Uses and Limits of Performance Assessment. *Phi Delta Kappan*, 1999.

88. Elliot W., Eisner. The National Assessment in the Visual Arts. *Arts Education Policy Review*, 1999.